CONTENT ELECTRICITY
SUPPLIER OPERATIONS

内容电商运营实战

内容打造+内容运营+内容变现

张国文◎著

人民邮电出版社

北　京

图书在版编目（ＣＩＰ）数据

内容电商运营实战：内容打造+内容运营+内容变现 /
张国文著. -- 北京：人民邮电出版社，2017.4（2020.1重印）
ISBN 978-7-115-44798-2

Ⅰ．①内… Ⅱ．①张… Ⅲ．①电子商务－运营 Ⅳ.
①F713.365.1

中国版本图书馆CIP数据核字(2017)第026511号

内 容 提 要

如何打造有价值的内容？如何利用内容运营实现用户的快速引流？如何通过内容变现让收益最大化？

本书不仅对8个内容运营技巧、10大优化内容技巧、10大推广内容技巧、14种互联网内容形式、20多个专家提醒进行了深入剖析，还通过对110多个行业案例的讲解，让读者多角度了解内容电商的运营方法。

本书结构清晰、实战性强，适合内容电商从业人员、自媒体从业人员、公众平台运营人员、文案策划人员、网站编辑等阅读使用，也可作为广告公司或大中专院校的培训教材。

◆ 著　　　　　张国文
　　责任编辑　　恭竟平
　　责任印制　　周昇亮

◆ 人民邮电出版社出版发行　　　北京市丰台区成寿寺路 11 号
　　邮编　100164　　电子邮件　315@ptpress.com.cn
　　网址　http://www.ptpress.com.cn
　　北京虎彩文化传播有限公司印刷

◆ 开本：700×1000　1/16
　　印张：16.5　　　　　　　　　　2017 年 4 月第 1 版
　　字数：315 千字　　　　　　　　2020 年 1 月北京第 4 次印刷

定价：59.80 元

读者服务热线：(010)81055296　印装质量热线：(010)81055316
反盗版热线：(010)81055315
广告经营许可证：京东工商广登字 20170147 号

前言

🎯 写作驱动

- 想做内容，有哪些新媒体平台可以利用？
- 想做电商，可以借用哪些内容电商平台？
- 没有内容，如何从零开始打造高质内容？
- 不会推广，如何借用内容实现快速引流？
- 不懂运营，如何才能让内容收益最大化？

本书的核心是帮助企业或个人通过内容电商，推广企业产品、树立良好的企业品牌形象，最终促进销售。这是一本由笔者结合内容电商技巧与实战案例所打造的针对企业、商家或个人做内容电商的实战型宝典。

本书将理论、技巧与案例相结合，通过"商业模式＋案例分析＋应用实战"，让您轻松创造优质内容，引爆粉丝经济的力量！

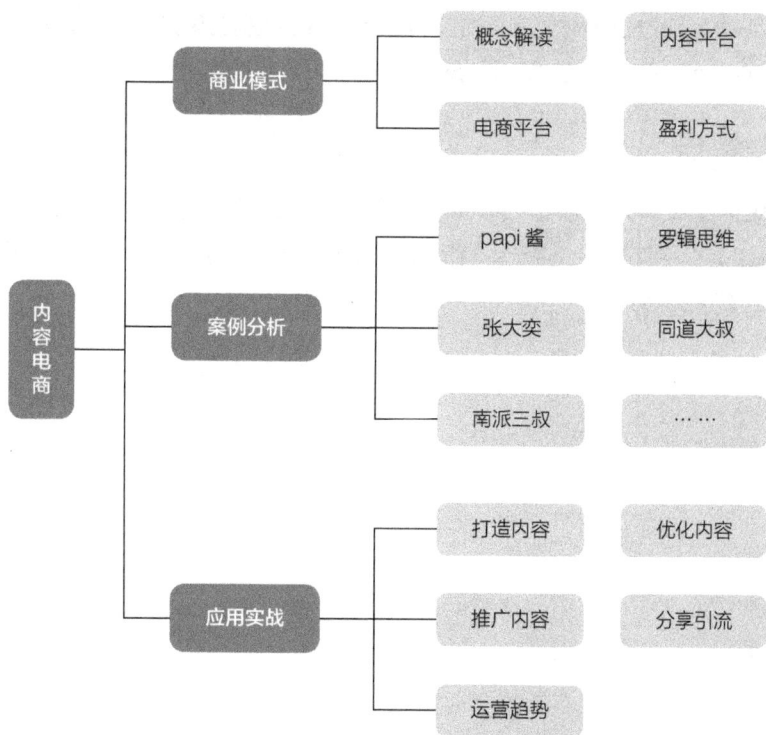

💡 本书内容

本书的主要特色：专业化＋差异化＋全面化＋案例化。

- 专业化：通过 8 个内容运营技巧＋10 大优化内容技巧＋10 大推广内容技巧＋14 种互联网内容形式＋20 多个专家提醒放送，立体、全方位地深入剖析内容电商的专业技巧。

- 差异化：去除了大量基础内容，直接从干货技巧入手，同时增加了营销工具、行业案例，通过 8 大内容变现方式＋11 种内容引流技巧，差异化显著。

- 全面化：通过 11 个内容电商平台＋14 类内容运营平台＋100 个全方位易懂图解＋500 多张精美实用图片，将内容电商构建、运营平台以及行业案例全都囊括其中。

- 案例化：针对不同的行业，提供最经典、最优质的 110 多个案例，进行详细解密！

✒ 图解提示

本书是一本侧重文案实际应用的实战宝典，采取全图解的方式进行分析。图解能够方便读者对重点的把握，让读者通过逻辑推理快速了解核心知识，节约大量的阅读时间。读者在阅读过程中需要注意图解的逻辑关系，根据图解的连接词充分理解图解想要表达的重点，获得更大的阅读快感。

👤 作者售后

本书由张国文著，参与编写的人员还有苏高、胡杨、周玉姣等人，在此表示感谢。由于作者知识水平有限，书中难免有错误和疏漏之处，恳请广大读者批评、指正，联系邮箱 itsir@163.com。

目录 | Contents

第 3 章　电商内容入口：直接将用户引导到商品

第 4 章　打造内容：想想有什么内容可以卖

第 5 章　优化内容：提高电商转化率属性

第 6 章　推广内容：内容电商的营销技巧

第7章 分享引流：粉丝为王时代的电商经

第8章 盈利方式：内容电商靠什么来变现

第9章 运营趋势：内容电商如何做大做强

第10章 案例分析：探析打造爆款的独家秘笈

第1章

概念解读：内容电商你真的懂吗

互联网的发展，让流量成为品牌、企业以及个人争相抢夺的对象。同时，获得了一定流量基础的人也在寻找更高效的转化方式以及流量变现模式，其中，高性价比的内容电商让人们看到了流量变现的希望。

学前提示

要点展示

>> 传统电商面临转型

>> 内容型电商崛起

>> 内容电商的现状和趋势

>> 创新型电商的分类

>> 互联网时代，草根创业时不我待

>> 内容电商的类型

1.1 传统电商面临转型

什么是电商活动？传统电商靠什么来吸引消费者？图 1-1 所示为传统电商的发展现状。

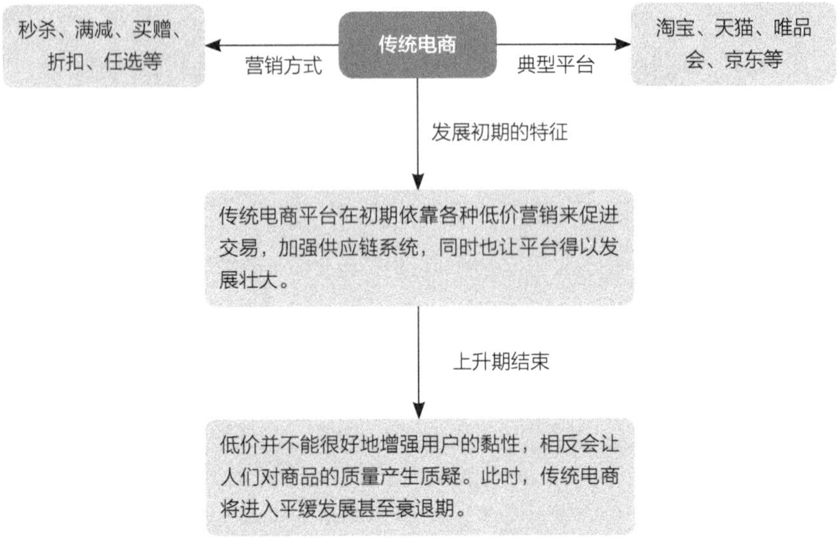

图 1-1 传统电商的发展现状

由此可知，低价营销很难再次为传统电商带来新的红利，同时，传统电商也面临着诸多的问题。

（1）质量问题：由于电商平台上的商品不能直接验货，用户在网购时最担心的就是商品的质量。因此，电商平台如何保证送到消费者手中的商品是正品而不是假货，这就是传统电商应首要解决的痛点。

（2）供应链短板：传统电商的供应链环节不够成熟，尤其是物流体系的建设不够完整，这也极大了影响了电商的盈利。虽然有很多电商平台打出"两小时送达""一日三送"等口号，但这些服务也存在很大的地域局限性，通常只能在北京、上海等一二线城市实现，大部分地区还处于"物流盲区"。

（3）融资困难：电商企业要发展，要获得流量，"烧钱"是必不可少的引流战略，例如当年的滴滴打车和快的打车就是典型代表，如图 1-2 所示。"烧钱"就需要企业拥有大量的资金，其中融资就是电商企业获得资金的最主要手段。如今，对于那些没有特色亮点的电商企业来说，要想获得融资简直是天方夜谭，而没有融资来支持其"烧钱买流量"的话，企业的生存又将面临问题，这就成了一个"死循环"。

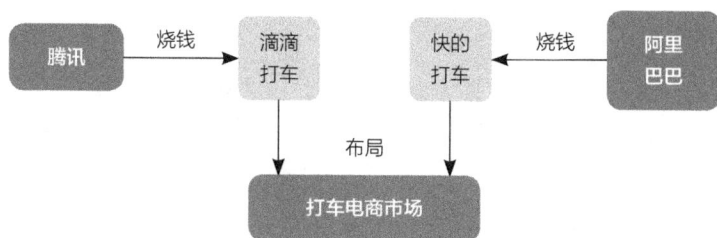

图1-2　腾讯与阿里巴巴的"烧钱"动机

（4）技术创新不足：不管是传统的电子商务模式，还是后来的 O2O 电商、移动电商和微商，这些新的商业模式都是顺应市场而出现的。因此，电商平台需要掌握更多的互联网技术并不断创新电商模式，如图 1-3 所示，使其能够更好地对接商品服务与消费者，满足人们的个性化需求。

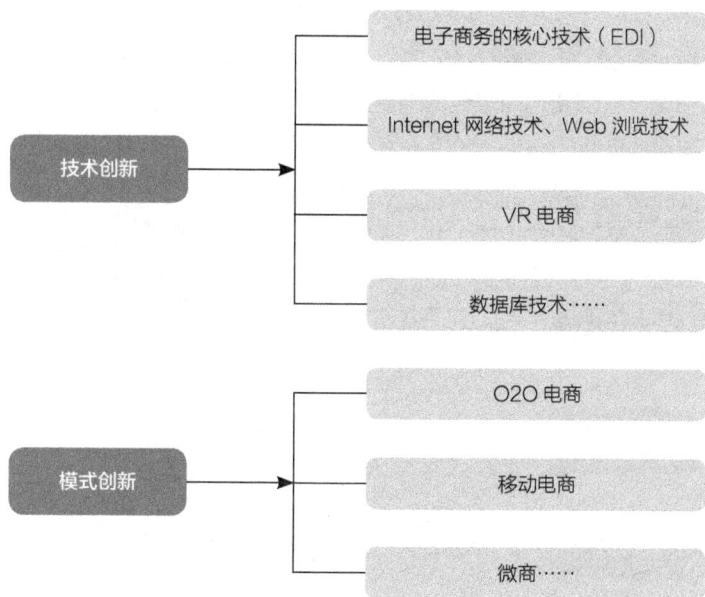

图1-3　传统电商面临的创新要求

（5）品牌意识薄弱：在各大电商平台上，产品面临严重的同质化状况，而且企业长期以价格战作为主要竞争手段，从而忽略了品牌质量和服务态度。另外，很多商家还采用"刷单"等不良手段来营造热销假象，这些都严重影响了电商平台在消费者心目中的诚信度。

（6）购物体验较差：与线下实体商店相比，电商平台存在很多体验盲点，如图1-4 所示。因此，如何加强用户的购物体验，是传统电商急需解决的难点。

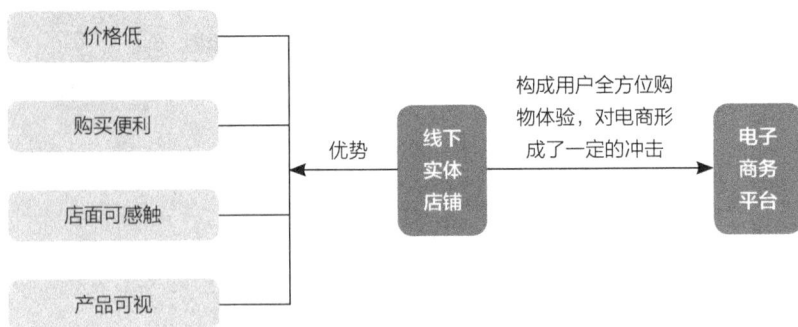

图1-4　电商平台在体验方面与实体店铺的竞争明显不足

面对诸多的经营之痛，大家都在努力探索新的电商模式，进行转型。阿里巴巴集团创始人马云表示："未来30年必将是人类社会天翻地覆的30年，'电子商务'一词将会被淘汰。把握好未来五个新趋势，任何人都有成功的机会。"

图1-5所示为五个新趋势的具体内容，这些趋势将重新洗牌传统电商的市场格局，为传统电商指明了新出路，同时也给电商企业带来排位、超越的新机会，所有企业必须重视并抓住这些机会。

图1-5　五个新趋势的具体内容

1.2　内容型电商崛起

当传统电商走向没落时，必然会出现新的电商模式来取而代之，内容电商便是其中的一支新秀，正在慢慢地发光发热，显示出其巨大的能量。

同时，淘宝、京东、聚美优品等大型电商平台也开始转型与布局内容电商。例如，"京东"App 开发了一级入口"发现"社区频道，用于向用户推荐好物的内容资讯，如图 1-6 所示。

图 1-6　"京东"App 的"发现"社区频道

据悉，帮韩品是第一个入驻京东"发现"频道的跨境电商企业，其主要内容为海淘商品资讯，上线不到 20 分钟，商品资讯的阅读量就超过 5000 次，该数据要远远高于同一时刻在频道首页发布的其他平台资讯，其商业模式如图 1-7 所示。

图 1-7　帮韩品的商业模式

那么，内容电商到底是个什么东西？其实，从京东的案例不难看出，内容电商就是通过图片、视频、音乐和文字等内容形式来卖东西，内容成为用户可以消费的信息。例如，京东"发现"频道的内容电商形式非常多样，包括直播、社区、好东西、优选清单、店铺头条、选礼神器以及拍照购等多种方式，如图 1-8 所示。面对不同的用户需求，京东通过手机 App 来收集人们在"发现"频道的浏览和收藏记录等数据，并分析用户的购物行为数据，从而匹配用户的喜好，实现精准化营销。

图 1-8 "京东"App 的"发现"社区频道

有了京东这个典型的案例作为说明，此时我们可以给内容电商下一个定义，如图 1-9 所示。

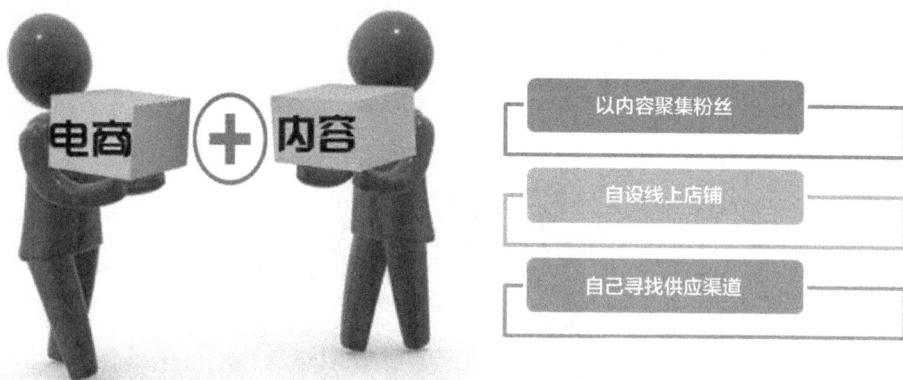

图 1-9　内容电商的定义

　　随着流量的价值越来越得到体现，以及人们的消费方式不断升级，内容电商的崛起已经成为必然，如图 1-10 所示。

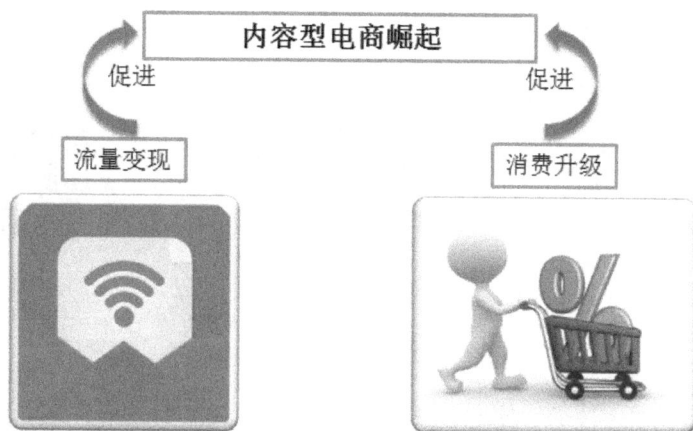

图 1-10　内容电商的崛起已经成为必然

1.3　内容电商的现状和趋势

　　随着互联网技术及其覆盖人群的飞速发展，内容电商已成为各大企业争夺的焦点，并呈现出迅猛发展的态势。根据内容创业服务平台——新榜的统计数据显示，每 7 个微信大号就有 1 个在做电商，如图 1-11 所示。

　　在微信端，很多知名公众号的电商销量十分惊人，如图 1-12 所示的"吴晓波频道"推出的吴酒就达到了 1000 万元的年销售额，"年糕妈妈"也创下了 4000 万元的单月销售额。

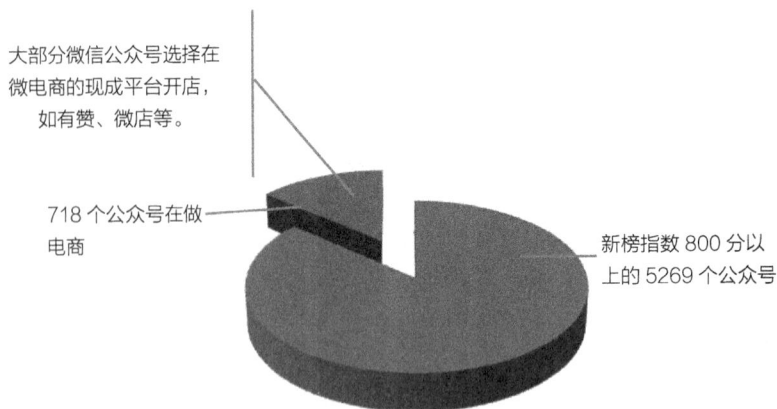

大部分微信公众号选择在微电商的现成平台开店，如有赞、微店等。

718 个公众号在做电商

新榜指数 800 分以上的 5269 个公众号

图 1-11　微信大号中的电商创业者人数众多

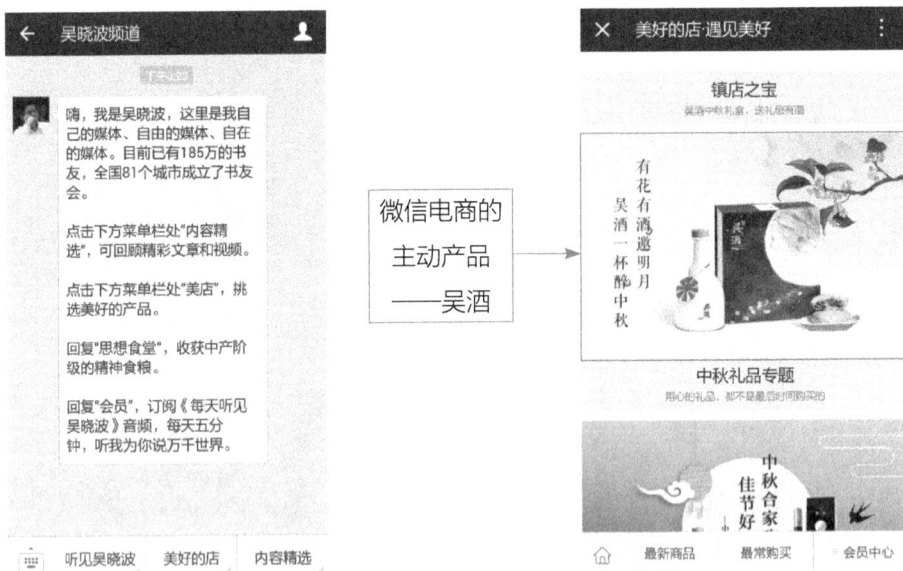

微信电商的主动产品——吴酒

图 1-12　"吴晓波频道"微信公众号以及微店

据悉，"吴晓波频道"微信公众号上线后即获得了日均 2000 人左右的粉丝增长速度，不到一年其订阅数就突破 60 万，并且完成了近百次的内容推送。此外，吴晓波还在春节期间举行了一次"年货众筹"活动，在近 200 家食品企业中选择 10 家企业，将它们的产品打包成一个大礼品箱，送到 50 名书友手中，如图 1-13 所示。

虽然背负着"财经写作者"的 IP 身份，但吴晓波更是一名成功的商人。其中，微信里卖的"吴酒"是吴晓波在经营自媒体过程中的一种电商变现尝试，曾创下了 33

小时售罄 5000 套单价 199 元的"吴酒"礼盒套装，甚至在酒品行业内部也被认为是一个典型的成功案例。

图 1-13 "吴晓波频道"的"年货众筹"活动

当然，除了直接销售商品外，还有很多服务型的内容电商，如图 1-14 所示。其中，育儿类与文化类的微信公众号中内容电商创业者的数量最多，而且内容的转化效率也是最高的。

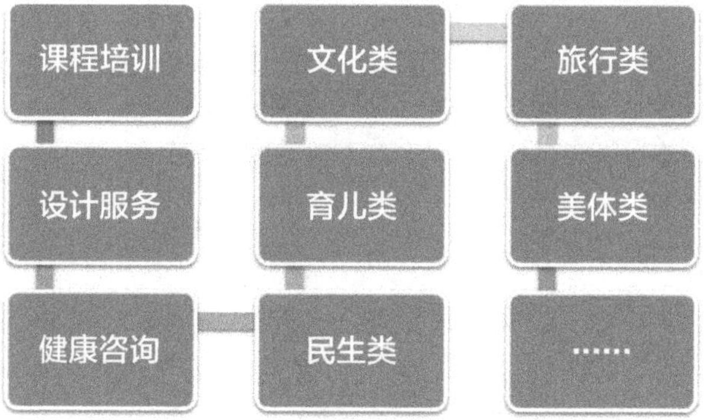

图 1-14 服务型的内容电商

图 1-15 所示为内容电商的十大热销商品。可以发现，书籍类店铺的销量是最高的，比较典型的有罗振宇的"罗辑思维"，以文化作为内容切入口，既摆脱了内容类别的限制，同时又可以在书籍中安排各种类型的内容，其容纳程度要远远高于其他内

容形式。另一方面，书籍的价格低、体积小，通常不会占用用户太多的购物决策时间，这也是其成功的一个原因。

| 书籍 | 儿童绘本 | 儿童玩具 | 茶叶 | 纸尿裤 |
| 面膜 | 护肤品 | 锅具 | 彩妆 | 运动装 |

图 1-15　内容电商的十大热销商品

当然，还有一些与生活息息相关的商品也是内容电商的热销商品，如家居生活、母婴育儿、护肤美妆与服装鞋包等，它们符合移动互联网时代的用户碎片化消费特征，用户可以随时随地通过手机轻松阅读内容并快速下单。

图 1-16 所示为内容电商的发展趋势。移动电商将成为承载内容的最佳渠道，并围绕粉丝来销售商品或服务，同时"以产品为导向定位用户"的模式已经一去不复返，更多的是"以用户为导向来定制个性化产品"。

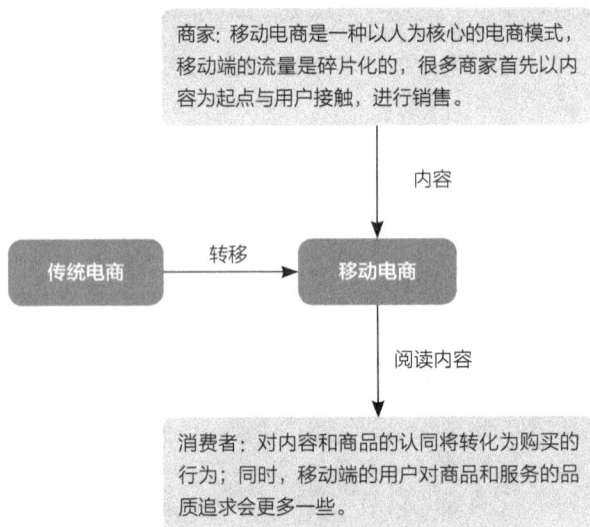

图 1-16　内容电商的发展趋势

1.4　创新型电商的分类

目前，电子商务的创新主要体现在两个方面，如图 1-17 所示。

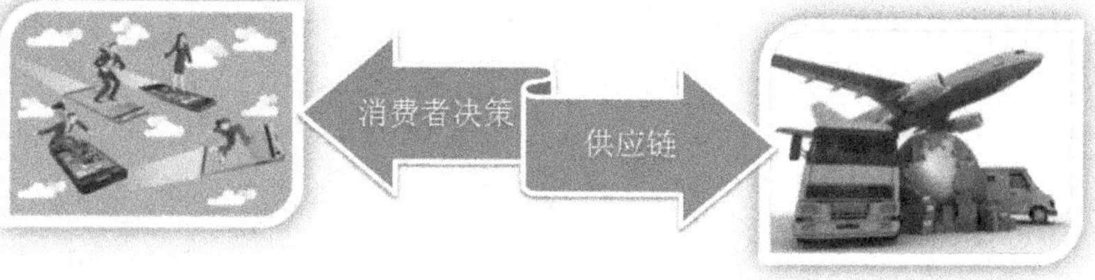

图 1-17　电子商务创新的两个方面

1. 消费者决策的创新

在消费者决策的创新过程中，内容带来了非常大的影响。电商企业可以利用内容营销，实现低成本的获取与筛选用户的目的，而且带来的用户黏性也更强。同时，内容本身还具有一定的引导性，可以影响用户的购买决策。

很多网络红人、KOL（Key Opinion Leader，关键意见领袖）等内容生产者之所以能够吸引高黏性的用户群体，最主要的原因就是他们善于持续生产优质的内容。例如，"咪蒙"就是这种内容电商创新的典型代表。从 2015 年 9 月 15 日发第一篇文章到 12 月底，"咪蒙"总共发布了 70 篇文章，而且每篇文章的阅读量都达到十多万，有些甚至超百万，如图 1-18 所示。

图 1-18　"咪蒙"的微信平台与文章内容

2016 年 6 月，"咪蒙"的新书《我喜欢这个"功利"的世界》由湖南文艺出版社出版，如图 1-19 所示，这是一本比较励志的文学作品，同时也使她被粉丝誉为"国民励志女作家"。

图 1-19　"咪蒙"利用微博来推广图书

同时，"咪蒙"还在微博端开通了购买渠道，在为新书造势的同时，也形成了一种电商闭环来打通产业链，粉丝们不但可以在线阅读电子书，而且还可以在线购买实体书，如图 1-20 所示。

图 1-20　通过微博打通红人经济的产业链

如图 1-21 所示，从"咪蒙"的微博主页可以看到，她的微博粉丝已经超过 180 万，而其微信公众号的粉丝据悉已经超过 300 万，单篇文章的平均阅读量超过 100 万。不管是从数据、内容还是运营方式上来看，"咪蒙"的内容电商做得都是比较成功的。同时，纸质图书的推出也为其营造出一种特殊的文化气质，通过自我宣传和包装，直接引导粉丝来完成她所推荐的消费。

从"咪蒙"的案例可以看出，内容电商就是"生产内容＋聚集粉丝＋电商渠道"的结合，而内容是其中最重要的部分，是实现后两个目标的重要前提，这也是所有电商创业者和企业在打造内容电商模式时需要重视的地方。

图 1-21　"咪蒙"的微博主页

2. 供应链的创新

供应链的创新则主要体现在电商企业的选品差异。内容电商不像传统电商那样随意，什么产品都可以拿来卖，只有符合用户需求的优质产品才有可能在内容的驱动下成为爆款。

例如，建于 2013 年的"繁星优选"是一家移动互联网企业，同时该企业还开发了一款移动社群电商 App——"繁星优选"，如图 1-22 所示。

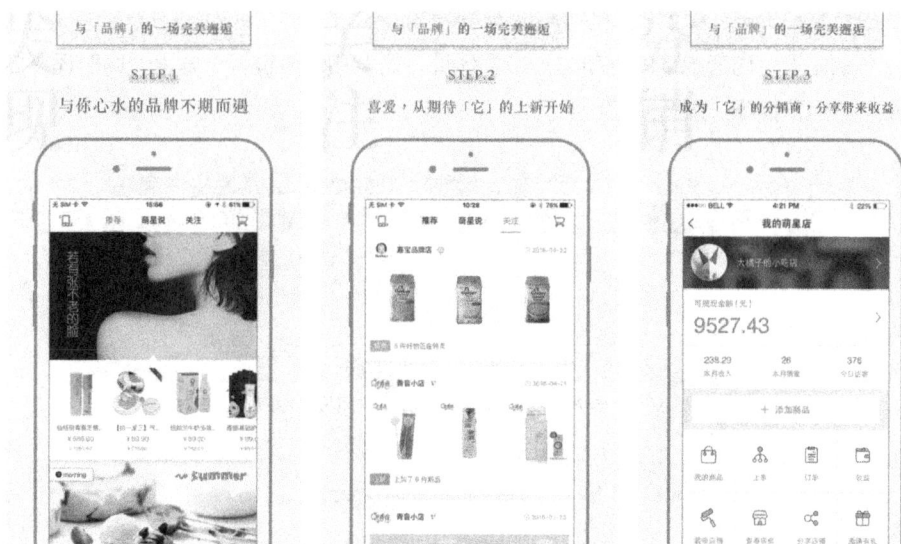

图 1-22　"繁星优选"App

在"繁星优选"App 中，生活方式优选店是其最大的特色，而且这些随处可见的店铺主人要么是微博大 V，要么就是著名品牌。图 1-23 所示为知名主持人"月亮姐姐"的店铺。这些名人与品牌等大 IP 为"繁星优选"带来了更多的诚信度，同时他们生产的内容也让用户购物更加便捷。

图 1-23　"月亮姐姐"的店铺

"繁星优选"首先为那些有意向合作的网红开店实现内容变现，并且帮助他们构建供应链，为每个网红的内容属性来匹配合适的商品，从而赚取分成。据悉，"繁星优选"签约的网红覆盖微博粉丝 4500 万人，2015 年总销售额达到 1.6 亿元。在这条路上成功之后，"繁星优选"又开始打造自己的品牌商品，首创"一品一店"模式，并通过"繁星优选"App 实现移动红人电商模式。

总的来说，内容电商的创新之处主要体现在内容和供应链两个方面，同时还需要注意一些运营技巧，如图 1-24 所示。

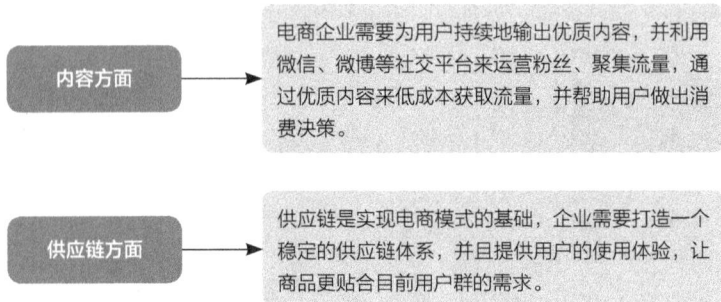

内容方面	电商企业需要为用户持续地输出优质内容，并利用微信、微博等社交平台来运营粉丝、聚集流量，通过优质内容来低成本获取流量，并帮助用户做出消费决策。
供应链方面	供应链是实现电商模式的基础，企业需要打造一个稳定的供应链体系，并且提供用户的使用体验，让商品更贴合目前用户群的需求。

图 1-24　内容电商的创新要点分析

1.5 互联网时代，草根创业时不我待

对于普通的创业者来说，要想创建一个新的电商平台来与淘宝、京东等巨头去抗衡，那有些不现实。相反，创业者应该在电商的深度上进行挖掘，其中不乏草根创业的机会，例如内容电商就是一种不错的模式，成功者大有人在。

旅游卫视推出的"麦子优选"就是一个基于移动互联网的社群电商平台，如图1-25 所示。

图 1-25 "麦子优选"电商平台

"麦子优选"通过精选各地的风物特产，以内容营销的方式呈现在用户面前，并采用社交分享经济的模式来节约广告及渠道成本，将其中的部分盈利以补贴奖励的方式回馈给成为"优选代言人"的粉丝（也称为"麦客"），如图 1-26 所示。

图 1-26 "麦客达人"的内容页面

"麦子优选"还与花椒直播共同推出"麦子厨房"，以直播视频的内容形式展现相关商品的特点，并在视频下面附上相关商品的二维码购买链接，如图 1-27 所示。

图 1-27　直播视频与二维码购买链接

用户只需关注"麦子优选"的微信公众号，并满足一定的消费条件，即可成为"麦子优选"的代言人，如图 1-28 所示。目前，"麦子优选"已经推出代言人专属永久性二维码，成为"麦客"即可永远拥有自己的推广二维码，拥有实体店的麦客代言人可以直接使用。

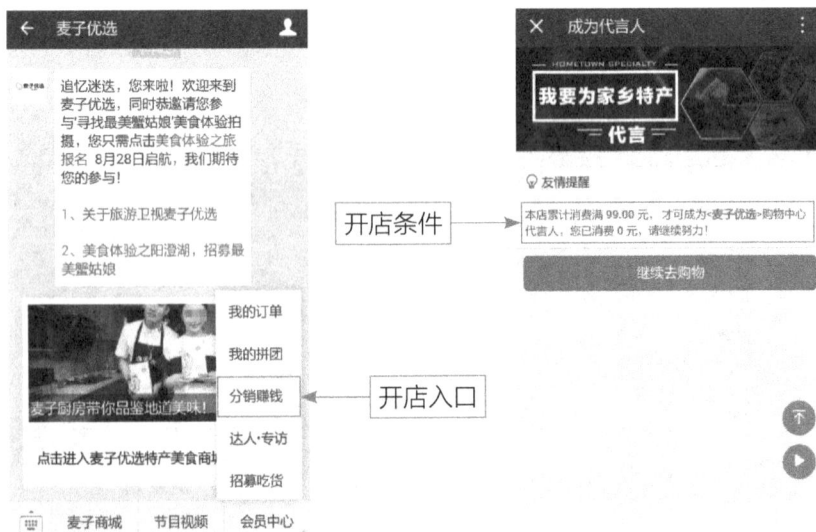

图 1-28　"麦子优选"微信公众号

"麦子优选"等内容电商平台的出现，让我们迎来了一个创新创业的黄金时代，也迎来了一个草根逆袭的时代。面对"互联网＋"时代，只要草根创业者能够生产更新、更好的产品，即可通过互联网的手段赢得市场。只要你能在某一个细分的领域取得成功，就可以在激烈的市场中分得一杯羹，这些特性已经彻底颠覆了传统创业的模式，并进入一个全民创业的时代。

1.6　内容电商的类型

内容电商让消费场景发生了很大的变化，它主要通过一些吸引人的内容来催生用户的消费行为，不但可以降低电商的渠道成本，而且还能够激发用户需求，使用户对产品建立信任，从而增加用户黏性。

当然，内容电商并不是一个固定的模式，它主要包括 UGC（User Generated Content，用户原创内容）口碑体验和 PGC（Professionally-Generated Content，专业生产内容）两大类型。

1. UGC 口碑体验

UGC 也称 UCC（User-Created Content），如各大论坛、博客和微博等站点都属于 UGC，由用户自行创作内容，网站管理人员只是协调和维护秩序，通过内容来协助企业或产品实现口碑营销，典型代表有"小红书"。

"小红书"是分享型的社区电商平台，海量的 UGC 内容是其最大的优势，并且通过深耕社区内容成功转型为电商，如图 1-29 所示。

图 1-29　"小红书"社区电商平台

从"小红书"的网站可以看到，其功能定位主要包括以下两个方面：

（1）UGC 模式的海外购物分享社区：如图 1-30 所示，这是其他平台很难复制的地方，这种模式极有可能进化为移动电商的终极形态。

图 1-30 "小红书"社区电商平台

（2）跨境电商"福利社"："小红书"通过海外直接采购商品，并建立多个自营保税仓来备货，通过电商平台"福利社"上架商品，省去了多层代理，让利给消费者，如图 1-31 所示。

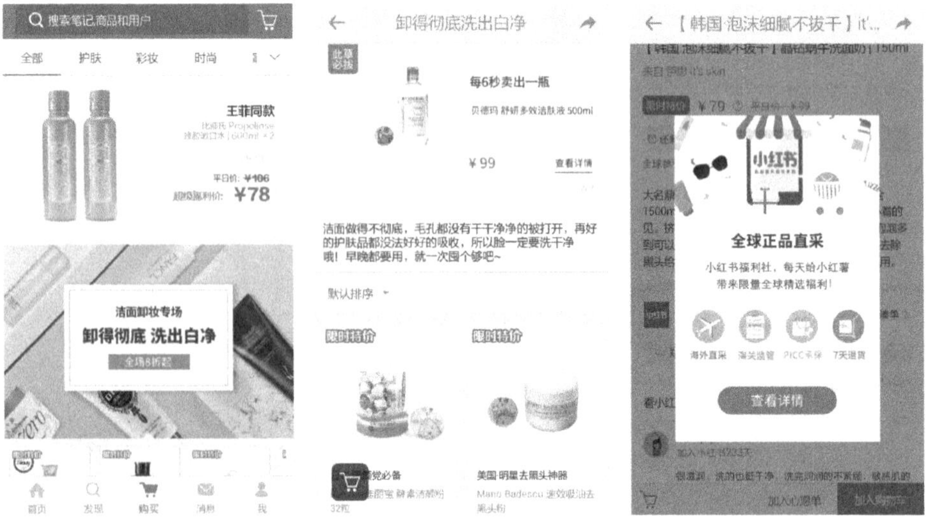

图 1-31 小红书"福利社"

对于"小红书"来说，这种真实用户的 UGC 口碑分享为其带来了极高的转化率，而且整个社区电商平台形成了一个巨大的用户口碑数据库。同时，"小红书"也将这些数据进行分析处理，将其作为采购商品的依据，从而形成一种良性循环，提高了销售额。

2. PGC 内容电商

PGC 不但可以共享高质量的内容，而且提供商还无需为此给付报酬，因此受到各大电商平台的欢迎。PGC 内容电商可分为以下两类。

（1）分享知识、技能、方法

这种内容电商平台的典型代表有"优集品""清单""好物"等，它们有一个共同特点，即在某些细分领域深挖内容，使自身的知识储备和技能高人一筹，并以此为基础生产更多更专业的优质内容。

对于这种内容电商形式来说，专业度不但是评价其成功的标准，同时也是让用户产生好感和信任的基础。例如，你卖的是美食，那么你的专业首先就体现在美食上，懂得如何制作各种美食菜肴是最基本的。

例如，在清单中，美食就有 3 个标题，包括《把花做成美食的秘诀在这里》《这家伙，折叠能做帕尼尼，平摊兼任烧烤架》《水果分切烦、坚果剥壳难，8 件工具来帮忙》，如图 1-32 所示。

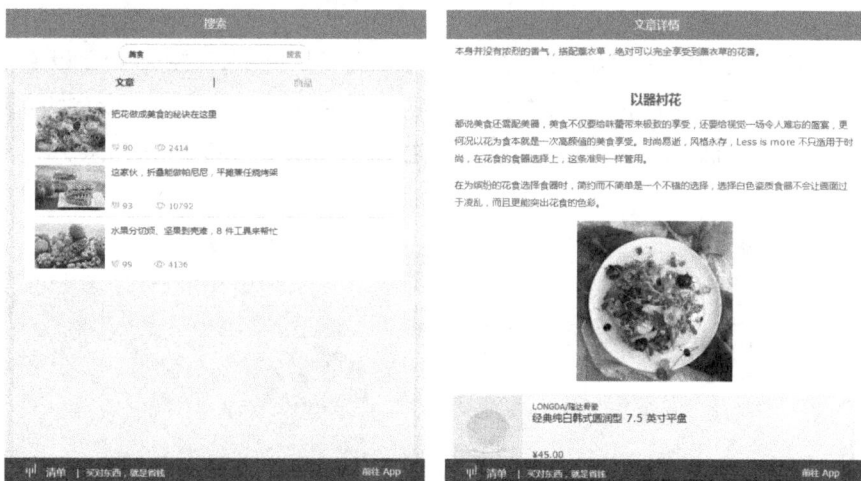

图 1-32　清单中的美食相关内容

其实，这些内容形式与传统媒体的性质比较类似，通过从各个领域的细分市场来纵向深挖内容，为消费者带来真正有价值的内容。

（2）主题式推荐

这种类型的内容电商的典型代表有"氧气""步履不停""新氧""enjoy""医

19

美推荐""乐纯酸奶"等，它们属于一种比较小众的电商平台，通过小而美的内容来吸引那些有相同需求的用户，更加强调归属感和共鸣。

例如，在"氧气"官网，我们可以看到页面的排版非常精致，文案写得也比较讨人喜欢，给人的感觉就像是翻阅一本杂志，如图 1-33 所示。

图 1-33 "氧气"官网

"氧气"的目标是成为年轻女性的"内衣专业买手"，并且在全球各地大量招募专职买手来收集海外的小众品牌内衣。在平台上，内容撰写者通过各种风格的文案来"场景化"内衣商品，通过内容来激起消费者的购买诉求，如图 1-34 所示。

图 1-34 "氧气"用内容激起消费者的购买诉求

另外，"氧气"为了提高用户的线上购物体验，解决用户无法在线上试穿的难题，在 App 中开发了很多功能。例如，用户可以在下单前输入自己的身材数据，如图 1-35 所示。

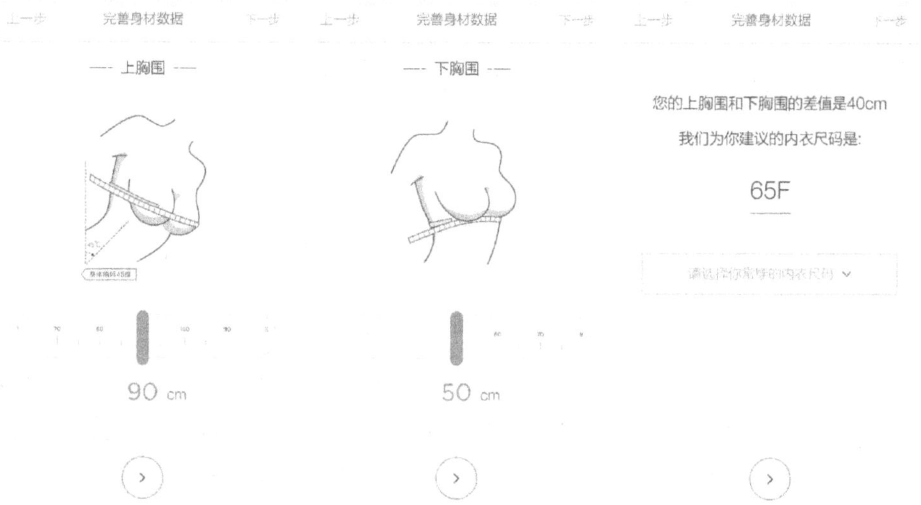

图 1-35　设置身材数据

其实，"氧气"最聪明的地方在于，他们懂得用内容营销来吸引粉丝，同时其产品与网红的契合度也非常高，而并不是使用传统电商的"价格战""促销战"等手段。消费者在这种环境下购物时，可能不会有"我要购物""我要逛街"的心态，更多的是悠闲地阅读各种心得体验。

从"氧气"的内容电商案例中，我们可以看到 PGC 的典型生态体系结构，如图 1-36 所示。据艺恩咨询报告显示，86% 的观众愿意成为自己喜爱的 PGC 的内容粉丝。在 PGC 体系中，平台可以通过内容来获得用户，在广告主和电商企业的资金和资源的支持下，内容可以通过广告植入、商业衍生贡献等实现盈利，形成"供求链 + 经济链 + 价值链"的商业体系。

图 1-36　PGC 的典型生态体系结构

第 2 章

内容平台：做运营必须用到的平台

学前提示

"互联网＋"时代，各种新媒体平台将内容创业带入高潮，再加上移动社交平台的发展，为新媒体的运营带来了全新的粉丝经济模式，一个个拥有大量粉丝的 IP 由此诞生，成为新时代的商业趋势。本章主要介绍各种做运营必须用到的新媒体平台。

要点展示

- 》》 今日头条媒体平台
- 》》 百度百家自媒体平台
- 》》 腾讯微信公众号
- 》》 一点资讯自媒体平台
- 》》 易信公众平台
- 》》 搜狐公众平台
- 》》 腾讯媒体开放平台
- 》》 腾讯 QQ 公众号
- 》》 网易号媒体开放平台
- 》》 网易云阅读开放平台
- 》》 凤凰号媒体开放平台
- 》》 UC ＋开放平台与 UC 头条
- 》》 其他优秀新媒体网站
- 》》 国内新锐自媒体平台

2.1　今日头条媒体平台

今日头条媒体平台又称为"头条号"，是由"今日头条"推出的一个媒体 / 自媒体平台，可以帮助各种企业、个人创业者以及机构等对象扩大自身的影响力，增加曝光激活的关注度。

1. 注册"头条号"

用户可以进入"头条号"的主页（http://mp.toutiao.com/mobile_register/），输入手机号码和短信验证码进行注册，如图 2-1 所示。

图 2-1　"头条号"的主页

单击"确定"按钮后，即可选择类型。图 2-2 所示为"今日头条"媒体平台的主要服务对象。选择相应类型后输入入驻资料，即可注册"头条号"。

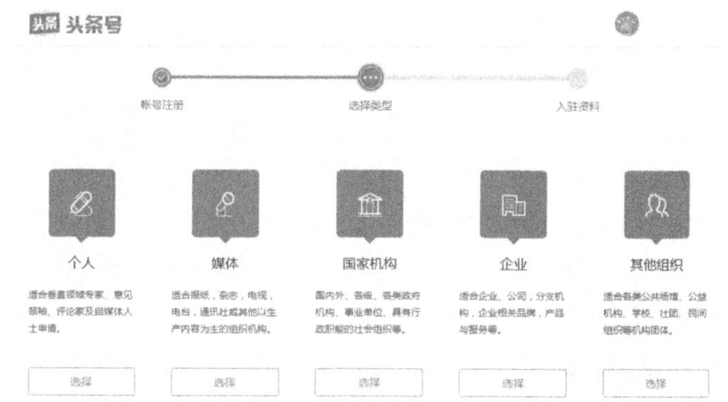

图 2-2　"今日头条"媒体平台的主要服务对象

2. 发布内容

登录"头条号"后台主页后，如图 2-3 所示，可以在此看到订阅用户、推荐用户、头条号指数以及累计阅读量等数据。

图2-3　"头条号"后台主页

单击"发表"按钮进入其页面，用户可以发表文章、视频、图集以及趣味测试等内容，如图2-4所示。

图2-4　用户可以通过"头条号"发布的内容类型

3. 内容管理

在左侧的导航栏中，选择"文章管理"选项区中的"手动更新"选项，即可手动更新文章内容，并且可以对文章进行修改、置顶、分享等操作，如图 2-5 所示。

图 2-5 "手动更新"页面

选择"文章管理"选项区中的"评论管理"选项进入其页面，内容发布者可以在此与读者进行互动交流，推荐、回复或者举报读者对内容的评论，如图 2-6 所示。

图 2-6 "评论管理"页面

4. 数据统计

数据对企业来说是非常重要的东西，从"头条号"后台开发出的一套数据分析系统就可以看出，对于内容运营者来说，这套数据分析系统能够帮助他们实现更为精准化的营销。

在"数据统计"选项区中，有"文章分析"、"头条号指数"、"用户分析"以及"订阅用户"4个选项。

（1）文章分析：包括推荐量、阅读量、评论量、转发量、收藏量等数据，如图2-7所示。用户可以将这些数据导出为Excel文档，便于查看和使用。同时，"头条号"还可以进行视频数据的分析，包括昨日播放量、累计播放量以及累计播放时长等关键数据。

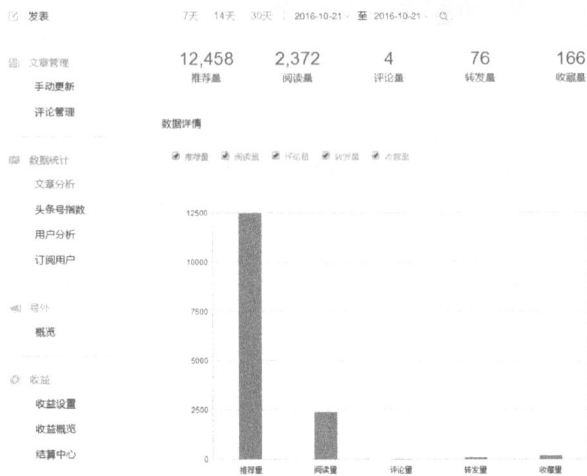

图2-7 "文章分析"页面

（2）头条号指数：其意义为"你的内容有多值得被推荐"，该指数是系统通过对内容和读者的行为记录与分析得到的一个账号价值评分，包括健康度、原创度、活跃度、垂直度及互动度5个维度，如图2-8所示。

图2-8 "头条号指数"分析

（3）用户分析：包括新增用户、累计用户、新增订阅、累计订阅等关键数据及其详情图表，以及性别比例、年龄分布、地域分布、终端分布、兴趣探索等数据分析，如图 2-9 所示。

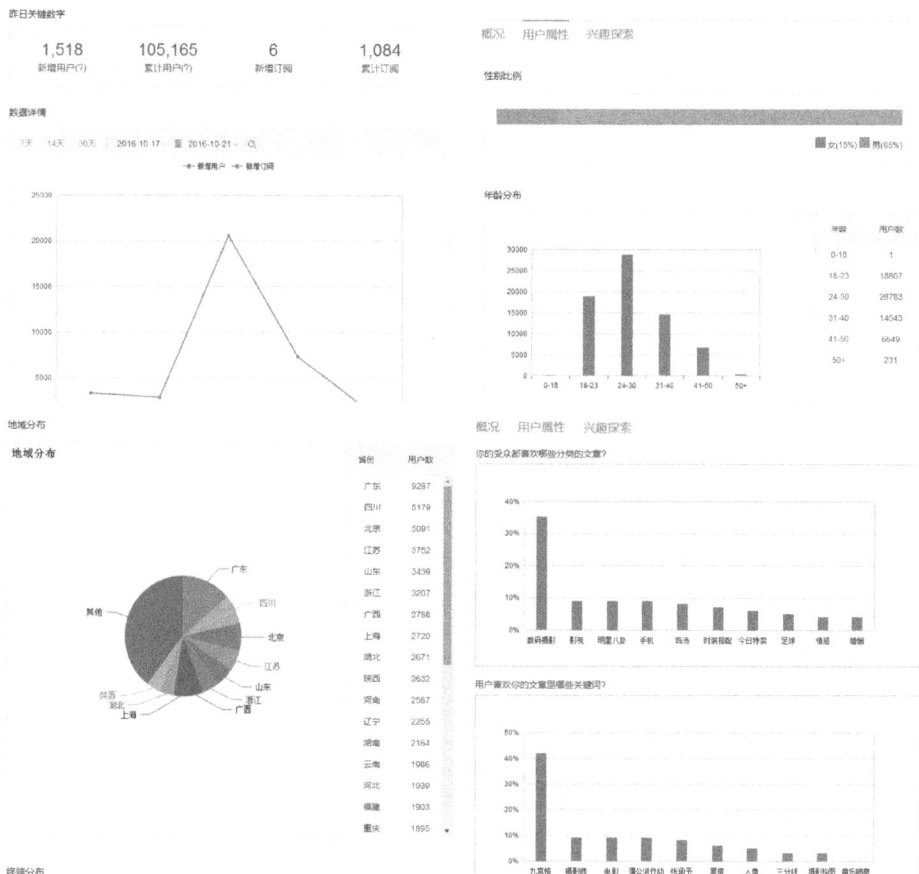

图 2-9　"用户分析"详情

（4）订阅用户：在此列出了所有订阅该账号的订阅用户，也可以点击"关注"链接来关注这些用户。

收集数据、整理数据之后，就要对数据进行分析；需要将数据进行对比，分析趋势变化，并找出其中的一些特殊点，再结合平台具体的运营情况进行分析。

比如看到某个时间段阅读量突然暴增或突然骤减，这个时候运营者就必须去了解这些时间段内推送的文章是什么，都有什么特点，然后查出导致阅读量暴增或骤减的原因。

再比如平台的新增用户在某个时期突然持续性暴增，那么很有可能平台在这个时间里发布了活动，从而导致用户持续增加；也有可能是其他原因导致平台的用户持续增长。运营者需要根据这些数据，将深层次的原因找出来，为以后的内容平台运营打下基础、积累经验。

5. 号外

"号外"是"今日头条"推出的一个新功能，符合一定条件的账号作者可以在此付费推广内容，如图 2-10 所示。根据作者的充值金额，"今日头条"将承诺为其内容带来一定的推广人数和范围。

图 2-10 "号外"页面

6. 收益管理

"收益"板块包括收益设置、收益概览与结算中心 3 个选项，具体功能如下。

（1）收益设置：包括"不投广告""投放头条广告"以及"投放自营广告"3 个选项，内容发布者可以根据自己的需求进行设置，如图 2-11 所示。

图 2-11 "收益设置"页面

（2）收益概览：主要包括"头条收入""视频收益"以及"自营广告"收入，如图 2-12 所示。自营广告包括头条号、图片以及图文等类型，而且其素材必须在移动端适配，大小不能超过 1M。

图 2-12　"收益概览"页面

（3）结算中心：显示"最近一笔提现""待结算金额"以及"累计提现金额"等数据，有一定收益的内容发布者可以单击"申请提现"链接来实现内容变现，如图 2-13 所示。当然，如果要完成提现操作，还需进入"结算设置"页面，单击"修改"链接绑定银行卡和身份信息，如图 2-14 所示。

图 2-13　"结算中心"页面

专家提醒

身份证和银行卡持卡人的姓名必须一致。

图 2-14 "结算设置"页面

7. 实验室 beta

"实验室 beta"板块包括"头条问答"和"自定义菜单"两个功能，功能的具体内容如下。

（1）头条问答：在页面右侧可以看到列出的相关热门问题，如图 2-15 所示，同时右上角会有一个"点击进入"的提示按钮，单击该按钮即可进入问答窗口页面。

图 2-15 "头条问答"页面

专家提醒

"头条问答"是"今日头条"针对知乎、百度知道等平台推出的内容分享社区，"头条号"中的内容作者可以在此分享符合自己内容定位的经验和见解。

"头条问答"采用的是 PGC 模式，让内容发布者主动产出专业内容；其中的问题涵盖面非常广泛，而且还具有一定的深度和专业性、时效性。

（2）自定义菜单：如图 2-16 所示，单击"＋"按钮即可添加菜单。与微信公众平台类似，在此可以创建 3 个一级菜单，每一级菜单下面可以创建 5 个二级菜单，方便读者选择内容或进行相关操作。

图 2-16　"自定义菜单"页面

8. 账号设置

"账号设置"板块包括"账号信息""账号状态"和"账号设置"3 个功能，具体内容如下。

（1）账号信息：在此可以查看头条号的名称、介绍、头像、作者二维码、ID、联系人、联系电话、领域以及所在地等信息，如图 2-17 所示。

图 2-17　"账号信息"页面

（2）账号状态：包括账号状态、账号分值、发文篇数、自营广告、头条广告、原创标签以及"千人万元"等状态以及开通渠道，如图2-18所示。其中，头条号于2015年9月8日推出"千人万元"计划：未来一年内，头条号平台将确保至少1000个头条号创作者单月至少有1万元的保底收入，以加强创作者的信心和收益。

图2-18 "账号状态"页面

（3）账号设置：可以在此绑定手机、更换绑定手机的号码以及添加图片水印，设置完成后单击"保存"按钮即可，如图2-19所示。

图2-19 "账号设置"页面

9. 运营策略

如今，很多已经成为超级 IP 的网络红人都开通了头条号来传播自己的品牌，同时实现内容变现的目标，如图 2-20 所示。

另外，在拥有海量用户的"今日头条"App 中，头条号为其带来了更多的优质内容，对于用户来说可以获得更好的使用体验，而对于创业者和企业来说可以拴住更多用户的"心"。

图 2-20 今日头条媒体平台中的部分超级 IP

同时，"今日头条"App 采用大数据算法，让你创作的内容可以快速、精准地送达目标用户的手机上。图 2-21 所示为"今日头条"App 上的资讯内容。其中一些比较有趣和抓住热点的文章的阅读量往往都能达几十万，收藏量也能上万。

图 2-21 "今日头条"App

申请头条号时，需要注意一些细节：提供有效的原创内容的链接必须真实有效；文章内容最好采用软文形式来撰写；必须按照系统的要求上传信息清晰的证件照片，尤其是手持身份证照片必须清晰。

图 2-22 所示为头条号的 3 大亮点。头条号的口号是"你创作的，就是头条"，入驻媒体 / 自媒体等创业者可以在头条号中专注于内容创作，并通过"头条广告"和自营广告等途径产生更多的变现。

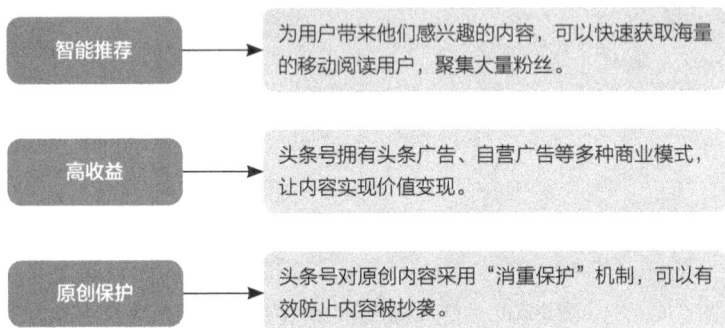

智能推荐	为用户带来他们感兴趣的内容，可以快速获取海量的移动阅读用户，聚集大量粉丝。
高收益	头条号拥有头条广告、自营广告等多种商业模式，让内容实现价值变现。
原创保护	头条号对原创内容采用"消重保护"机制，可以有效防止内容被抄袭。

图 2-22　头条号的 3 大亮点

2.2　百度百家自媒体平台

百度百家是百度针对互联网内容创业者开发的一个新媒体平台，囊括了来自互联网、时政、体育、人文等多个领域的自媒体人，图 2-23 所示为其主页。

图 2-23　百度百家主页

对于互联网内容创作者，百度百家专门开辟了一个"作家"频道，如图 2-24 所示，目前包括互联网、高管、文化、娱乐、体育和财经等内容类型。

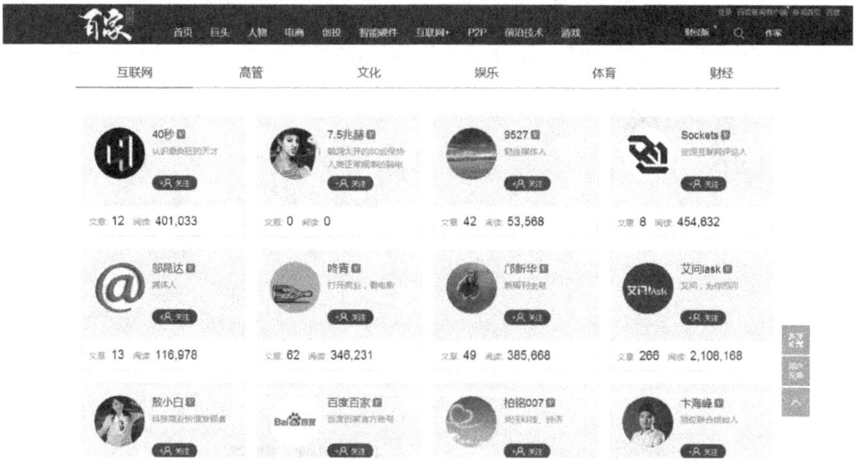

图 2-24　百度百家"作家"频道

另外，百度百家还开辟了"百家争鸣"栏目，经常会以"辩论"的形式展开一些热门话题的讨论，来吸引用户关注与参与，如图 2-25 所示。

图 2-25　"百家争鸣"栏目

百度百家自媒体平台不接受普通用户的投稿，只有注册用户才能在该平台上发布文章。用户可以注册"百家号"账号来进行内容发布、内容变现和粉丝管理等操作。

百家号账号有个人与机构两个主体类型，如图 2-26 所示，用户需根据自己的真实情况填写相关信息，完成后提交，等待系统审核即可。当系统审核通过后，会通过用户注册时填写的手机号码或邮箱发送审核结果通知。

（1）个人账号：适合垂直领域的专家、意见领袖、评论家及记者等自由创作者。

（2）机构账号：适合媒体、企业或其他以生产内容为主的组织和团体申请。

图 2-26　注册百家号账号

注册成功后，即可在百度百家上发布内容，而百度新闻 App 的原创栏目就是这些内容的展示地。百度百家的产品服务包括如图 2-27 所示的 3 个方面。

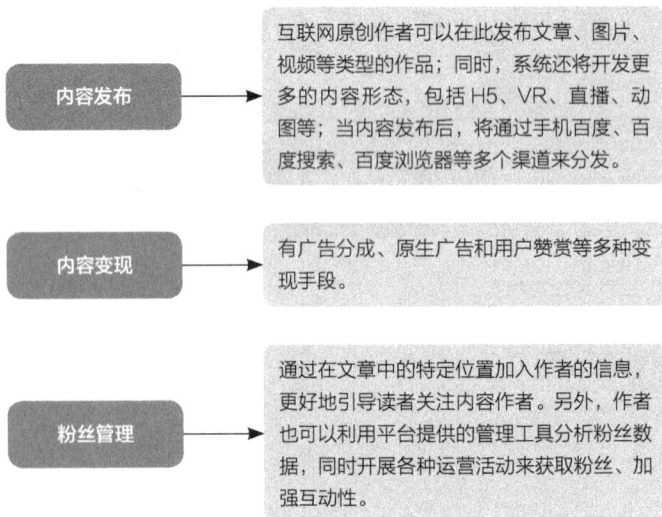

图 2-27　百度百家的产品服务

百度新闻 App 通过"百度大数据＋自然语音理解技术"为用户带来不一样的新

闻阅读体验，向他们推荐个性化的文章内容，建立完整的自媒体生态链，如图 2-28 所示。

图 2-28　百度新闻 App

如图 2-29 所示，百度百家通过百度联盟的商业模式，让互联网内容与企业广告实现良性的交互转换，无缝对接内容创作者、读者以及他们之间的传播者。

百度百家也是一个去中心化的新媒体平台，只要是好的内容，就可以在百度百家中得到大力推荐，而且可以在自媒体群中引发震动效应。

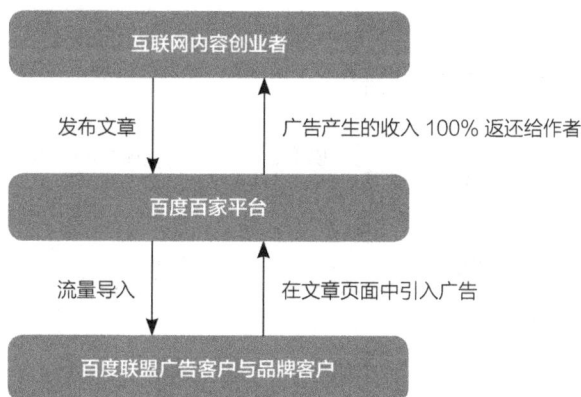

图 2-29　百度百家的运作模式

2.3　腾讯微信公众号

微信是目前最火的自媒体平台，拥有海量的用户基础，而且营销效果非常好。随着微信的火热发展，微信公众平台也应运而生。由于看到了微信公众平台的商机，越来越多的商家、企业和个人都申请了微信公众号，想通过运营这个平台来获得一定的收益。

在申请微信公众号的时候，会有一个选择公众号类型的页面。在该页面中，微信公众号的运营者需要选择自己的账号类型，一旦账号建立，账号类型就不能再修改了，但是订阅号可以升级到服务号。

众所周知，微信公众号的账号类型有三类，分别是订阅号、服务号和企业号。在注册账号的时候，平台会跳出"选择类型"页面，如图 2-30 所示。

图 2-30　微信公众号的分类

下面让我们来了解一下这三种微信公众号。

1. 订阅号

有关订阅号的内容如图 2-31 所示。

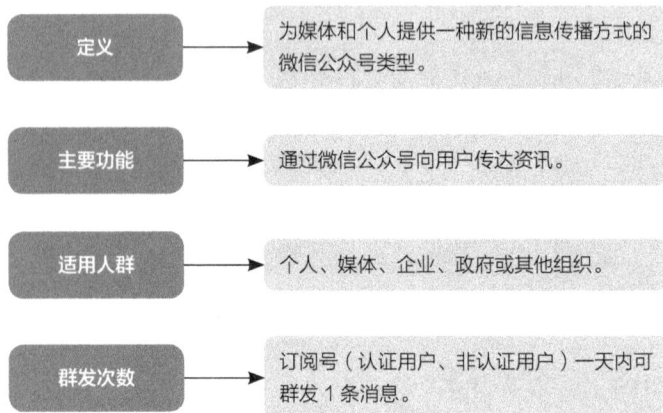

图 2-31　订阅号的相关内容

如果只是想用公众平台发一些简单的内容，做宣传推广服务，建议选择订阅号。图 2-32 所示为"会声会影 1 号"订阅号。

图 2-32 "会声会影 1 号"微信公众号

2. 服务号

有关服务号的内容如图 2-33 所示。

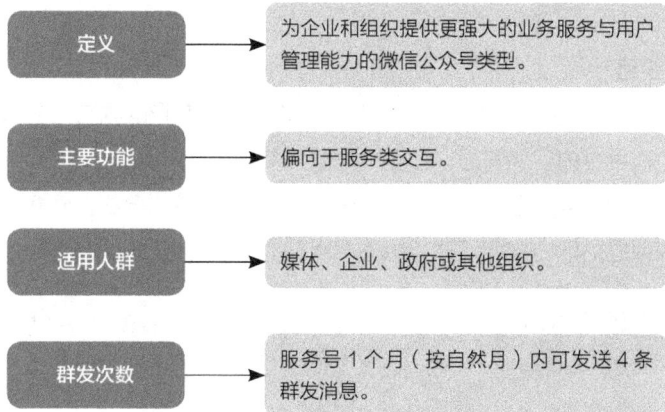

定义	为企业和组织提供更大的业务服务与用户管理能力的微信公众号类型。
主要功能	偏向于服务类交互。
适用人群	媒体、企业、政府或其他组织。
群发次数	服务号 1 个月（按自然月）内可发送 4 条群发消息。

图 2-33 服务号的相关内容

如果想用公众平台进行商品销售，建议选择服务号，后续可认证再申请微信支付。只有认证服务号才能使用九大高级接口：语音识别接口、客服接口、OAuth2.0 网页授权接口、生成带参数的二维码接口、获取用户地理位置接口、获取用户基本信息接口、获取关注者列表接口、用户分组接口、上传下载多媒体文件接口。图 2-34 所示为"携程旅行网"服务号。

图 2-34　携程旅行网微信服务号

3. 企业号

企业号主要是用于公司内部通信。想关注企业号的成员，必须先验证通信信息，因此，如果企业想要通过一个微信公众平台来管理内部员工、团队，就可以申请企业号。

4. 内容运营策略

微信公众营销对内容的要求很高，因为只有丰富、有趣的内容才能吸引用户，因此对于微信公众平台内容的管理，企业一定要非常重视。

公众平台多以文字、图片、视频等形式表现主题，因此想要在众多营销策略中脱颖而出，就必须把握好内容的运营，相关要点如图 2-35 所示。

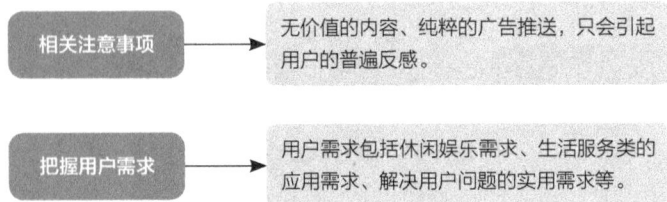

图 2-35　内容运营策略

微信上拥有海量的用户，而且营销效果非常出色，微信公众平台也是目前最火的新媒体平台，对于互联网创业者来说，在这个平台上需要有一些真正的干货去运营，才能使账号升级为一个超级 IP。

2.4 一点资讯自媒体平台

一点资讯自媒体平台又称为"一点号"，是由一点资讯推出的一个内容发布平台，个人媒体、机构媒体、政府组织、企业以及其他组织等都可以申请注册该平台，如图 2-36 所示。

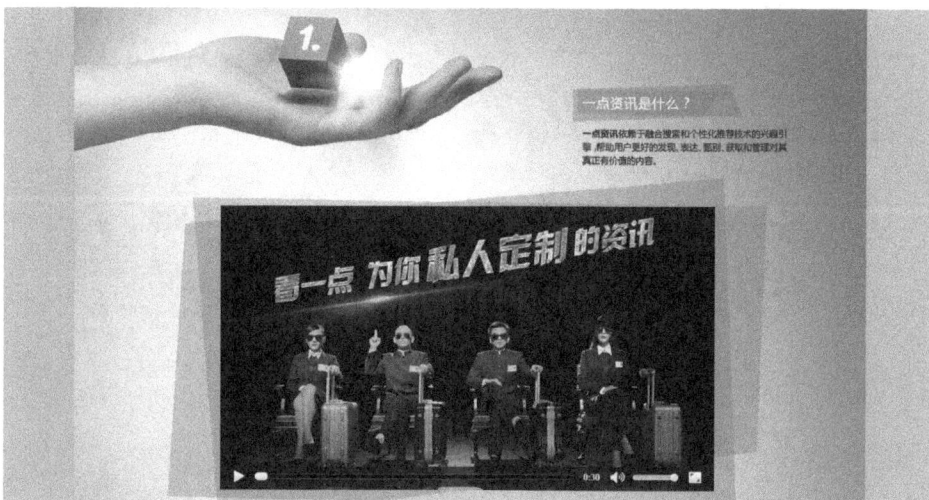

图 2-36 一点资讯平台

当你申请到"一点号"账号后，即可通过一点资讯平台为用户提供更精准的资讯内容。图 2-37 所示为一点资讯 App。

图 2-37 一点资讯 App

一点资讯 App 首创"兴趣引擎"模式，以用户兴趣为引导来推送各种资讯，同时结合了个性化推荐和搜索技术，成为移动互联网时代高效、精准的内容分发平台，其特色如图 2-38 所示。一点资讯 App 通过掌握并分析不同用户的兴趣，然后根据用户的主动订阅行为来加强对其兴趣的解读，并与这些兴趣之间建立一种连接关系，主动向用户推荐他们感兴趣、想看的内容。

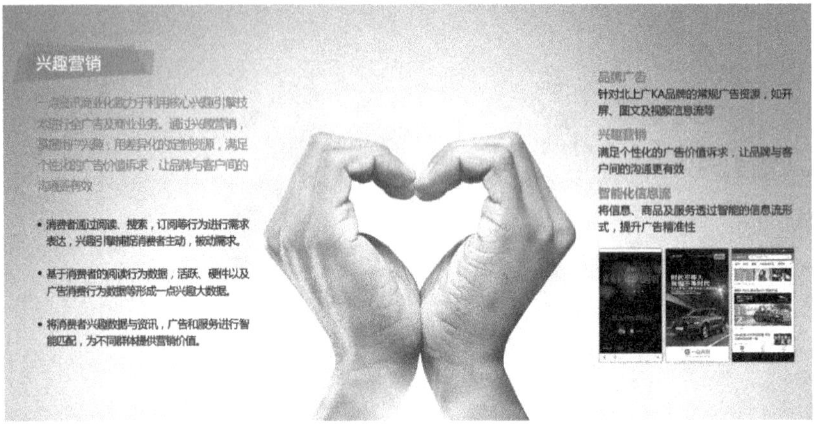

图 2-38　一点资讯的兴趣营销策略

一点资讯的内容分类也比较清晰，如 PC 端包括了首页、热点、社会、股票、美女、搞笑、科技、互联网、财经、军事、体育、趣图、汽车、健康、时尚、科学等常见的内容形式。图 2-39 所示为一点资讯策划的"四川地铁海报系列"内容。

图 2-39　"四川地铁海报系列"内容

丰富的内容再加上独特的"兴趣引擎"，一点资讯通过移动互联网技术极大地提高了用户体验；对于互联网创业者来说，也为他们带来了更多的用户，可以帮助优秀的自媒体人更快地找到与自己匹配的粉丝。

2.5 易信公众平台

易信公众平台是由中国电信和四大门户网站之一的网易共同推出的，如图 2-40 所示。强大的背景为其提供了一定的渠道资源，对于个人用户、企业机构和明星来说，可以更方便地使用该平台为自己的用户提供更好的服务。

图 2-40　易信公众平台

进入易信公众平台的主页，单击右上角的"还没账号？立即注册"链接，即可进入注册页面，输入账号、密码、手机号、验证码后，单击"完成"按钮，如图 2-41 所示。之后根据提示填写相关内容，包括账号信息、登记信息、负责人信息，然后提交注册即可。

图 2-41　易信公众平台注册页面

易信公众平台的后台操作与微信类似，而且平台也在不断拓展公众号的特色服务，使内容运营更加方便。图 2-42 所示为部分开通易信公众平台的人物 IP。

他们，已经在这里了

图 2-42　部分开通易信公众平台的人物 IP

2.6　搜狐公众平台

搜狐公众平台是由四大门户网站之一的搜狐推出的一个分类内容的入驻、发布和分发全平台，如图 2-43 所示。用户可以免费申请公众平台账号，在其中输出自己的行业内容，并在此得到一定的订阅用户数，以提升自身的影响力。

图 2-43　搜狐公众平台主页

在搜狐公众平台主页，单击右上角的"立即注册"按钮，即可进入注册页面，如

图 2-44 所示。用户可以通过手机号进行注册，并选择需要的账号类型，然后填写资料提交即可。

图 2-44　搜狐公众平台注册页面

图 2-45 所示为搜狐公众平台的主要特点。内容创作者可以借助搜狐三端平台强大的媒体影响力，大力推广自媒体内容。

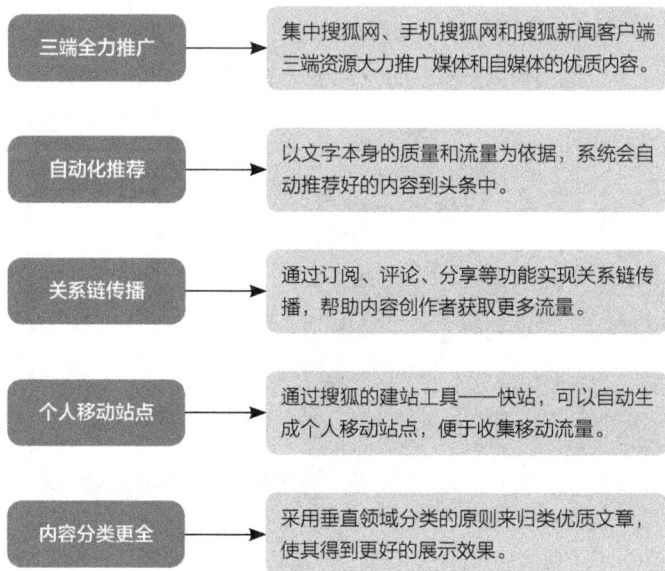

图 2-45　搜狐公众平台的主要特点

其中，搜狐新闻 App 是搜狐公众平台的内容最佳展示地，在方寸之间聚合优质媒

体资源，通过"订阅平台＋实时新闻"的方式，为用户带来个性化的阅读体验，如图
2-46 所示。

图 2-46 搜狐新闻 App

搜狐公众平台的申请比较简单，而且还容易通过，发布内容比较方便，流量也非
常不错，是一个值得推荐的内容平台。

2.7 腾讯媒体开放平台

腾讯媒体开放平台又称为"企鹅媒体平台"，其推出的时间并不长，它诞生于
2016 年 3 月 1 日，是由腾讯开发的另一个新媒体平台，如图 2-47 所示。

图 2-47 企鹅媒体平台主页

企鹅媒体平台针对微信与 QQ 的不足之处进行了改进，加强了如图 2-48 所示的
4 个方面的能力。

图 2-47　企鹅媒体平台 4 个方面的能力

- 开放全网流量：通过天天快报、腾讯新闻客户端、微信新闻插件和手机 QQ 新闻插件等平台，为内容创业者找到最适合的读者观众，特点如图 2-49 所示。

图 2-49　全网流量开放的主要特点

- 开放内容生产能力：让每一个内容生产者拥有强大且易用的媒体生产工具，而且平台还将持续开放更多的内容能力，特点如图 2-50 所示。

图 2-50　开放内容生产能力的主要特点

- 开放用户连接：企鹅媒体平台利用微社区平台让粉丝与内容创业者实现互动交流，帮助创业者引流并与粉丝建立连接，积累粉丝资源，如图 2-51 所示。

用户互动
看视频、读文章、
轻互动

粉丝积累
一键订阅、
专区回复

社群管理
快速沉淀粉丝群

图 2-51　开放用户连接的主要特点

- 开放商业变现能力：为自媒体创业者提供全新的渠道来加强互联网内容变现能力和变现形态，实现他们的商业价值目标，其优势如图 2-52 所示。

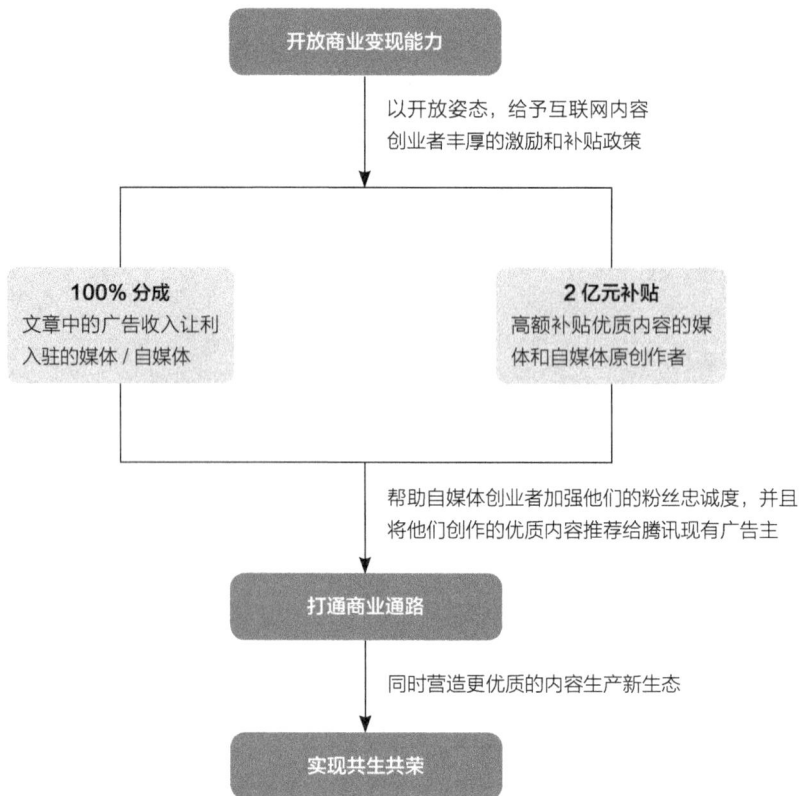

开放商业变现能力

以开放姿态，给予互联网内容
创业者丰厚的激励和补贴政策

100% 分成
文章中的广告收入让利
入驻的媒体 / 自媒体

2 亿元补贴
高额补贴优质内容的媒
体和自媒体原创作者

帮助自媒体创业者加强他们的粉丝忠诚度，并且
将他们创作的优质内容推荐给腾讯现有广告主

打通商业通路

同时营造更优质的内容生产新生态

实现共生共荣

图 2-52　开放商业变现能力的优势

作为国内最大的互联网内容平台企业之一，腾讯对企鹅媒体平台的定位十分明确，主要包括两个方面，即"连接器"和"内容平台"。

另外，腾讯通过多个移动客户端来分发这些内容，图 2-53 所示为手机 QQ 和微信中的新闻插件，这些都极大了增加了优质内容的曝光量，并且可以帮助内容创作者实现内容变现。

图 2-53　手机 QQ 与微信中的"腾讯新闻"插件

2.8　腾讯 QQ 公众号

QQ 公众平台与微信公众平台比较类似，都属于腾讯旗下的新媒体平台，但它的载体是手机 QQ 客户端，QQ 在 16 年的时间里沉积了超过 8 亿的用户资源，其注册流程如图 2-54 所示。

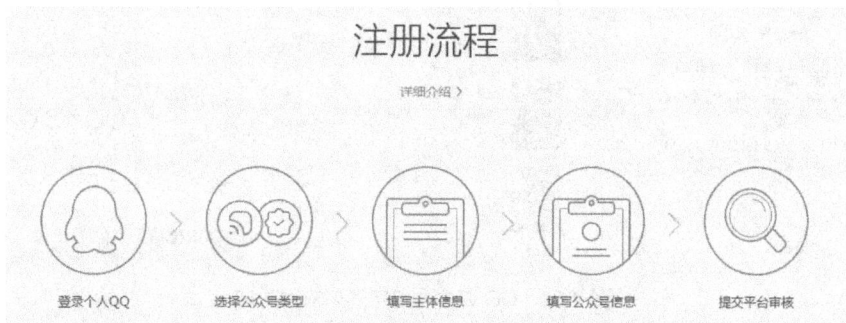

图 2-54　QQ 公众平台的注册流程

打开手机 QQ 中的"联系人"界面，即可看到有一个"公众号"功能，点击进入其界面后，在此列出了用户关注的一些公众号，如图 2-55 所示。

图 2-55　进入"公众号"界面

在"公众号"界面，点击相应的公众号名称即可进入公众平台的详情页面，如图 2-56 所示。QQ 公众平台同样具有支付、电商、营销等功能，符合新媒体创业者的基本需求。

图 2-56　QQ 公众号的电商与支付功能

另外，用户还可以在"公众号"界面的右上角看到一个"添加"按钮，点击后可以查看全部公众号分类，如文化、服务、财经、明星、漫画、时尚、商业、出游、娱乐、体育、游戏、情感、乐活、购物、资讯等，基本上囊括了所有的内容创业的类型，点击相应的类别即可进入查看具体的公众号，用户可以在此选择自己感兴趣的内容进行关注。

QQ 公众平台的主要特点如下：

- 强势的平台技术。
- 海量的用户数据沉淀。
- 强大的社交关系网络。

总之，QQ 公众平台将品牌、互联网创业者、消费者等不同群体有效地聚集在一起，并且保持开放合作的姿态，同平台创业者们一起打造一种全新的商业模式。

2.9 网易号媒体开放平台

网易的影响力是不容忽视的，内容创作者在申请网易的新媒体平台时，必须使用网易邮箱进行申请。图 2-57 所示为网易号媒体开放平台主页，创业者可以在此注册并登录"网易号"，在其中发布的文章即可出现在网易新闻 App 中。

图 2-57　网易号媒体开放平台主页

网易号媒体开放平台的内容发布形式有两种：手动发布、快捷的抓取发布。"网易号"没有单独开发 App，而是在网易新闻 App 中添加了一个相关的频道，如图 2-58 所示。用户可以将"网易号"调整到 App 主页，方便阅览其中的内容，这也表示优质的内容将会更快地送达给目标用户，如图 2-59 所示。

图 2-58 "网易号"栏目

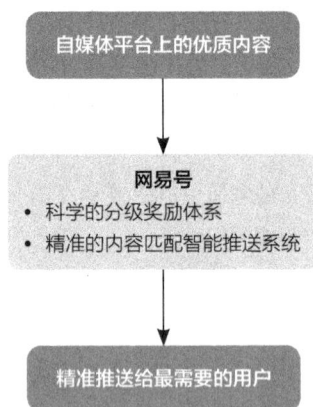

图 2-59 "网易号"的作用

网易新闻以"有态度"作为自己的宣传口号，并且通过流畅的用户体验、及时的新闻内容以及"犀利"的评论内容等受到用户的青睐。

2016 年年初，"网易号"推出"网易自媒体亿元奖励计划"，并于 2016 年 5 月开始执行，如图 2-60 所示。

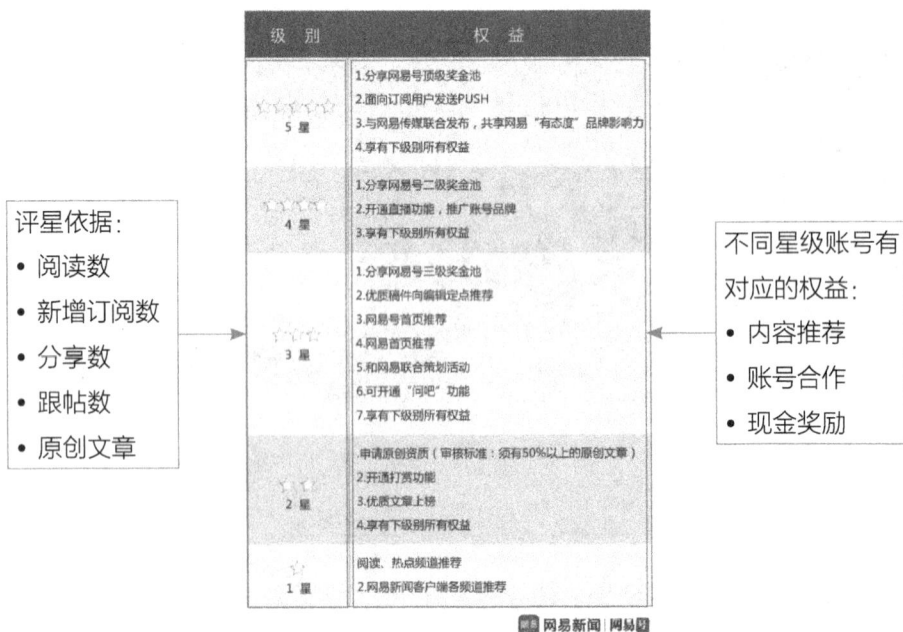

图 2-60 网易自媒体亿元奖励计划

"网易号"的到来，让互联网内容创业者看到新的亮点，如高效分发、原创保护、现金补贴、品牌助推等诸多功能，使其成为一个值得入驻的新媒体平台。

2.10 网易云阅读开放平台

网易云阅读开放平台主要是为用户提供各种各样的优质阅读作品，其主页如图 2-61 所示，很多媒体人都选择在这里进行新书首发以及热剧原著的发布等活动。

图 2-61 网易云阅读开放平台

网易云阅读开放平台有单独的 App 来展现其中的丰富内容，而且覆盖了 iOS、Android、Windows 等主流移动平台以及各种终端设备，如图 2-62 所示。

图 2-62 网易云阅读 App

图 2-63 所示为网易云阅读开放平台的优势特点。

- 原创作者：对于文学作家等原创作者来说，网易云阅读开放平台提供了优厚的作者福利，可以成就自己的写作梦想。

- 自媒体人：对于自媒体作者来说，这里可以自由表达自己的思想，而且可以随时将自己的文章结集出版，享受收益。
- 内容提供机构：对于内容商矩阵来说，这里可以一键提交轻松入驻，将内容交给云阅读来打理，接受千万用户的海量订阅，还可以通过专业的后台批量上传并排版电子书，独享内容收益。

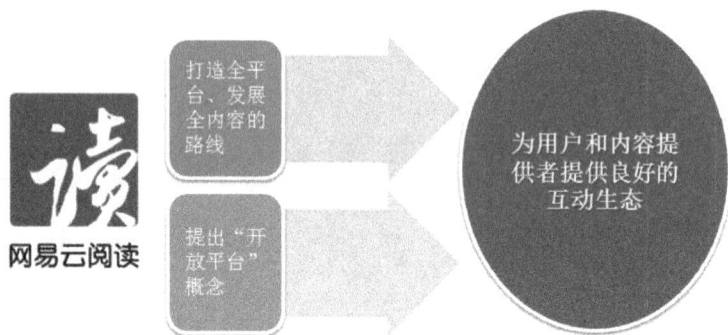

图 2-63　网易云阅读开放平台的优势特点

2.11　凤凰号媒体开放平台

凤凰自媒体是由凤凰网推出的一个图文音、视频综合资讯平台。2016年8月3日，凤凰自媒体更名为"凤凰号"，以此加速品牌化进程，形成差异化的竞争格局，其自媒体入驻申请页面如图 2-64 所示。

图 2-64　凤凰号媒体开放平台入驻申请页面

单击页面中的"进入凤凰号管理平台"按钮，接下来需要用账号来登录，可以注册一个，也可以用当前已有的腾讯 QQ、新浪微博以及中国移动的手机号等来登录，如图 2-65 所示。

登录成功后，即可开始选择"个人自媒体"类型，然后再根据页面中的需求，填写相关的证明信息并上传头像即可，如图 2-66 所示。

图 2-65　凤凰号登录页面

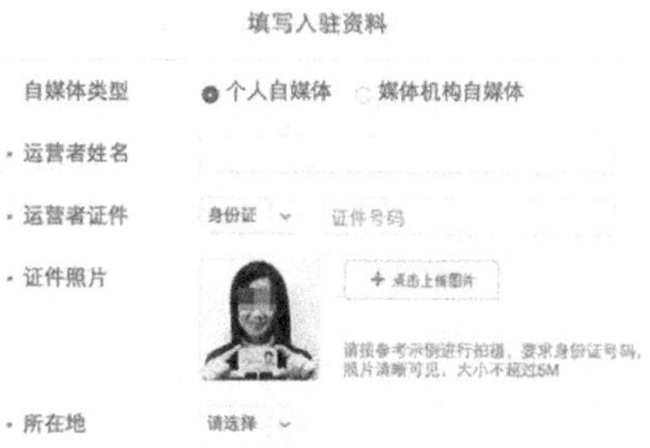

图 2-66　填写入驻资料

设置好个人资料后进行提交，页面会显示"资料提交成功，请等待三个工作日的审核"的信息，而且页面上也会提供联系方式，用户注册遇到问题时可以及时电话咨询。目前，凤凰号自媒体开放平台上的入驻自媒体还不是很多，因此文章在这里可以获得较高的推荐率。

如果用户要管理自己的自媒体内容，就可以通过凤凰新闻客户端来管理，也可以查看和订阅自媒体内容，如图 2-67 所示。

图 2-67　凤凰新闻客户端

"凤凰号"的服务对象主要包括个人自媒体和媒体机构两类，如图 2-68 所示。可以帮助这些人实现优质内容的有效分发，其渠道主要有凤凰新闻客户端、凤凰网、手机凤凰网、凤凰视频客户端等。同时，"凤凰号"也通过与优质公众号进行合作，深耕高质量内容领域，为用户带来专业、好看、有营养的内容。

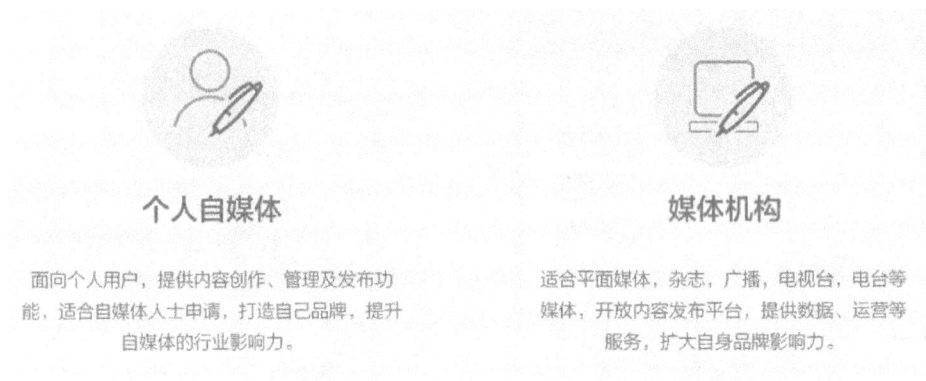

个人自媒体

面向个人用户，提供内容创作、管理及发布功能，适合自媒体人士申请，打造自己品牌，提升自媒体的行业影响力。

媒体机构

适合平面媒体，杂志，广播，电视台，电台等媒体，开放内容发布平台，提供数据、运营等服务，扩大自身品牌影响力。

图 2-68 "凤凰号"的服务对象

2.12 UC ＋开放平台与 UC 头条

2013 年 7 月 5 日，UC 正式发布"UC ＋开放平台"战略，包括 UC 网页应用中心、UC 插件平台以及 UC 应用书签平台三个部分，如图 2-69 所示。

图 2-69 UC+ 开放平台官网

例如，UC 网页应用中心是一个 Web App 平台，依托 UC 浏览器的技术优势与海量用户优势，受到了应用开发者的青睐，如图 2-70 所示。

图 2-70　UC 网页应用中心

企业和应用开发者可以通过"UC ＋开放平台"，共享 UC 浏览器的海量用户与移动端的巨大流量，为用户创造更好的上网体验。

在第三方手机浏览器领域，UC 浏览器处在业界领先的位置，如图 2-71 所示。目前，UC 浏览器的全球用户超过 5 亿，日活跃用户超过 1 亿，成为了阿里巴巴移动事业部旗下的核心产品之一。

图 2-71　UC 浏览器

如今，内容创业已经成为自媒体人转型的首选，而内容分发平台也成为了新一代的信息入口工具。"UC 头条"正是 UC 浏览器团队潜力打造的新闻资讯推荐平台，通过大数据推荐和机器学习算法，为用户提供优质贴心的文章，如图 2-72 所示。

图 2-72　UC 头条

　　"UC 头条"是一个更为精准的移动互联网入口，它让信息更精准地连接到每一个用户，使用户融入信息流式交互体验，为用户提供个性化的阅读体验。

　　在移动端，浏览器同样掌握了用户及移动互联网重要的入口资源。如图 2-73 所示，"UC 头条"占据内容发布市场的第 3 名。

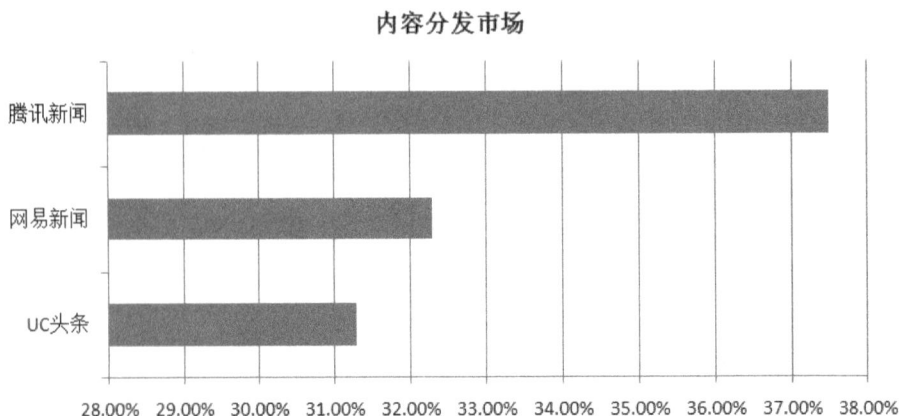

图 2-73　"UC 头条"占据内容发布市场的第 3 名

UC 浏览器为了获得更多的年轻用户，提高移动端的用户黏性，还积极布局"泛娱乐化"战略。例如，UC 浏览器在 2016 年 3 月 19 日推出全球首部全明星阵容的手机真人互动剧，这也是 UC 浏览器在内容营销、泛娱乐化合作的重要尝试和布局，如图 2-74 所示。

图 2-74　手机真人互动剧活动

UC 浏览器凭借不断的技术创新和卓越的市场前瞻力，引领着手机浏览器的发展，并持续推动着全球移动互联网产业的进步。相关数据显示，UC 浏览器目前已占据 17.42% 的全球市场份额，成为了全球第二大移动端浏览器。

专家提醒

在用户体验方面，UC 浏览器也在移动端竭尽全力打造方便、人性化的用户体验。例如，UC 浏览器针对喜欢用手机看小说的用户推出了"智能阅读"功能，用户可方便地对阅读内容进行预读、字体大小、背景颜色、翻页方式、切换夜间模式、回到书架等设置。

2.13　其他优秀新媒体网站

除了前面介绍的一些重要的内容运营平台外，国内还有很多优秀的新媒体网站，下面分别进行介绍，如图 2-75 所示。

对于内容创作者来说，这些新媒体网站拥有较高的权重，而且百度的收录也非常快，是内容运营的补充平台。同时，这些新媒体网站对于原创的优质文章非常重视，而且都会进行深度介绍。

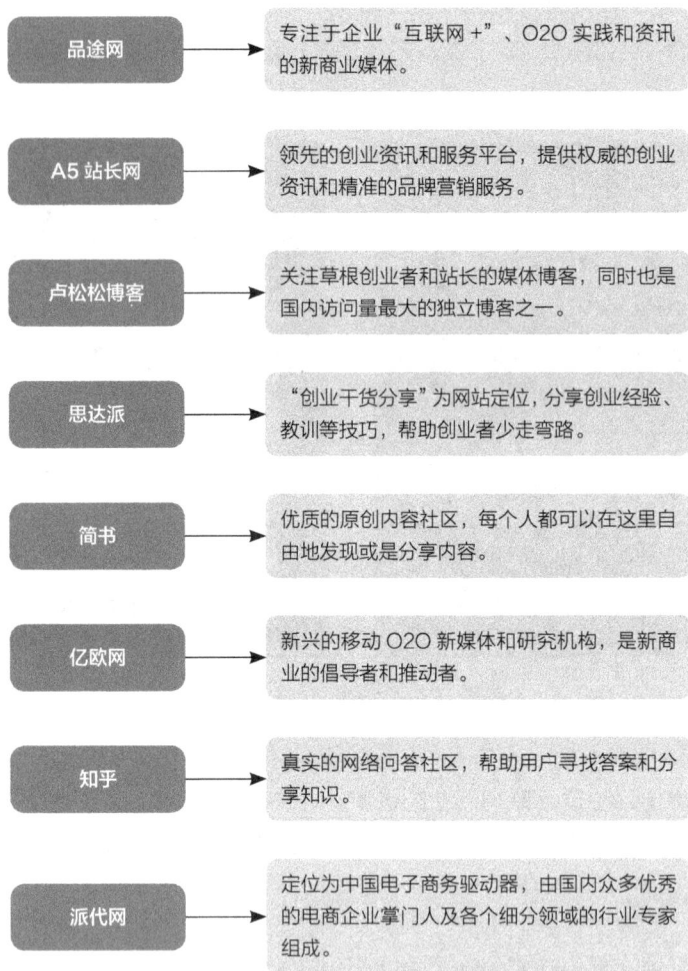

品途网	→	专注于企业"互联网+"、O2O 实践和资讯的新商业媒体。
A5 站长网	→	领先的创业资讯和服务平台，提供权威的创业资讯和精准的品牌营销服务。
卢松松博客	→	关注草根创业者和站长的媒体博客，同时也是国内访问量最大的独立博客之一。
思达派	→	"创业干货分享"为网站定位，分享创业经验、教训等技巧，帮助创业者少走弯路。
简书	→	优质的原创内容社区，每个人都可以在这里自由地发现或是分享内容。
亿欧网	→	新兴的移动 O2O 新媒体和研究机构，是新商业的倡导者和推动者。
知乎	→	真实的网络问答社区，帮助用户寻找答案和分享知识。
派代网	→	定位为中国电子商务驱动器，由国内众多优秀的电商企业掌门人及各个细分领域的行业专家组成。

图 2-75　其他优秀新媒体网站及其特点

随着现代化网络的快速发展，新媒体内容运营伴随着自媒体的高速发展而诞生，逐渐成为商家和企业追捧的一种运营方式。因此，电商企业和内容创作者学会了解一些新媒体网站的相关知识已经必不可少。

2.14　国内新锐自媒体平台

当然，在互联网中，还有一些新锐自媒体平台，他们或者有独到的见解，或者在某些垂直领域有很大的影响力，这些平台也成为了内容创作者应该关注和加以运用的工具，同时也是内容素材和资讯信息的最佳来源，如图 2-76 所示。

钛媒体	国内首家 TMT 公司人社群媒体，平台集信息交流融合、IT 技术信息、新媒体于一身。
虎嗅网	该平台专注于贡献原创、深度、犀利优质的商业资讯，围绕创新创业的观点剖析与交流，聚合了大量的优质创新信息与人才。
砍柴网	一个专注于科技观的科技媒体，观点独到、分析全面深入而且有料有趣。
速途网	专注于中国移动互联网、电子商务、创业投资、物联网、数字家庭等互联网发展应用动态的发布和分享。
i 黑马	面向创业者的创新型综合服务平台，掌握创业创新领域强有力话语权的媒体矩阵。
雷锋网	科技信息与产品服务平台，有最酷炫的智能硬件终端，有深度的创业介绍。
猎云网	专注创业创新、互联网创业项目推荐，为创业者提供各种"创投爆料"。
锌媒体	关注前沿科技资讯、移动互联网，发现商业创新价值的泛科技自媒体平台。

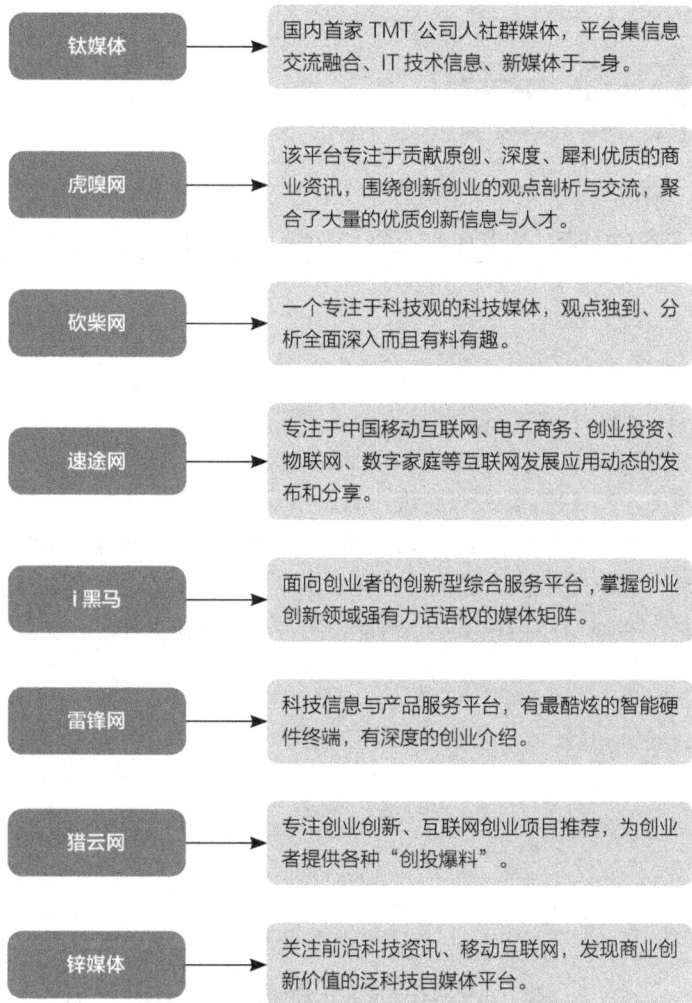

图 2-76　国内部分新锐自媒体平台

对于内容电商的相关从业者来说，一定要多看多分析这些新锐自媒体平台，认真做好内容分析，找出对方平台上值得自己学习的优势，并将这些优势适量、适时运用到自己的平台上，提高自己的竞争力，同时也要进一步挖掘自身优势，并将自身优势发挥得更好。

第3章

电商内容入口：直接将用户引导到商品

内容要实现变现，最终都是需要经过电商平台的。网红、超级 IP 等内容创业者在互联网中积淀的粉丝资源将在电商平台中实现商业利润，而粉丝则在其中完成了向消费者的角色转变，电商平台直接将用户引导到商品，完成最后的商业闭环。

学前提示

要点展示

>> 红人淘："淘宝 + 新浪微博"打通双方内容
>> 淘宝头条：生活消费资讯媒体聚拢平台
>> 淘宝直播：跟淘宝大 V 一起淘货
>> 有好货：为商品引入更精准的流量
>> 爱逛街：让喜欢的商品主动呈现在买家面前
>> 必买清单：攻略描述与详细的商品卖点
>> 微信电商平台：微信小店、微信商城
>> 资讯媒体类：中关村在线、汽车之家
>> 促销信息聚合类：折 800、什么值得买、返利网
>> 购物搜索类：一淘网、惠惠网、爱淘宝
>> 社区分享类：豆瓣东西、蘑菇街

3.1 红人淘："淘宝 + 新浪微博"打通双方内容

在传统电商领域，淘宝获得的成就无人匹敌，在粉丝经济时代，淘宝同样也看中了这块"肥肉"，推出了一系列的匹配电商平台，如红人淘、淘宝头条、有好货、红人圈、爱逛街等，开始掘金内容市场。

"红人淘"是由新浪微博和淘宝联合推出的一个移动购物社区分享平台，如图3-1所示。首次进入时，用户会收到系统的推荐关注，选择自己喜欢的红人关注后，即可在首页中查看他们发布的内容信息。

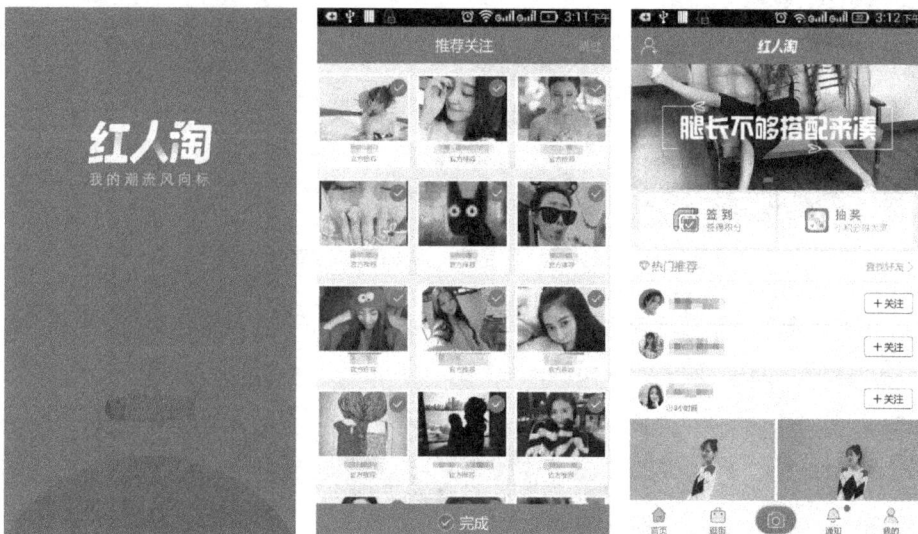

图 3-1 "红人淘" App

"红人淘"平台结合了微博与淘宝双方的优势资源，为用户带来有价值的电商内容，如图 3-2 所示。

图 3-2 "红人淘"平台的优势

红人可以在"红人淘"中发布商品或图集，用户在"逛街"界面中看到喜欢的内容后，即可点击查看专题详情，如果想购买图片中的商品只需点击图片即可进入"商品详情"页面去支付购买，如图 3-3 所示。

图 3-3　"红人淘"平台的内容发布与电商购物功能

"红人淘"的标签功能比较特殊，用户可以将喜欢的内容全部标出，便于查看与跟踪红人们的动态，如图 3-4 所示。

图 3-4　"红人淘"的标签功能

网络红人们一般都有专业的审美观、丰富的购物经验，他们将这些功能打造成内容来吸引粉丝关注，可以帮助用户花更少的钱、用更短的时间淘到更好的东西。

3.2 淘宝头条：生活消费资讯媒体聚拢平台

淘宝未来的发展方向是"内容化＋社区化＋本地生活服务"，在这些前提的驱动下，淘宝推出了"淘宝头条"平台（又称"淘头条"），如图 3-5 所示。

图 3-5　手机端的"淘宝头条"入口与页面

"淘宝头条"提供了美搭、时尚、美容、数码、母婴、家居、美食等版块，每个版块下面分别提供不同类目的内容资讯，资讯中可以添加产品链接，不过要注意的是，必须是淘宝系链接，如图 3-6 所示。

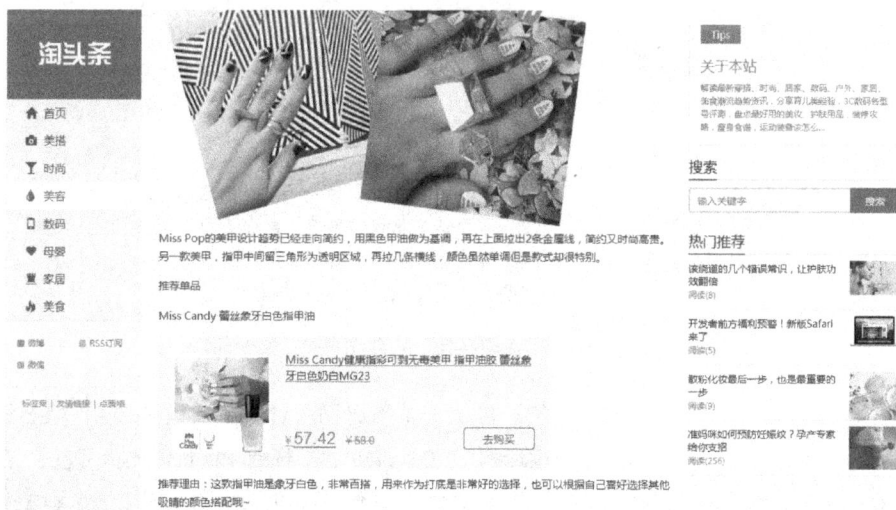

图 3-6　"淘宝头条"的内容资讯页面中可以添加淘宝系商品链接

“淘宝头条”受到不少用户的关注和喜爱，据悉每个月有超过 8000 万消费者通过该平台获取消费类资讯内容。

目前，“淘宝头条”的开放对象包括组织、机构及个人（如纸质媒体、电视媒体、业界达人等），但前提是必须提供优质内容，图 3-7 所示为“淘宝头条”的报名条件、费用及注意事项。

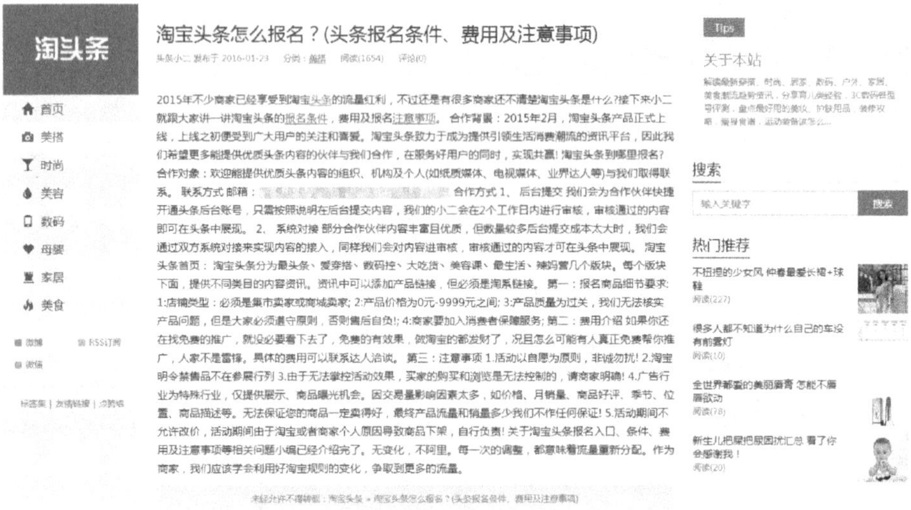

淘宝头条怎么报名？(头条报名条件、费用及注意事项)

头条小二 发布于 2016-01-23 分类：资讯 阅读(1654) 评论(0)

2015年不少商家已经享受到淘宝头条的流量红利，不过还是有很多商家还不清楚淘宝头条是什么?接下来小二就跟大家讲一讲淘宝头条的报名条件，费用及报名注意事项。 合作背景：2015年2月，淘宝头条产品正式上线，上线之初便受到广大用户的关注和喜爱。淘宝头条致力于成为提供引领生活消费潮流的资讯平台，因此我们希望更多能提供优质头条内容的伙伴与我们合作，在服务好用户的同时，实现共赢! 淘宝头条到哪里报名? 合作对象：欢迎能提供优质头条内容的组织、机构及个人(如纸质媒体、电视媒体、业界达人等)与我们取得联系。 联系方式 邮箱： 合作方式 1、 后台提交 我们会为合作伙伴快捷开通头条后台账号，只需按照说明在后台提交内容，我们的小二会在2个工作日内进行审核，审核通过的内容即可在头条中展现。 2、 系统对接 部分合作伙伴内容丰富且优质，但数量较多后台提交成本太大时，我们会通过双方系统对接来实现内容的接入，同样我们会对内容进审核，审核通过的内容才可在头条中展现。 淘宝头条首页：淘宝头条分为最头条、爱穿搭、数码控、大吃货、美容课、最生活、辣妈营几个版块。每个版块下面，提供不同类目的内容资讯。资讯中可以添加产品链接，但必须是淘系链接。 第一：报名商品细节要求: 1:店铺类型：必须是集市卖家或商城卖家; 2:产品价格为0元-9999元之间; 3:产品质量为过关，我们无法核实产品问题，但是大家必须遵守原则，否则售后自负!; 4:商家要加入消费者保障服务; 第二：费用介绍 如果你还在找免费的推广，就没必要看下去了，免费的有效果，做淘宝的都发财了，况且怎么可能有人真正免费帮你推广，人家不是雷锋。具体的费用可以联系达人洽谈。 第三：注意事项 1.活动以自愿为原则，非诚勿扰! 2.淘宝明令禁售品不在参展行列 3.由于无法掌控活动效果，买家的购买和浏览是无法控制的，请商家明确! 4.广告行业为特殊行业，仅提供展示、商品曝光机会。因交易量影响因素太多，如价格、月销量、商品好评、季节、位置、商品描述等。无法保证您的商品一定卖得好，最终产品流量和销量多少我们不作任何保证! 5.活动期间不允许改价，活动期间由于淘宝或者商家个人原因导致商品下架，自行负责! 关于淘宝头条报名入口、条件、费用及注意事项等相关问题小编已经介绍完了。无变化，不阿里。每一次的调整，都意味着流量重新分配。作为商家，我们应该学会利用好淘宝规则的变化，争取到更多的流量。

图 3-7 “淘宝头条”的报名条件、费用及注意事项

目前，“淘宝头条”的合作方式主要有两种，如图 3-8 所示。

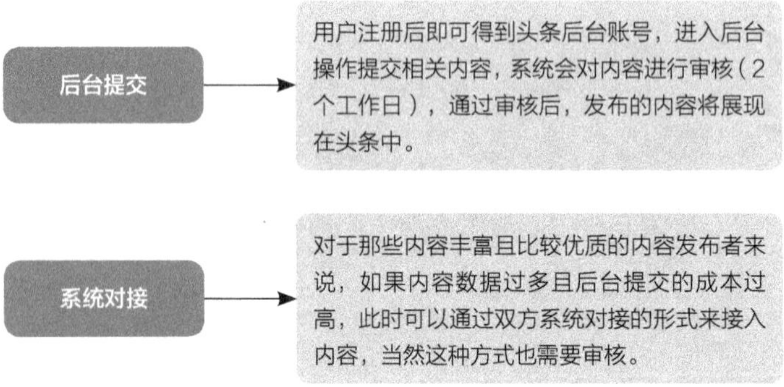

图 3-8 “淘宝头条”的合作方式

2016 年 7 月 1 日，“淘宝头条”推出“城市斑马”计划，共建基于用户 LBS（Location Based Service，定位服务）定位功能的城市频道，首选城市为成都，如图 3-9 所示。另外，还将在北京、天津、南京、上海、杭州、广州、深圳、重庆等城市陆续开通“淘宝头条”，实现本地化内容电商的布局。

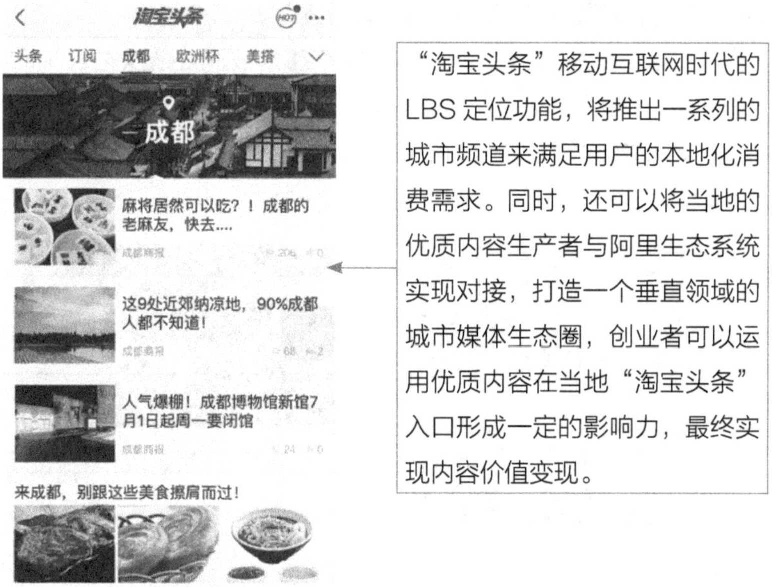
淘宝头条
头条 订阅 成都 欧洲杯 美搭
成都
麻将居然可以吃？！成都的老麻友，快去....
这9处近郊纳凉地，90%成都人都不知道！
人气爆棚！成都博物馆新馆7月1日起周一要闭馆
来成都，别跟这些美食擦肩而过！
“淘宝头条”移动互联网时代的LBS定位功能，将推出一系列的城市频道来满足用户的本地化消费需求。同时，还可以将当地的优质内容生产者与阿里生态系统实现对接，打造一个垂直领域的城市媒体生态圈，创业者可以运用优质内容在当地“淘宝头条”入口形成一定的影响力，最终实现内容价值变现。

图 3-9 “淘宝头条·成都频道”

据悉，“淘宝头条”目前拥有超过千万的日活跃用户数，一篇优质内容可以收获 800 万 + 的阅读量，一个优质账号 8 个月订阅粉丝 90 多万，平均每月涨粉可达 10 万 +。另外，“淘宝头条”的内容运营者收益情况也比较可观，一篇淘宝头条热读文章可以给发布者带来十多万元的佣金收益。

专家提醒

报名“淘宝头条”的商品还必须符合一定的条件：

- 店铺类型：集市卖家或商城卖家。
- 产品价格：0 元～ 9999 元之间。
- 产品质量为过关：虽然系统无法核实产品问题，但是发布者必须遵守原则。
- 消费者保障服务：商家要加入消费者保障服务。
- 费用：需要付费。

3.3 淘宝直播：跟淘宝大 V 一起淘货

在互联网时代，对于内容创业者来说，如果选择电商变现的方式，则需要学会用互联网思维卖货的技巧。

例如，淘宝直播（又称淘宝达人）就是一个以网红内容为主的社交电商平台，为明星模特红人等人物 IP 提供更快捷的内容变现方式。淘宝直播的流量入口被放置在手机淘宝的主页下方，如图 3-10 所示中的"直播盛宴"。

点击淘宝直播栏目进入后，即可看到很多淘宝达人发布的图文内容，而且这些内容大部分都是达人们原创的，图片也是通过亲身体验后拍摄的。在淘宝直播中，大部分淘宝达人的真实身份其实是淘女郎、美妆达人、时尚博主、签约模特等，同时他们的头像下方还会显示一个大 V 的标识，如图 3-11 所示。

图 3-10 淘宝直播流量入口

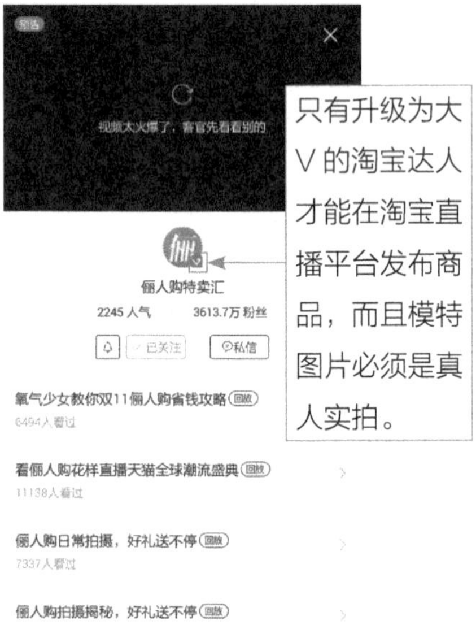

图 3-11 淘宝直播中的淘宝达人

在淘宝直播平台中，发布较多的基本上都是美妆、潮搭、母婴、美食、旅游类产品以及相关的内容形式，如图 3-12 所示。从产品左下角的关注数据可以看出，这些产品都是互联网中比较受欢迎的类型。

专家提醒

需要注意的是，在淘宝直播平台中不允许出现以下内容：

- 纯粹的商品推荐或广告推销；
- 与直播内容毫无关系的商品；
- 微信等账号信息；
- 涉及黄、赌、毒、吸烟喝酒等违规的内容；
- 另外，主播不能利用小号在直播评论中添加自己的店铺或者微信等信息。

对于互联网创业者或者企业来说，其实并没有必要亲自去验证这些淘宝达人，如果有合适的产品也可以联系淘宝达人来协助宣传，让他们来为店铺引流。另外，在"掌柜播"界面中，还能够看到店主做达人推广自己家商品的视频内容，点击"宝贝"按钮即可查看他们出售的商品，如图 3-13 所示。

图 3-12　淘宝直播中的主要产品类型

图 3-13　"掌柜播"界面

当然，那些没有开店只是帮助商家推荐商品的淘宝达人，也可以从商家处获得佣金收入。在这种互联网电商模式下，直播视频内容充当了流量入口，为商家或自己的店铺提供推广渠道。

这种用互联网思维卖货的内容电商模式可以更加精准地把握客户需求，流量成本更低、转化率更高，具有更多的变现优势，如图 3-14 所示。

图 3-14 电商变现的影响因素与优势

3.4 有好货：为商品引入更精准的流量

"有好货"的流量入口在"淘宝头条"下方，如图 3-15 所示。点击进入后即可看到精选、百科、种草、海淘、我说好等栏目，如图 3-16 所示。

图 3-15 有好货流量入口

图 3-16 有好货主界面

在"有好货"平台上，商品的图片展示很重要，如图 3-17 所示。对于淘宝等电商平台来说，消费者能看到最多的就是商品图片，因此商家一定要保证图片清晰真实，而且要有质感，当然最好还是自己亲自来拍摄图片内容，这样不但可以避免纠纷还能突出真实感。

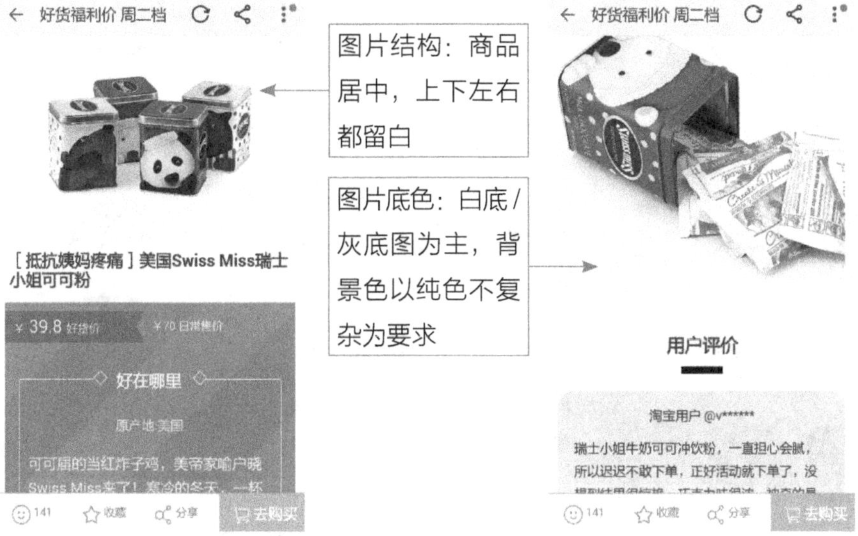

图 3-17　"有好货"的商品图片展示

除了图片内容外，文字当然也不能少，不过"有好货"平台上的文案讲究的是精炼，商家可以通过简短的语言来体现商品的卖点和优点，如图 3-18 所示。

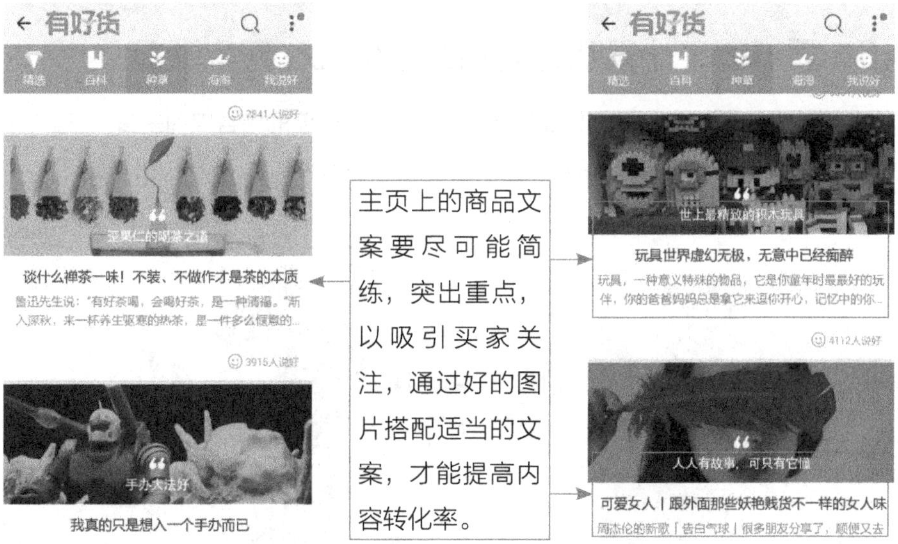

图 3-18　"有好货"的商品方案展示

另外，在"有好货"的"百科"栏目中，集中了不少对用户有用的生活常识和技巧，同时商家可以通过图文内容巧妙地将商品融入其中，这样不但能快速吸引用户关注，还可以为商品带来不错的流量，如图 3-19 所示。

图 3-19　百科式的知识内容搭配恰到好处地推荐商品

　　"有好货"的商品定位也比较简单，服务对象主要是那些追求生活品质的消费者，为他们推荐一些平常难以注意到的精品。对于电商企业来说，"有好货"为其带来了一个不错的内容流量入口，是提高商品销量的重要渠道，应该好好运用。

3.5　爱逛街：让喜欢的商品主动呈现在买家面前

　　"爱逛街"是淘宝为用户推出的一个专注分享和交流的内容电商平台，其 PC 端流量入口放置在淘宝主页中的醒目位置，如图 3-20 所示。

图 3-20　"爱逛街"PC 端流量入口

　　"爱逛街"的内容形式与蘑菇街比较类似，用户可以在这里给喜欢的商品打分，点击 get 按钮（值得买的意思）即可，而且还可以将自己中意的商品上传并分享给其他用户，如图 3-21 所示。

图 3-21　"爱逛街"手机端

另外，商家可以进入"我的"界面，点击右下角的＋号按钮或者"我的发布"按钮，如图 3-22 所示。点击"马上发一个"按钮，如图 3-33 所示。

图 3-22　点击"我的发布"按钮

图 3-23　点击"马上发一个"按钮

执行操作后，即可弹出功能菜单，有"宝贝"和"照片"两个选项，如图 3-24 所示。点击"宝贝"按钮，即可在已买到、购物车、收藏夹或者足迹中选择相应商品来发布（最多 8 个），如图 3-25 所示。点击"照片"按钮可以从手机相册中选择相应的商品图片。

图 3-24 选择发布的类型

图 3-25 选择商品

选择好要发布的宝贝后，点击"发布"按钮，进入"发布宝贝"界面，输入相应的推荐文案内容，如图 3-26 所示。点击"发布"按钮，即可发布宝贝到"爱逛街"，如图 3-27 所示。此时，其他用户可以对该宝贝内容进行评论、点赞等操作。

图 3-26 输入相应的推荐文案内容

图 3-27 发布成功

总的来说，只要商家拥有优质的内容，在"爱逛街"上还是可以获得很高的流量的。同时，越多人分享宝贝就越能提高商品的展示率，而且能够根据消费者的喜好，主动为他们推荐他们喜欢的商品。

下面介绍一些"爱逛街"的内容推广技巧，如图 3-28 所示，帮助商家快速将自己的内容推荐上首页，获取更多流量和销量。

完整的个人资料、漂亮的头像和宝贝图片，加大收录几率。

培养独到的眼光、专业的知识，多分享交流时尚潮流资讯。

宝贝专辑的名称必须有创意、时尚，专辑的类别要清晰。

爱逛街的内容推广技巧

每个专辑的宝贝数量要尽可能多一些，以增加收录机会。

多鼓励买家帮助自己分享宝贝，叫好友帮自己 get 宝贝。

保持在爱逛街的活跃度，并多与粉丝以及其他商家互动。

图 3-28 "爱逛街"的内容推广技巧

3.6 必买清单：攻略描述与详细的商品卖点

"必买清单"同样是淘宝面向大 V 达人推出的一个内容电商平台，如图 3-29 所示。

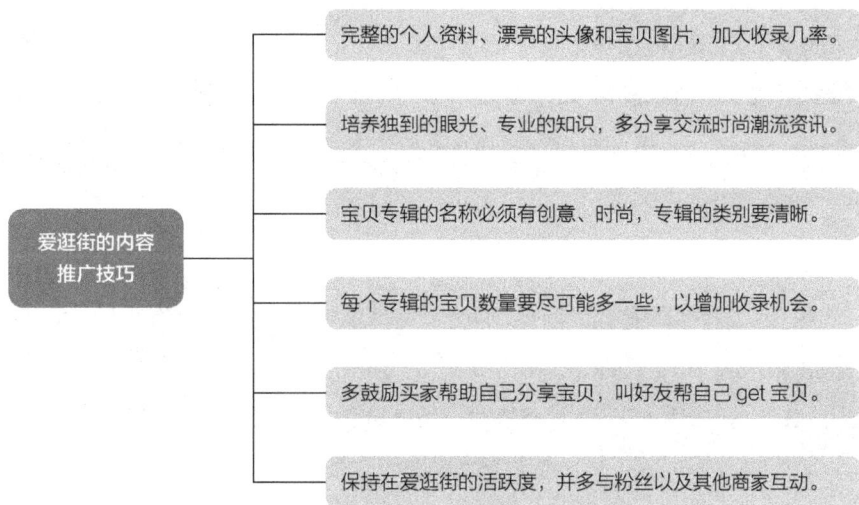

图 3-29 "必买清单"首页

　　只要是大 V 或者淘宝达人，都可以在"必买清单"中提报符合要求的内容，提交审核后进行展示。"必买清单"有一定的提报要求：在某个子活动的清单中，商家可以提报店铺内的两款相关商品，当商品的审核通过后，即可出现在相应的清单中。图 3-30 所示为清单的内容组成。

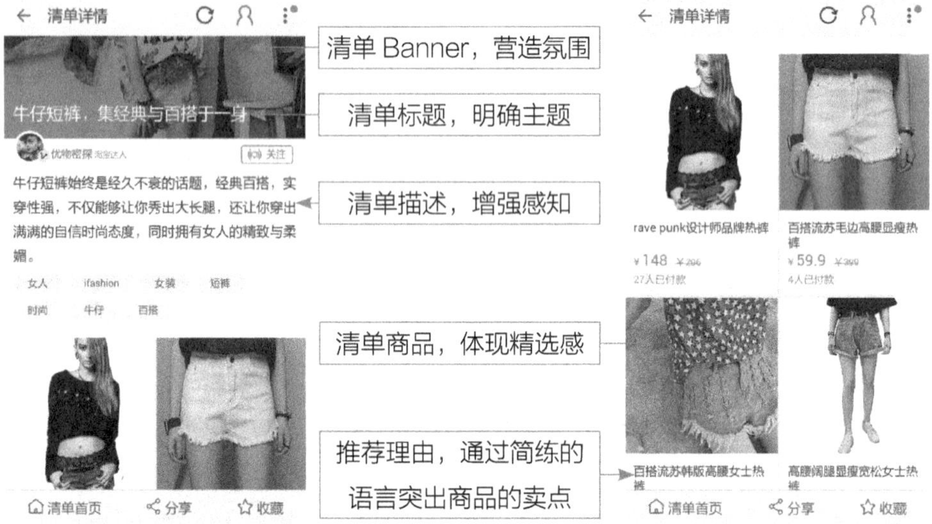

图 3-30　清单的内容组成

　　商品的推荐理由最好控制在 20 个字以内，只要能突出商品的卖点即可，但需要注意不要与商品标题一模一样，否则会显得太过直白，如图 3-31 所示。

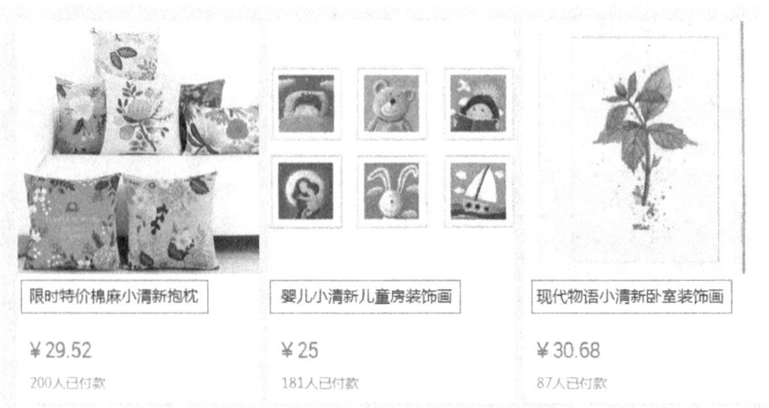

图 3-31　比较简约的商品推荐理由

　　清单商品的图片要求为：正方形、无水印、无 logo、无多余文字，提示图片上有水印则无法通过审核。图 3-32 所示为"必买清单"的图片要求案例。

最后，"必买清单"的文案内容还需要符合广告法文案规范。另外，不要使用一些空泛、无意义的文案内容，这样会降低商品推荐的可信度以及清单的可读性和通过率。什么样的内容比较容易吸引用户呢？当然是那些建立在满足用户需求上的内容更加吸引人，因此，电商企业必须使自己设计的清单内容与用户需求信息保持一致，才能达到预想的转化效果。

图 3-32　"必买清单"的图片要求案例

3.7　微信电商平台：微信小店、微信商城

在移动互联网时代，电商企业进行内容营销的工具主要有两种，一种是企业自主研发的 App，另一种就是以微信为代表的社交平台。

2011 年 1 月 21 日，腾讯针对火爆的智能手机市场推出一款提供即时通信服务的免费应用程序，名为"微信"，如图 3-33 所示。

在微信中，用户之间不存在任何距离限制，可以即时与其他注册用户形成一种联系。用户可以通过微信订阅自己所需的信息；而企业则可以通过针对用户的需求，推广自己的产品，从而实现点对点的营销。

如今，微信已经走过了 5 年的发展历程，从最初的社交通信工具成长为连接人与人、人与服务、人与商业的移动入口。

微信作为一个超级 App 流量入口，其中最重要的电商功能就是微信小店和微信商城，通过开放合作的模式，微信电商拉近了相关行业的产品和服务与用户的距离，同时也带动了各领域的升级。

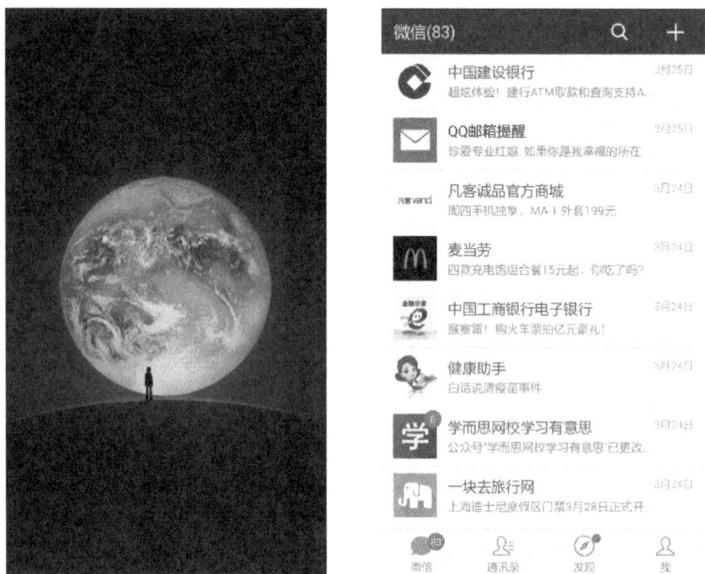

图 3-33　微信的启动界面与消息界面

1．开通微信小店

开设微信小店的基本要求如图 3-34 所示，只有经过微信认证并开通微信支付功能的服务号，才能看到申请入口。

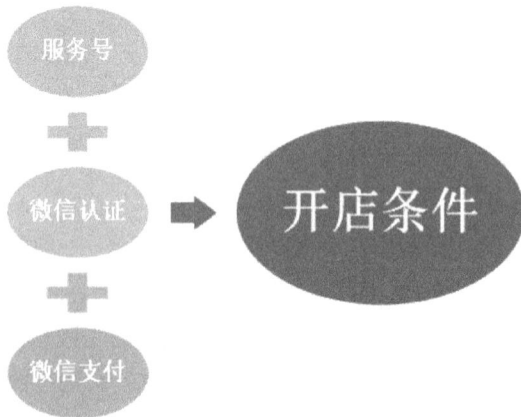

图 3-34　微信小店的基本要求

从运营模式上看，微信小店实现的最终效果类似于移动淘宝，如图 3-35 所示。

登录"微信公众平台"的后台后，在左侧导航栏中依次选择"服务"→"服务中心"选项，在右侧的列表下方单击"微信小店"栏目，如图 3-36 所示。执行操作后，页面会显示微信小店的介绍和相关声明，单击"申请"按钮，如果商家还未开通微信支付，系统会提示商家先开通微信支付，单击"去开通微信支付"按钮即可。如果之前已经申请开通了微信支付功能，只需要填写商户号和微信支付密钥，提交申请，审核通过后，就可开始在"微信小店"里试营业。

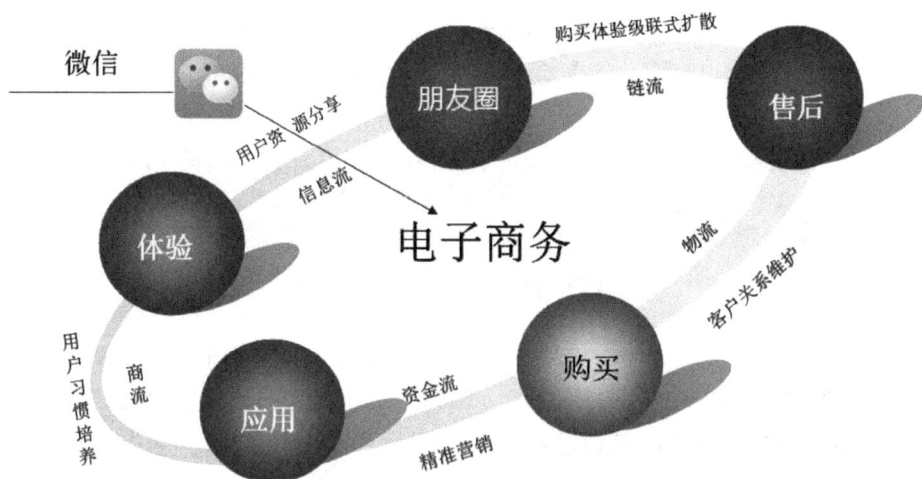

图 3-35　微信小店的运营模式

图 3-36　"服务中心"页面

2. 打造微信商城

微信商城又称为微商城，主要是将微信作为媒介，并通过其方便的移动支付功能，实现电商企业与消费者的在线互动，及时推送最新的商品内容给微信用户，实现移动电商功能。微信商城有两种，一种是开通微信支付的，另一种是没有开通微信支付的，如图 3-37 所示。

图 3-37　微信商城的两种主要类型

例如，"美丽说"早在 2012 年 4 月就正式登录微信开放平台，成为微信平台上的第三方服务平台之一，同时打造微信商城向广大微信用户开放电商购物渠道。用户在微信平台上的个人钱包中可以进入"美丽说"平台，图 3-38 所示为"美丽说"在微信上的相关界面。

图 3-38　"美丽说"在微信上的相关界面

用户通过微信进入"美丽说"平台，可以直接使用"美丽说"平台的所有购物功能，包括"逛宝贝""翻杂志""搭配秀""达人""福利社""团购"等内容电商功能。对于"美丽说"平台而言，开通微信的入口相当于拥有了微信的 6 亿活跃用户数量，来自于微信平台的用户流量帮助"美丽说"获得了更可观的利润和影响力，可见在未来的营销方式中商家与超级 App 合作将成为主流。

3. 内容营销策略

对于微信电商的推广来说，软文是一种不可或缺的内容营销工具，好似绵里藏针，含而不露，克敌于无形。软文推广的基本要素如图 3-39 所示。

图 3-39　微信软文推广的基本要素

除了大体的内容运营方向外，下面重点讲解几个微信内容要点：

（1）重视标题，标题影响打开率：有吸引力的文章标题才会给公众号带来更多的读者和流量。

（2）吸引点击，图片要亮丽吸引人：图片是商家进行微信内容运营时的有利武器，一张合适的图片有时能胜过千言万语。图片能给微信小店或微信商城的用户带来视觉效果，也能为平台上的文章内容锦上添花，如图 3-40 所示。

图 3-40　漂亮、适当的微信文章主图

（3）打造创意，内容运营要有思路：在日常运营中，运营者要懂得创意内容的运营思路，例如利用连载的形式勾起读者的观看欲望、把热门事件插入到故事中等。

（4）把握时机，平台内容发送时的注意事项：首先，群发前一定要进行预览；另外，选择合适的发送时间对于微信内容运营者来说是非常重要的一件事，通常有早上8点～9点、中午11点半～13点、晚上20点～21点等3个黄金时段。

3.8 资讯媒体类：中关村在线、汽车之家

资讯媒体类内容电商平台大部分都是垂直行业中的佼佼者，他们拥有完善的产品信息数据和专业的产品评测内容，具有很高的权威性和广大的垂直用户群体。

在电商功能方面，这些平台往往是用户获取一手信息资源的发源地，同时也是用户分享自身专业内容的最佳去处，因此他们都拥有高质量的内容和巨大的流量，下面选取其中的两个代表网站"中关村在线"和"汽车之家"进行讲解分析。

1. 中关村在线

"中关村在线"的定位是"IT科技门户"，同时更偏向销售促销型平台，产品涉及手机、笔记本电脑、DIY硬件、数码影音、家电、企业办公、汽车科技等领域，其主页如图3-41所示。

图 3-41 "中关村在线"主页

"中关村在线"的日均访问量突破1.2亿次，总注册用户达到2900万，日均在

线用户 150 万，而且每天都影响超过 800 万的 IT 采购用户。同时，"中关村在线"依托强大的流量入口，搭建了自己的电商导购平台——ZOL 商城，拓展电商业务，实现内容到电商的闭环，如图 3-42 所示。

图 3-42 ZOL 商城主页

毫无疑问，"中关村在线"是国内 IT 产品采购者的首选网站之一，并且逐步成长为行业中的品牌精准营销平台。在这里，IT 企业可以通过各种资讯内容推广自己的品牌和产品，开拓线上市场，提升自己的影响力和号召力。

2. 汽车之家

"汽车之家"网站主要为用户提供汽车报价、图片、新闻、行情、评测以及导购等内容，并且提供买车、用车、养车及与汽车生活相关的全程服务，如图 3-43 所示。

图 3-43 "汽车之家"主页

从"汽车之家"的主页导航区可以看到，其内容类型包括文章、测评、优创 +、视频、说客、百科、车型对比、图片、报价、论坛、口碑等方方面面。其中，有两个内容平台值得一提，分别是优创 + 和说客。

- 优创 + 平台：入驻者必须是与汽车相关属性的专业内容生产者，内容类型包括汽车及泛汽车类相关视频、图文、音频等，其页面与特点如图 3-44 所示。

加入条件：

（1）具有一定规模、影响力的优质汽车及泛汽车类内容创作者。

（2）节目支持汽车之家独家呈现的合作。

（3）内容创作团队须具备汽车类内容制作的相关经验。

（4）申请团队必须是节目的制作方或发行方，不接受其他第三方申请。

图 3-44　优创 + 平台

- 说客平台：其定位是"汽车人的自媒体平台"，通过多维度、多视角、最真实的汽车相关资讯内容，为用户带来一个立体的汽车世界，其页面与特点如图 3-44 所示。

加入条件：

（1）对汽车领域有独到的见解和认知。

（2）可以通过文字和图片等内容形式分享观点。

（3）内容必须言之有据，符合客观事实。

（4）要胸怀宽广，并敢于接受网友的各种挑战。

图 3-45　说客平台

"汽车之家"在汽车行业的内容覆盖度非常高，囊括了国内外大部分的汽车品牌商品，而且采用用户自治的论坛管理模式，用户的活跃度和忠诚度非常高。当然，进入门槛也比较高，但这样可以增加用户之间的信任度，让流量获取变得更容易。

"汽车之家"除了通过各种资讯内容协助汽车品牌进行推广营销活动外，还在试探开展自己的 B2C 电商业务，建立了"车商城"试水汽车电商，如图 3-46 所示。"汽车之家"依靠"专业性内容 + 强黏性粉丝"，在汽车品牌的特卖方向上拥有巨大的潜力。

> 车商城平台的内容电商模式与淘宝等平台比较类似，也有直播间、车头条等内容形式，同时与品牌商、经销商的营销活动进行深度融合，通过线上线下的 O2O 模式试水汽车内容电商。

图 3-46　"汽车之家"App 中的"车商城"频道与相关营销活动

3.9　促销信息聚合类：折 800、什么值得买、返利网

促销信息聚合类电商平台主要是通过将各种火爆的 B2C 网站中的促销信息进行整合，帮助用户精心筛选出各种特价商品，为他们节省更多时间，由此获得了很大的流量。下面分别介绍 3 家比较有代表性的平台。

1. 折 800：优质折扣商品推荐平台

"折 800"是一个聚合各种超高性价比商品内容的电商导购平台，其服务商家主要包括各类品牌商、淘宝、天猫等，行业门槛低，筛选的要求不高，而且价格水平也较低，其主页如图 3-47 所示。

"折 800"尤其擅长为商家以低价推爆款，具有不错的用户忠诚度。虽然平台以"低价"作为宣传噱头，但也很注重商品的质量，其优势如图 3-48 所示。

图 3-47　"折 800"主页

图 3-48　"折 800"的优势

2. 什么值得买：中立的消费门户网站

　　"什么值得买"主要为用户带来实时的优质折扣信息以及丰富的原创网购攻略等内容，内容涉及 3C 家电、家居生活、时尚运动、海淘、旅游等方面，其主页如图 3-49 所示。

　　"什么值得买"平台主要聚合很多成熟 B2C 电商网站的商品作为内容，其内容电商模块主要包括优惠精选、海淘专区、发现频道、值客原创、资讯中心、消费众测、商品百科等。例如，在值客原创频道中，汇集商品展示（开箱晒物栏目）、使用评测、购物攻略、消费知识（生活记录与生活家栏目）等不同类型的网友原创投稿，如图 3-50 所示。

图 3-49　"什么值得买"主页

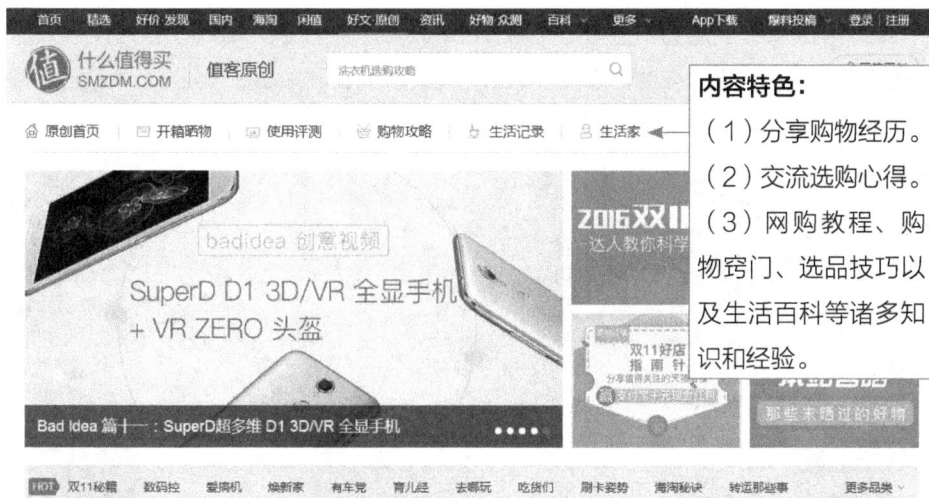

图 3-50　值客原创频道

内容特色：
（1）分享购物经历。
（2）交流选购心得。
（3）网购教程、购物窍门、选品技巧以及生活百科等诸多知识和经验。

"什么值得买"平台通过一系列的内容电商功能，一方面为用户带来了专业信息和优质商品，另一方面也提高了用户的参与积极性，而且内容的质量非常高，同时也体现了较强的专业性，这些都保证了优质内容可以在此获取更多流量。

3. 返利网：购物返利服务

返利网的注册用户已经过亿，其合作对象囊括了淘宝、天猫、京东、苏宁易购、当当网、1 号店、国美在线、亚马逊、同程旅游、乐视商城等国内外 400 多家知名电商平台，以及 12000 多个知名品牌店铺，其主页如图 3-51 所示。

返利网整合了市面上的大部分优质商家资源

图 3-51　返利网主页

返利网主要是利用购物返利的优惠模式来吸引用户关注，然后将用户引导至商家的内容营销推广页面，在此可以直接点击购物链接购物，如图 3-52 所示。同时将获得的推广佣金与用户进行分成，转化率比较高。

图 3-52　购物返利内容信息

3.10　购物搜索类：一淘网、惠惠网、爱淘宝

购物搜索类内容电商平台的主要服务对象是那些有明确购物需求的消费者，以价格为导向，帮助他们解决价格敏感问题，其主要优势如图 3-53 所示。

全网比价	运用专业的比价购物搜索引擎，收录全网商品折扣信息，让用户快速找到合适的商品。
筛选商家	提供商家认证服务，从而帮助用户找到更加优质的商家和品牌。
购物返现	与返利网的模式比较类似，用户购物后可以享受到相应的优惠返现。
精选促销	通过商家主动发布加上其他用户爆料的方式，让用户可以参与更多的促销优惠活动。

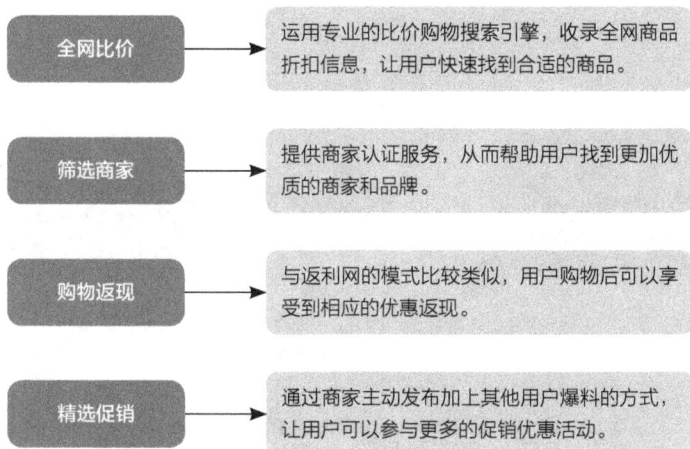

图 3-53　购物搜索类内容电商平台的主要优势

1. 一淘网：全网导购资讯

一淘网是基于淘宝的一个商品搜索平台，通过丰富的导购资讯为用户提供更好的购买决策，帮助用户快速找到物美价廉的商品，其主页如图 3-54 所示。

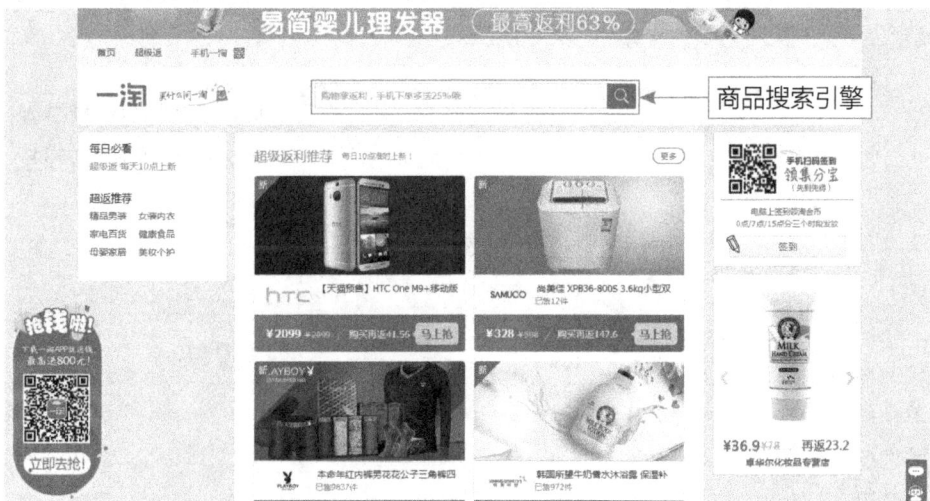

图 3-54　一淘网主页

一淘网拥有强大的技术实力，而且行业影响力非常大，商品范围涵盖了淘宝、天猫以及各种 B2C 网站，商品的种类和数量都是首屈一指的，其优势如图 3-55 所示。另一方面，用户可以直接使用淘宝账号登录一淘网，这使其掌握了数量庞大的潜在用户群。

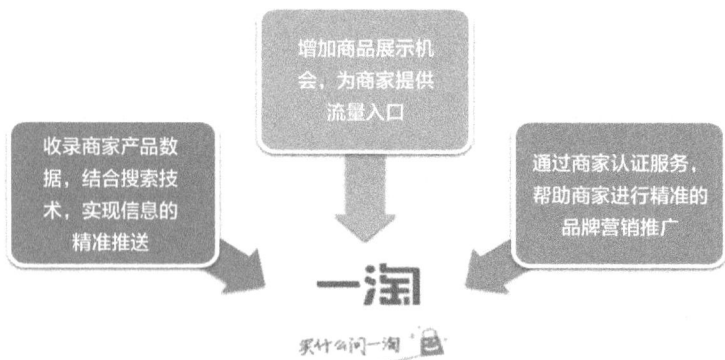

图 3-55　一淘网的平台优势

在内容运营方面，一淘网不但收录了 1000 多家网站的团购和折扣信息，同时拥有"加入求购"功能以及采用分享模式的一淘淘吧，形成了社区化电商机制。同时，其针对商家提供了认证机制，帮助用户找到值得信赖的商家。

2. 惠惠网：网易旗下的网购搜索和网购推荐平台

惠惠网是由网易通过整合"网易返现 + 有道购物搜索 + 有道购物助手"等多个电商产品推出的第三方平台，如图 3-56 所示。

图 3-56　惠惠网主页

惠惠网的购物咨询内容相对来说比较客观，没有明显的商家偏向，而且还拥有比较成熟的惠惠购物助手作为流量入口，如图 3-57 所示。用户不但可以通过惠惠网实现全网比价、购物返现等功能，还可以获取超值、时尚、有品质的优惠信息内容。

图 3-57　惠惠购物助手

　　惠惠网集中了网易的技术优势，而且商品覆盖范围比较广泛，同时便捷的比价功能为其带来了较高的转化率；基于数据化运营的价格走势分析，可以帮助用户快速识别虚假促销，同时也帮助商家提高了推广精准度。

3. 爱淘宝：购物分享综合型网站

　　爱淘宝是阿里巴巴基于淘宝海量的基础数据和第三方购物达人推出的一个特卖网站，如图 3-58 所示。

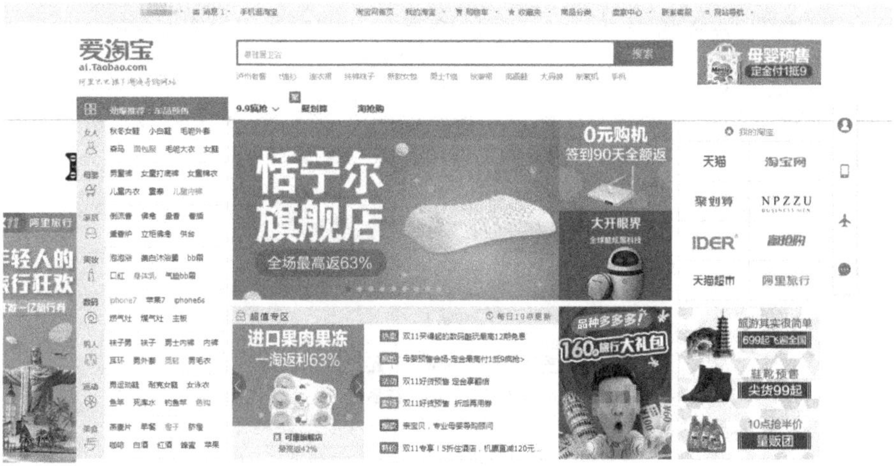

图 3-58　爱淘宝主页

　　爱淘宝利用自身精准的个性化推荐系统，再加上达人选品的内容优势，为用户精选淘宝、天猫等平台的优质商品，如图 3-59 所示。

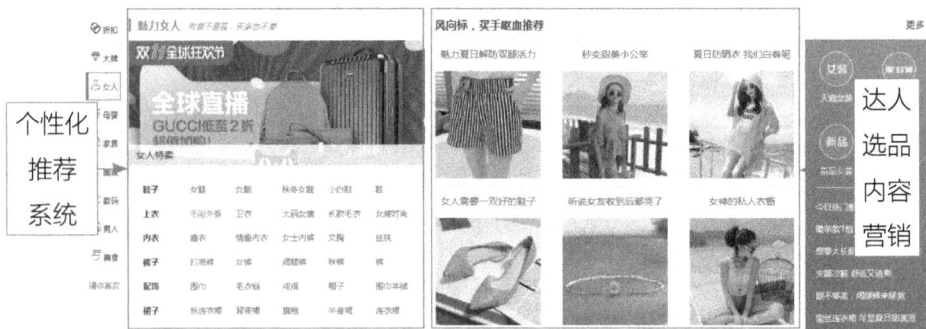

图 3-59　爱淘宝个性化推荐系统

　　在内容方面，爱淘宝上聚集了很多资深购物达人分享购物心得，同时有实力的用户也可以加入达人行列，一起分享购物乐趣。图 3-60 所示为爱淘宝的达人选品内容营销模式。

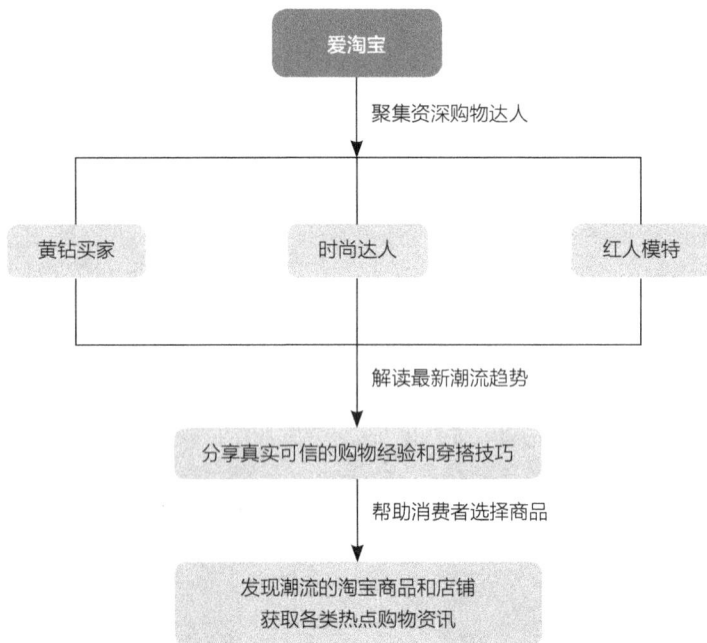

图 3-60　爱淘宝的达人选品内容营销模式

3.11　社区分享类：豆瓣东西、蘑菇街

　　社区分享类内容电商平台主要是利用资深的网购用户分享购物经验、评论和讨论各种商品等行为，在这个过程中生成了很多优质内容，从而影响同一社区中的其他用

户的购物决策，如图 3-61 所示。

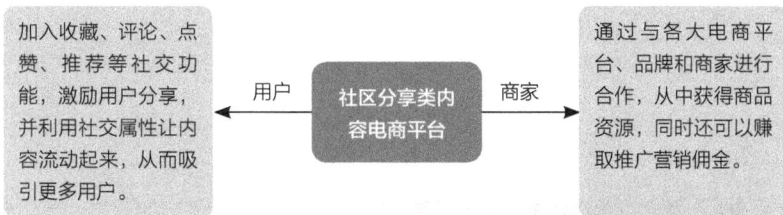

图 3-61　社区分享类内容电商平台的商业模式

1. 豆瓣东西：基于用户 UGC（User Generated Content，用户原创内容）的购物发现与分享社区

"豆瓣东西"是由著名的社区网站豆瓣推出的一个内容电商平台，主要定位为"发现东西"，如图 3-62 所示。

图 3-62　"豆瓣东西"主页

据悉，在豆瓣社区中有 38 万个小组，其中包含了大量的吃穿住用行等话题讨论，而且有超过两万个小组与购物直接相关。"豆瓣东西"通过整合这些小组中已分享的大量商品内容，构建一个"商品发现社区"，并以导购内容成功切入电商平台。

在豆瓣社区中，用户的忠诚度和活跃度都非常高，而且"豆瓣东西"中都是一些有较大影响力的品牌商家。同时，拥有相同爱好的用户之间形成的小组产生了一种浓厚的社区氛围，在社区中由各个用户自己产生内容，并生成海量的商品信息，如图 3-63 所示。同时，"豆瓣东西"提供丰富的购物信息精选服务，其他用户可以直接借助这些达人用户创造的内容，使购物需求与商品信息可以实现更好的匹配。

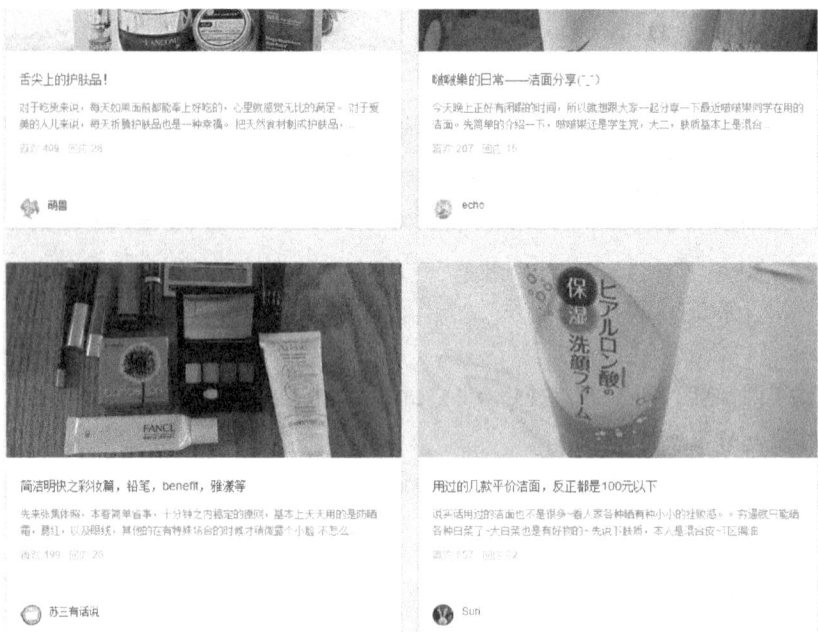

图 3-63　用户自己产生内容

2. 蘑菇街：优质的女性时尚消费社区

　　蘑菇街隶属于杭州卷瓜网络有限公司，该公司于 2010 年 4 月 12 日成立。蘑菇街的定位群体为女性，平台主页与具体的功能内容分别如图 3-64 所示。

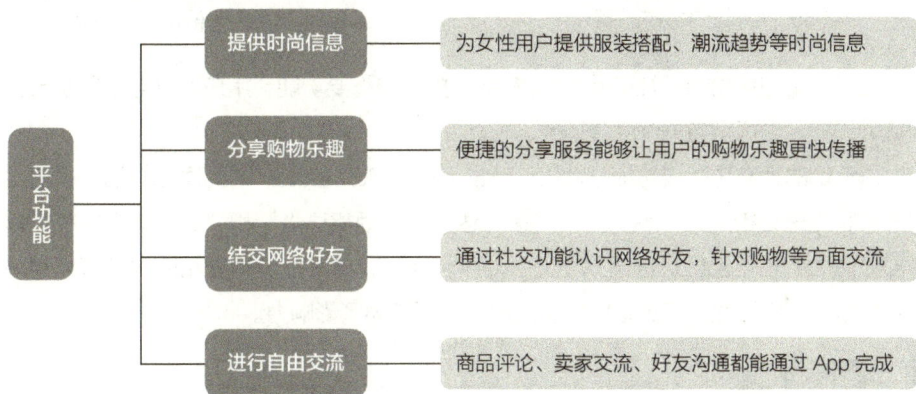

图 3-64　蘑菇街主页与具体的功能

　　蘑菇街属于把购物与社区相互结合的内容电商平台，通过平台信息的提供可以为更多消费者提供更有效的购物决策与建议。蘑菇街的每天活跃用户较多，用户之间可以相互分享、相互帮助、发现折扣以及享受优惠，影响力十分广泛。

　　蘑菇街的成功与其定位的精准有着直接的关系，这款只为女性服务的专业电商平台上所有的功能都是符合女性需求的。以 App 提供的攻略服务为例，在时尚平台界面的中间位置，用户可以通过手指左右滑动的方式来选择符合个人需求的攻略。图 3-65所示为 App 上攻略信息的位置。

　　在攻略信息部分，用户可以了解到穿衣搭配、化妆搭配、快速瘦身、直播技巧等相关内容。以穿衣搭配为例，用户点击"穿衣搭配"的选择框，就能够直接进入相关界面，如图 3-66 所示。

图 3-65 App 上攻略的位置

图 3-66 "穿衣搭配"攻略内容

在蘑菇街的移动端，社交元素也是 App 提供的重要功能，用户可以与好友聊天，创建聊天群，也可以与 App 客服聊天。

蘑菇街的社交功能成功地打造出了一群活跃在 App 上的"时尚意见领袖"，这类用户被称为蘑菇街达人，具体分为"搭配达人""晒货达人"和"美妆达人"等，其中部分达人的粉丝已经达到了几十万。对平台而言，通过社交功能和内容运营模式进一步增强了用户黏性，完美地留住了用户，从而扩大了影响力。

💡 专家提醒

总的来看，社区类电商平台的发展趋势是"媒体 2.0"：从人先获取内容，然后通过内容获取产品或服务。

第 4 章

打造内容：想想有什么内容可以卖

内容电商多以文字、图片、视频等形式来表现主题，如果想要自己的内容营销在众多的营销策略中脱颖而出，就必须打造符合用户需求的内容，做好内容运营，用高价值的内容来吸引用户、提高阅读量，带来更多流量和商机。

要点展示

>>> 全面解读：互联网内容创业的主要形式
>>> 游戏：内容玩法和市场推广是要点
>>> 影视：网红与明星"傻傻分不清"
>>> 文学：要相信"书中自有黄金屋"
>>> 动漫：经久不衰的二次元动漫文化
>>> 搞笑：内容要多思考、多下功夫
>>> 才艺：分享个人才艺来获得收入
>>> 语音：在情感上的表达更加丰满
>>> 美食：美食达人引领创业新食尚
>>> 宠物：呆萌可爱的宠物也有卖点
>>> 时尚：人们对美的追求无法抗拒
>>> 教育：在线教育如何玩出新花样
>>> 摄影：作品要漂亮，题材有特点
>>> 财经：财经垂直领域＋优质内容＋电商

4.1 全面解读：互联网内容创业的主要形式

如今是一个内容创业爆棚的时代，很多人通过将自己产生的内容出售给投资方，从而获得营销收益。好的内容可以极大地带动电商与粉丝之间的良性互动，提升粉丝的满意度，加强粉丝对电商企业的忠诚度。因此，对于互联网内容创业者或相关企业来说，需要记住的是，优质内容是打造爆款的关键所在，下面将介绍互联网内容创业的主要形式。

1. 更有深度的文字内容

对于内容电商来说，内容是绝对的主角。因为平台内容的好坏、有价值与否，关系着平台粉丝的数量，从而影响平台盈利的多少，所以做好平台内容的把关是每一个运营者都要重视的。

在所有的互联网内容中，文字内容是最为基础、直接的内容形式，它可以有效表达创作者的主题思想。如今，单纯的文字内容已经比较少见，因为这种形式的内容，非常容易引起读者的阅读疲劳以及抵触心理。所以，电商平台经营者在推送内容的时候，可以少用这种形式而采用图文结合的方式来传递内容。

图 4-1 所示是微信公众号“缓缓说”平台上推送的两篇文字式内容的文章。

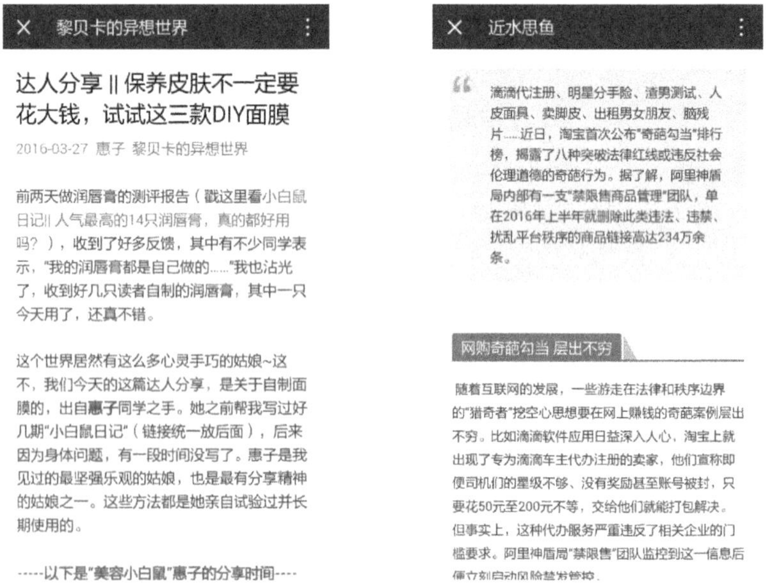

黎贝卡的异想世界

达人分享 || 保养皮肤不一定要花大钱，试试这三款DIY面膜

2016-03-27 惠子 黎贝卡的异想世界

前两天做润唇膏的测评报告（戳这里看小白鼠日记|| 人气最高的14只润唇膏，真的都好用吗？），收到了好多反馈，其中有不少同学表示，"我的润唇膏都是自己做的……"我也沾光了，收到好几只读者自制的润唇膏，其中一只今天用了，还真不错。

这个世界居然有这么多心灵手巧的姑娘~这不，我们今天的这篇达人分享，是关于自制面膜的，出自惠子同学之手。她之前帮我写过好几期"小白鼠日记"（链接统一放后面），后来因为身体问题，有一段时间没写了。惠子是我见过的最坚强乐观的姑娘，也是最有分享精神的姑娘之一。这些方法都是她亲自试验过并长期使用的。

-----以下是"美容小白鼠"惠子的分享时间----

近水思鱼

滴滴代注册、明星分手险、渣男测试、人皮面具、卖脚皮、出租男女朋友、脑残片……近日，淘宝首次公布"奇葩勾当"排行榜，揭露了八种突破法律红线或违反社会伦理道德的奇葩行为。据了解，阿里神盾局内部有一支"禁限售商品管理"团队，单在2016年上半年就删除此类违法、违禁、扰乱平台秩序的商品链接高达234万余条。

网购奇葩勾当 层出不穷

随着互联网的发展，一些游走在法律和秩序边界的"猎奇者"挖空心思想要在网上赚钱的奇葩案例层出不穷。比如滴滴软件应用日益深入人心，淘宝上就出现了专为滴滴车主代办注册的卖家，他们宣称即便司机们的星级不够、没有奖励甚至账号被封，只要花50元至200元不等，交给他们就能打包解决。但事实上，这种代办服务严重违反了相关企业的门槛要求。阿里神盾局"禁限售"团队监控到这一信息后

图 4-1　文字式内容的案例

从上图的两篇文章，我们可以看出文字式的内容具有以下的优势和缺点，如图 4-2 所示。

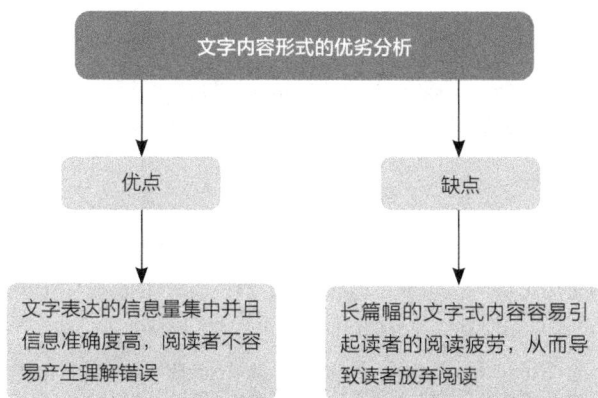

图 4-2　文字内容形式的优劣分析

2. 展现力强的图片内容

其内容都是以图片表达的，没有文字或者文字已经包含在图片中，如图 4-3 所示。

图 4-3　图片式内容的案例

💡 专家提醒

　　不少内容创作者已有众多粉丝，但却急于宣传，于是在内容中硬性植入广告，对技巧和内容要求也相对较低，没有多少技术含量，完全没有考虑到用户的感受。这种广告事实上也不会收到多少效果，只会让用户厌烦，甚至是取消关注，得不偿失。

图片内容形式的优劣分析如图 4-4 所示。

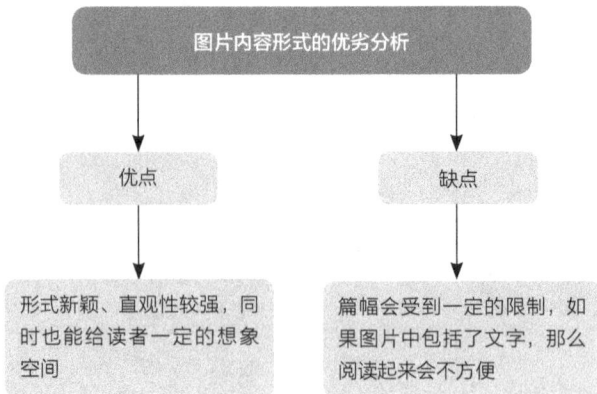

图 4-4　图片内容形式的优劣分析

3. 体验更好的图文式内容

图文式内容，其实就是指图片跟文字相结合，一篇文章中有图片也有文字的形式的内容。这种内容的呈现形式可以是一篇文章只放一张图或放多张图。如果运营者推送的是一张图的图文式文章，那么读者在这篇文章中从头到尾就只能看见一张图和文字。

如果运营者推送的是多张图的图文式内容，那么读者看见的就是一篇文章中配了多张图片和文字。图 4-5 所示是"手机摄影构图大全"公众号推送的一篇多张图的图文式文章。

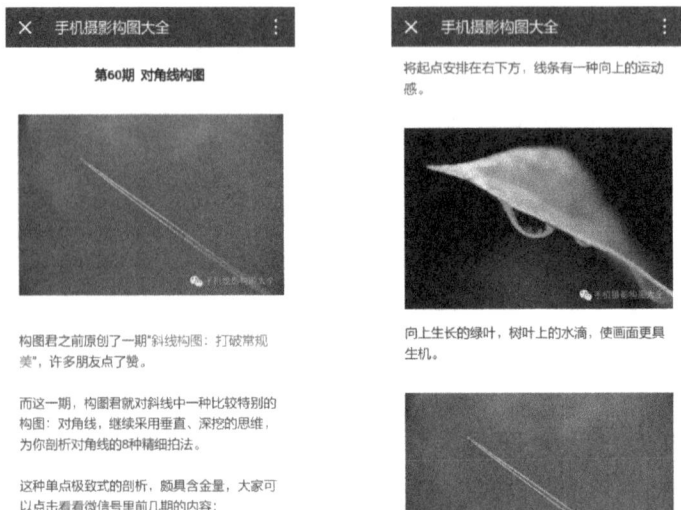

图 4-5　多张图的图文式案例

图文式内容的优劣分析如图 4-6 所示。

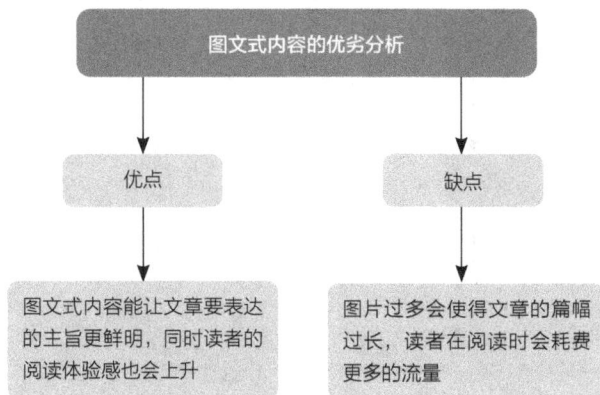

图 4-6　图文式内容的优劣分析

4. 精彩动人的视频内容

视频内容形式是指运营者可以把自己要向读者表达的信息拍摄成视频短片，或者采用直播的形式，展现给广大用户群体观看。如图 4-7 所示，在汽车之家 App 中，通过视频可以更真实地展现汽车产品的特点。

图 4-7　视频内容形式的案例

🔆 专家提醒

　　电商企业或创业者在策划内容前，要先确定好内容的方向定位，即要确定好自己平台上文章内容的领域，例如摄影、美食、电影、金融等，做好内容方向定位才能确保平台在一个领域中找准位置。

视频内容形式的优劣分析如图 4-8 所示。

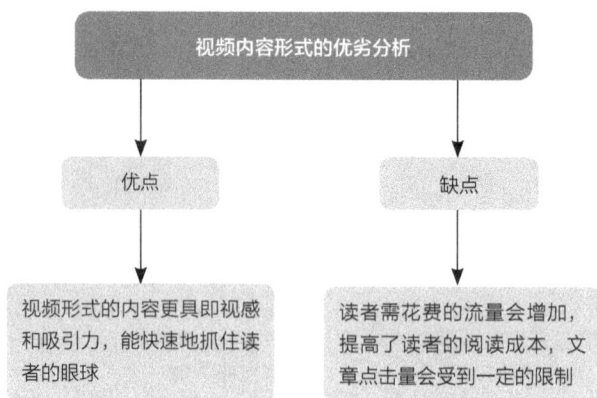

图 4-8　视频内容形式的优劣分析

4.2　游戏：内容玩法和市场推广是要点

游戏是最先打开视频直播市场的内容形式，从 Twitch.tv 将游戏作为专业内容进行直播开始，游戏直播作为一种全新的内容形态出现，一时间受到广大互联网用户的关注。同时，Twitch.tv 也被亚马逊看中，并以 10 亿美元将其收购，其主页如图 4-9 所示。

图 4-9　Twitch.tv 主页

在所有的互联网产品中，游戏的用户黏性是最强的，游戏直播也很好地继承了这个属性，同时受到了资本界的关注。此时，DOTA2、LOL（英雄联盟）等竞技游戏的诞生为游戏直播平台带来了"新鲜的血液"。

同时，国内的相关企业也加快了步伐，如ACFUN与斗鱼的拆分、战旗TV的诞生、

YY 投资虎牙等，以及后来出现的一些垂直游戏直播平台，如熊猫 TV、全民 TV、龙珠 TV 等。这些新的游戏直播平台改变了玩家和游戏之间的互动方式，他们不再是自己玩或者组队玩，而是大家一起观看明星名人玩游戏的过程，同时还可以进行互动交流。

　　当然，游戏用户虽然黏性高，但并没有终结直播平台的发展，随着智能手机的流行和移动网络技术的提升，以 Meerkat 为代表的移动直播模式成为了新趋势。如图 4-10 所示，为 Meerkat 的 App 界面。

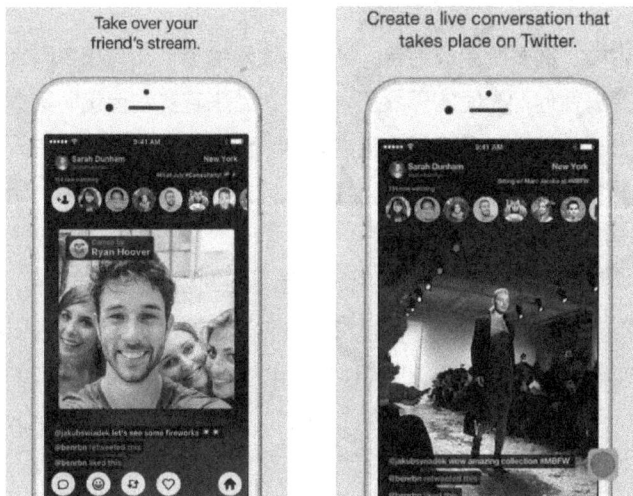

图 4-10　Meerkat App 界面

　　例如，"小苍 cany"是知名游戏解说、竞技选手，而且还曾经获得了《Iron Lady 国际女子魔兽邀请赛》的第一届和第二届冠军。如今，"小苍 cany"主要专注于 LOL 直播，图 4-11 所示为其微博主页。

微博粉丝 210 多万

内容特色以 LOL 游戏视频解说为主

图 4-11　"小苍 cany"的微博主页

对于游戏内容电商来说，内容的玩法和市场的推广是成功的两个要点。在上面的案例中，"小苍 cany"的内容玩法便是凭借行云流水般的解说、激昂的文字、动人的声音及现场感染力，深受玩家们的喜爱。同时，通过各大直播平台和微博等社交平台进行内容推广，聚集了一群热爱游戏的志同道合的粉丝，通过视频直播内容产生商业机会，这是非常值得内容电商创业者们学习的。

4.3　影视：网红与明星"傻傻分不清"

在影视内容中，很多明星成为了网红，而在网络上，又有很多网红进化为明星，如今已经很难说清楚他们之间的界限了。如今，越来越多的传统明星们也意识到了互联网的重要性，从一开始对网络红人嗤之以鼻，到如今争先恐后地进入互联网用内容来吸引粉丝，明星们也在逐渐实现"网红化"，并且他们更善于用"明星光环"来包装和打造内容电商。

网红成为明星已经是不争的事实，而明星"网红化"也正在进行，现在的明星们通过互联网中的各种新媒体内容平台，也变得越来越接地气，也学会了利用内容营销来获得粉丝、经营粉丝，扩展自己的变现能力。

例如，YY LIVE 推出"频道合伙人"计划，在明星频道的"合伙人"包括了视觉星动、1931 女子偶像组合、湖南卫视综艺档、星座不求人等知名 IP。

YY LIVE 与视觉星动共同推出"YY 9818 频道 星动全娱乐"栏目，为观众带来新鲜的娱乐资讯、八卦爆料以及时尚的综艺节目内容，如图 4-12 所示。

图 4-12　"YY 9818 频道 星动全娱乐"栏目

"YY 9818 频道 星动全娱乐"栏目包括"星动主播""wuli 星现场""星动会客厅""星动健身房""Fashion Bar""夜夜生嗝""荷尔萌不萌""海洋奇妙

Yeah"等多个特色内容模块，领跑互动直播内容创新，以"时尚、娱乐、内容"为核心，打造"差异化"明星内容。据悉，"Fashion Bar"首期上线便创下 5 万人次同时在线收看的记录。

又如，YY LIVE 与湖南卫视综艺档合作推出直播节目录制探班、幕后揭秘、嘉宾互动、大咖明星采访等内容，如图 4-13 所示。观众可以在此看到《天天向上》《快乐大本营》《夏日甜心》《汉语桥》《幻城》《旋风少女 2》《诛仙》《透鲜滴星期天》《我们来了》等上百场湖南卫视综艺节目以及热播剧集的台前幕后花絮，同时还可以看到汪涵、陈乔恩、刘嘉玲、赵雅芝、莫文蔚、汪东城、沈梦辰、江一燕、安以轩等大牌明星采访。

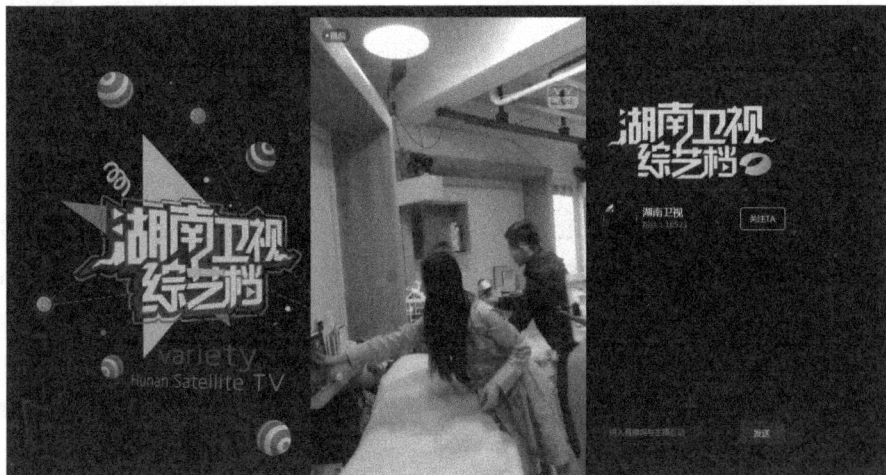

图 4-13　YY 直播湖南卫视综艺档幕后花絮

YY 利用"网红明星＋视频直播"的内容形式，带粉丝们走进热门、好玩的节目和电视剧的制作前线，以第一手资料造福观众。同时，这些"合伙人"还可以共享合作直播频道的权益，对其本身来说也是一种很好的宣传。

对于 YY 来说，可以借助"合伙人"的优质资源，对其进行内容梳理和优化，为用户带来更多的高品质娱乐内容，打造高人气、高价值的内容电商。

4.4　文学：要相信"书中自有黄金屋"

在过去的纸质内容时代，文章是俘获读者的强大"武器"。到现在，纸质传媒虽然受到了互联网的冲击，但文章却依然保留了下来，而且在互联网的推动下变得更加火爆。

尤其是在互联网早期，社交媒体的普及程度不高，而且互联网技术有限，此时文字成为了抢占互联网用户的首选工具，并且产生了很多颠覆时代的"网络小说大神"。与实体书相比，网络小说可以避免生产销售上的很多不足之处。

- 没有印刷装订等生产成本。
- 市场营销的经营成本更低。
- 网络小说的经营风险几乎为零。
- 网络小说不受地域的销售障碍限制。

在"文字时代"，诞生了一大批具有影响力的网络小说家，如安妮宝贝、当年明月（石悦）、韩寒、郭敬明、天下霸唱、南派三叔等 IP。同时，优质的小说内容也让这些人的财富急速增长。

如今，网络文学早已经呈现出爆发状态，很多根据网络小说改编的电影、电视剧、网络剧、游戏等出现在荧幕上，实现了多元化的盈利模式。

热门的网络小说 IP（知识产权）通过改编为影视作品，同样为作者本人带来不少的版权收入。根据网络文学作品改编的电影、电视剧、网络剧霸占了大小荧屏。这些 IP（知识产权）改编影视作品的爆红，也给网络作家带来了更多的版权收入。

例如，盗墓小说的鼻祖《鬼吹灯》，可以说是在网络文学上，最早具有 IP 内容属性的代表作之一。读者们对《鬼吹灯》的喜爱，造就了它的流行和火热，那时候小说还是以纸质为主。而且在大街小巷各个书店里，《鬼吹灯》系列的纸质读书，不管是购买量还是借阅量都是名列前茅的。

《鬼吹灯》系列分为上下两部，两部共计有八本分册，图 4-14 所示分别是：《精绝古城》《龙岭迷窟》《云南虫谷》《昆仑神宫》《黄皮子坟》《南海归墟》《怒晴湘西》《巫峡棺山》。

图 4-14 《鬼吹灯》系列

《鬼吹灯》的广为人知，使它当之无愧地成为优质文学内容，下面对《鬼吹灯》的各种改编进行分析，从中能清晰地看到文学内容超强的变现能力。

（1）《鬼吹灯》漫画改编：图 4-15 所示是由著名漫画家林莹操刀的《鬼吹灯》漫画版。

图 4-15　《鬼吹灯》漫画版

（2）《鬼吹灯》游戏改编：图 4-16 所示是由新动互娱联合上海游趣与掌域科技开发的《鬼吹灯 3D》游戏版网页画面。

图 4-16　《鬼吹灯 3D》游戏

（3）《鬼吹灯》的影视化改编：如改编自《鬼吹灯之精绝古城》的《九层妖塔》，以及改编自《鬼吹灯》后四部的《鬼吹灯之寻龙诀》，如图 4-17 所示，这些由原著 IP 改编的影视作品，都取得了很好的票房成绩。

图 4-17 《九层妖塔》（左）与《寻龙诀》（右）宣传

《鬼吹灯》原本只是一部小说，它的盈利方式就是纸质图书、电子图书等销售渠道，如今跨界被拍成电影、做成手机游戏后，就多了一些盈利和扩散知名度的内容形式，因此跨界营销是内容电商的必要属性。

随着互联网文学的盛行，读者群体的增长速度令人震惊，尤其也打通了网络小说商业化的道路。当然，也许你还在钟情于实体书籍，但互联网的进步时刻在影响着你的生活方式。例如，报纸等新闻媒体已经基本被网络、手机等代替，作家们也大都用电脑来写稿，而放弃了纸和笔。

网络小说就是顺应这个互联网时代的大势所趋的一种内容创业形式，并且成就了一大批超级 IP。

4.5 动漫：经久不衰的二次元动漫文化

在所有的内容电商平台中，动漫虽然显得有些小众，但它却有很强的用户黏性，而且内容的持续性非常强，有的动漫作品甚至可以跨越几十年仍然经久不衰。

国内比较火爆的动漫内容电商平台主要有"A 站"和"B 站"，下面分别对其进行介绍。

1. A 站：AcFun 弹幕视频网

AcFun 弹幕视频网（Anime Comic Fun，简称"A 站"），是国内首家弹幕视频网站，同时也是二次元文化的开拓者，如图 4-18 所示。

AcFun 弹幕视频网的主要特色是高质量的互动弹幕内容，并且这些内容都是基于原生内容的二次创作，将其打造成一个完整的内容生态，以此博得了广大用户的喜爱。AcFun 弹幕视频网的主要用户群体为年轻的"80 后""90 后"以及二次元动漫核心用户，这些用户群体也是弹幕这种新型互动方式的推广者。

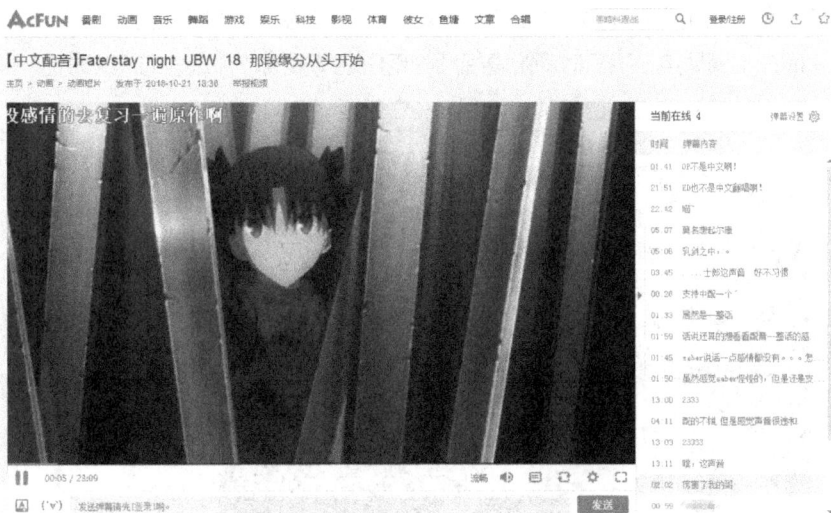

图 4-18　AcFun 弹幕视频网

对于那些喜欢和善于创作二次元内容的创业者来说，AcFun 弹幕视频网就是一个不错的内容分享平台，在此可以找到更垂直的粉丝群体，对于推广动漫内容电商产品来说更有优势。不过，需要注意的是，创业者在借用二次元动漫元素时，必须根据自身的品牌定位来挖掘相应的内容。

2. B 站：bilibili 哔哩哔哩

bilibili 哔哩哔哩又被称为"B 站"，是一个年轻人聚集的潮流文化娱乐社区，如图 4-19 所示。bilibili 哔哩哔哩的特色也是"弹幕"，即用户在观看视频时可以将实时评论悬浮于视频上方，这种特性使其成为了互联网热词的产生地。

图 4-19　bilibili 哔哩哔哩主页

"弹幕"为用户带来了独特的观影体验，而且它基于互联网因素可以超越时空限制，从而在不同地点、不同时间观看视频的用户之间形成一种奇妙的"共时性"关系，构成一种虚拟的社群式观影氛围，如图 4-20 所示。

图 4-20 "弹幕"可以形成一种热闹的社群式观影氛围

同时，通过 bilibili 哔哩哔哩这种二次元文化平台，动漫内容创作者可以借助这种高关注度、抢话题的热门"弹幕"内容形式来抢占粉丝，可以为电商带来较强的宣传效果。

4.6 搞笑：内容要多思考、多下功夫

幽默搞笑的内容形式特别受大家欢迎，这也正是如今快节奏时代下人们放松心情的最佳方式，可以给人带来一种轻松、欢快的感觉。

依靠搞笑内容成名的 IP 大有人在，如《屌丝男士》《万万没想到》《欢乐颂》《暴走大事件》等影视作品，同时还诞生了一大批网络搞笑达人，如图 4-21 所示。

图 4-21 网络搞笑达人

例如，口才伶俐、幽默滑稽的唐唐（任真天）原本是某电视的购物栏目演员，2013 年年底开始在优酷播出搞笑视频，从"荤段子"逐步转为电影解说。

2013 年年初，任真天推出一部解说视频《致唐唐逝去的青春 多么痛的领悟 第 34 期》，以唐唐自称恶搞西游而轰动互联网，如图 4-22 所示。

图 4-22　《致唐唐逝去的青春 多么痛的领悟 第 34 期》搞笑视频

这部视频的内容创意性比较强，而且唐唐还在视频中唱了一首"奇葩歌曲"，其点击量达到 1160 万（来源于优酷数据）。

2013 年 12 月 19 日，任真天创建一档讲笑话的视频节目——Big 笑工坊，后来向"吐槽"发展，其在爱奇艺平台上的粉丝数量达到 140 多万，总播放量超过 18 亿次，如图 4-23 所示。

图 4-23　Big 笑工坊

在互联网中，"吐槽"成了一种普遍现象，它不以骂人为手段，不以发泄为方式，而将重点放在"娱乐性"和"无恶意"的语言上，通过内涵、隐晦、暗喻等方式揭露一些社会现象，既可以提高内容笑点博得观众开心，又可以强化参与增加共鸣，是一种新型的内容产品。

当然，在创作这种幽默搞笑的内容时，创作者还需要多思考，结合时事热点来增强故事的代入感，多下功夫、多找资料，增强自身的趣味文学修为。

互联网中的受众都喜欢有趣的信息，电商企业如果能做到这点，对宣传效果必定大有裨益。而对于商家而言，将内容娱乐化是抓住用户百试不爽的方法，具体的做法就是将内容转化为用户喜欢的带有趣味性的形式，让用户在感受趣味性内容的同时，接受企业的宣传信息。

4.7 才艺：分享个人才艺来获得收入

才艺对于网络主播等内容创业者来说尤为重要，有才艺、高颜值是入行网络主播的主要条件，其中"有才艺"被放在了首位。才艺的范围比较广泛，这里只讨论最具代表性的音乐、舞蹈等才艺类型。

1. 音乐：YY 好声音排位赛

好声音排位赛是 YY 为当红主播推出的一个演唱竞赛平台，于每周四晚上八点开播，如图 4-24 所示。在好声音排位赛中，观众的身份转变为裁判，他们拥有绝对的话语权，可以给喜欢的主播投票。

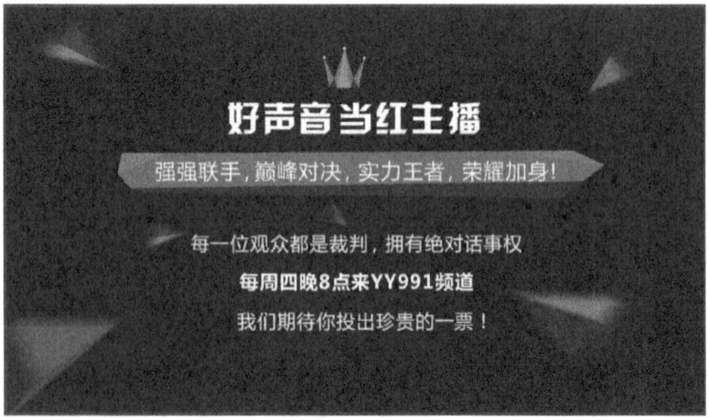

图 4-24　好声音排位赛

虽然各个直播平台上充斥着许许多多的草根主播，但其中也有很多依靠这些直播平台成长和出名的大牌主播和网红，而且名人和明星为直播造势带来的影响也不小。在内容电商中，以音乐内容为切入点可以更快地吸引粉丝关注，在更好传播好音乐内容的同时，也可以让歌手与粉丝同时享受到近距离接触的快感。

如今，直播已经进入了移动时代，"随走随看随播"成为一种新的直播场景，而且在朝着泛娱乐领域发展，而音乐则是"领头羊"。多元化、个性化的直播应用场景，为传统音乐市场带来了更多可能，图 4-25 所示为"直播 + 音乐"新玩法对于打造内容电商的优势，将产生更多的爆款音乐。

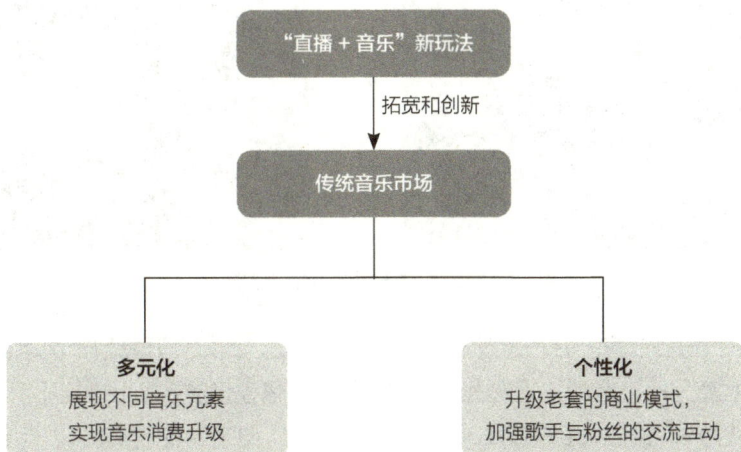

图 4-25　"直播 + 音乐"新玩法对于打造内容电商的优势

2. 舞蹈：YY "燃舞蹈" 频道

YY 直播平台的"燃舞蹈"频道以舞蹈为主要内容，同时还打造了一个全新的女子演唱组合——1931（1 个梦想、9 位伙伴、3 份心意、1 切成真），分为红、白两个队伍，每周五和周六晚上七点半在 YY 舞蹈频道直播，如图 4-26 所示。

图 4-26　1931 组合舞蹈直播频道

同时，YY 还在微博举行了 #1931 女子偶像组合 # 的话题讨论，让主播明星与粉丝实现更好的互动交流，如图 4-27 所示。

据悉，YY 计划投资 5 亿来打造 1931 偶像团体，这样算下来每个人的投入也达到了近 2800 万元，这接近于 YY 一个季度的收入。

图 4-27 #1931 女子偶像组合 # 微博话题

YY 依靠语音起家，并在游戏直播领域获得成功，到如今开始积极塑造自身的品牌形象，构建了一整套的主播选秀、培训及其团队搭建供应链。1931 则可以看作是 YY 的跨界之作，借此从 UGC 步入 PGC 内容时代，如图 4-28 所示。

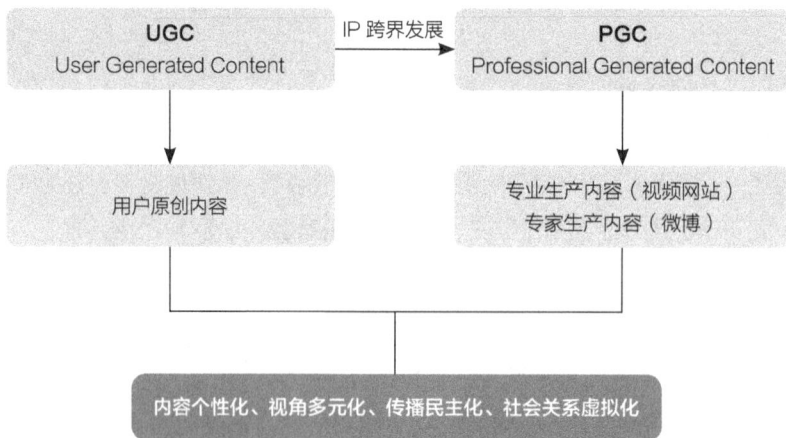

图 4-28 YY 的内容跨界营销

4.8 语音：在情感上的表达更加丰满

如今，大数据、云计算以及移动互联网等技术水平取得了重大突破，这些技术的发展同时也带动了智能语音市场的壮大，并且还吸引了政府机构和资本市场的关注，使智能语音产业得到快速发展。

在这种大环境下，语音内容也成为了一种新型的内容电商形式。语音可以为用户带来更好的听觉体验，同时也可以使内容在情感上的表达更加丰满，加强用户对内容的记忆，或者打动他们，使他们产生情感上的共鸣。

例如，懒人听书就是在这种环境下形成的一个中文有声读物交流平台，其语音内容包括主播电台、有声小说、文学名著、曲艺戏曲、相声评书、少儿、娱乐综艺等，如图4-29所示。

图4-29 懒人听书的语音内容分类

懒人听书采用了"书籍打赏＋精品付费"的双向内容变现方式：

（1）书籍打赏：将用户喜欢或者认可的内容作为盈利点，通过用户主动打赏的方式来为主播增加收入，显得更加人性化。在收听书籍的"详情·评论"界面，点击"打赏"按钮，并选择相应的打赏金额，使用微信支付即可完成打赏操作，如图4-30所示。

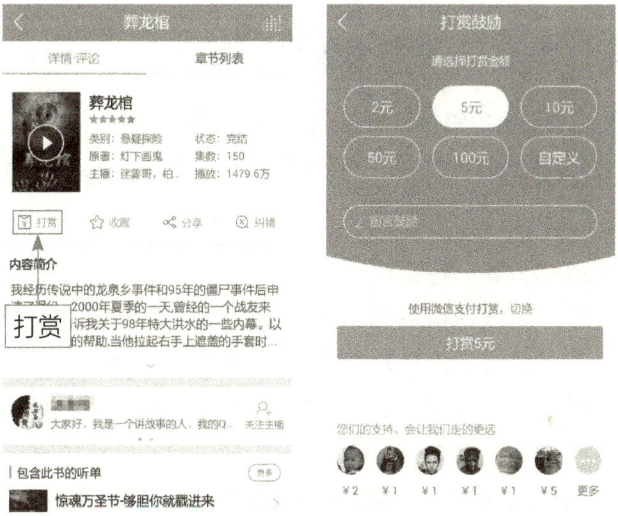

图4-30 书籍打赏功能

（2）精品付费：懒人听书坚持"以内容为中心"，重点推出"精品"栏目，筛选出优质的有声数据内容，并采用"免费试听前几章＋付费收听全集"的盈利模式，用户可以先体验书籍内容是否精彩、是否是自己喜欢的内容，然后再选择是否付费收听，更加自由灵活，同时也为主播带来了更多的流量，如图4-31所示。

图 4-31　精品付费模式

懒人听书在构建"内容中心"的语音平台时，会进一步关注和加强优质内容生产环节。可以预见，在以"内容为王"的移动互联网电商市场中，这种信念将带领懒人听书获得更大、更好的发展。

4.9　美食：美食达人引领创业新食尚

美食内容可以通过食色生香的图文、视频等内容形式进行独特的混搭，营造即时直接的感官体验，调动观众的触觉、嗅觉和味觉，成为美食达人引领创业"新食尚"的风向标。

1. 美食杰：全新美食体验一网打尽

"美食杰"是一个美食信息综合平台，包括各种菜谱大全、饮食健康资讯、美食菜单、电子商务以及轻社交元素等为内容特色，如图4-32所示。

"美食杰"平台上拥有超过25万篇的菜谱内容，而且每月都有超过1500万美食爱好者通过该平台查看各类美食信息。

在美食达人频道中，聚集了一大批对美食有特殊爱好或者拥有专业美食技能的用户，专注于美食信息的分享，如图4-33所示。

图 4-32　"美食杰"主页

图 4-33　美食达人频道中拥有众多达人分享的美食攻略信息

除了依靠数量丰富的美食内容吸引用户关注外，"美食杰"还开通了讨论组平台，用来帮助用户交流美食心得和体会，用户可以在这里发布话题来吸引其他用户关注和讨论。同时，这里也成为商家的美食新品以及其他产品的内容营销阵地，通过垂直性较强的内容可以获得不错的宣传效果。

另外，"美食杰"也在主页开通了美食电商渠道——家居馆，有需求的用户可以在此购买厨房家居、电器、调料等生活周边产品，实现更加精准的内容营销。

2. 美食台：深度融合"内容+电商"

"美食台"是由上海一条网络科技有限公司推出的美食公众号，在公众平台主页，点击"美食目录"按钮，可以查看其中的主要美食内容分类，点击相应类别可以查看详细的内容，如图 4-34 所示。

图 4-34 "美食台"的公众平台主页以及内容列表

值得一提的是，"美食台"十分注重原创内容的打造，每天都会为用户分享一条原创的精品视频内容，而且视频中介绍的那些食材、厨具等都在美食台的"一条"生活馆频道中有售，将"内容＋电商"融合得非常巧妙，如图 4-35 所示。

图 4-35 "美食台"的视频内容和电商模块

4.10 宠物：呆萌可爱的宠物也有卖点

在宠物电商市场中，出现了越来越多以各种形式的内容为核心的产品，不但可以满足宠物爱好者的社交需求，而且还有利于构建有趣有爱的宠物社区。

据悉，2016 年国内各类宠物的总量将达到 5 亿。面对规模如此庞大的宠物市场，很多传统行业也对自己的创意进行改造，转向"互联网电商＋宠物内容"的营销模式。例如，"宠仔圈"App 就是在这种趋势下诞生的一款基于 LBS 的社交应用，其核心内容是以宠物为主题的视频直播和视频在线的内容服务，如图 4-36 所示。

图 4-36 "宠仔圈"App 的特色宣传

专家提醒

以人为直播内容的平台可以说随处可见，而以小猫、小狗等宠物为内容的直播平台确实比较新颖，而且有创意。

"宠仔圈"App 的主要内容形式包括图片、直播、视频等，功能特色涵盖宠物直播交友、专家直播咨询、宠物医疗美容、宠物直播特训、宠物直播监护及其他视频资讯等，如图 4-37 所示。

目前，"宠仔圈"App 已经成功吸引众多的"80 后""90 后"这些年轻的群体。对于广大的宠物爱好者来说，"宠仔圈"App 通过"视频直播＋社交服务"的方式满足他们的需求，这也是将"互联网内容＋粉丝经济"进行深度融合的电商产品，为宠物市场注入了新鲜元素。

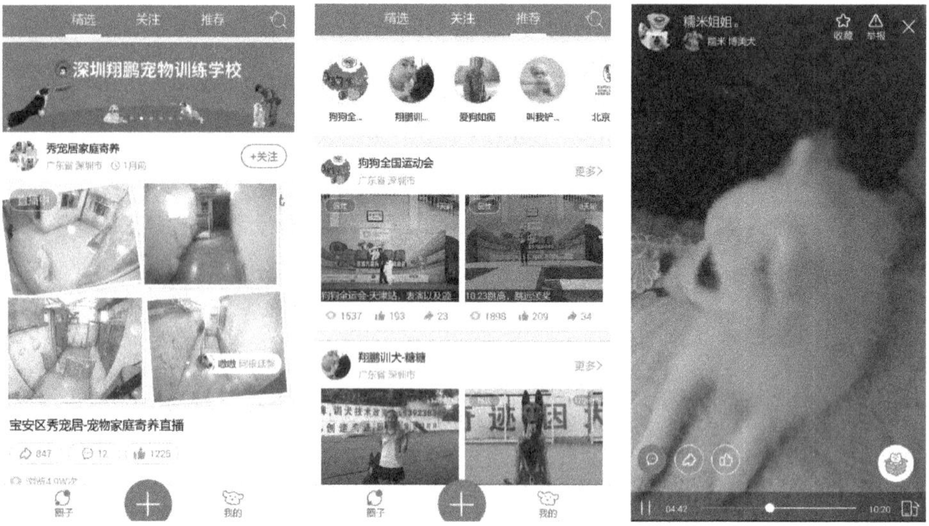

图 4-37　"宠仔圈"App 的特色宣传

4.11　时尚：人们对美的追求无法抗拒

时尚内容电商的代表人物有张大奕、张沫凡、化妆师 MK、腾雨佳、管阿姨等，其内容形式包括彩妆画法、服装搭配、摄影技巧、模特走秀、美容护肤等。

例如，由何炅主持的《我是大美人》是湖南卫视推出的一档美妆节目，如图 4-38 所示，从 2010 年开播至今已经有 6 年多的时间了。

图 4-38　《我是大美人》节目

2015 年 7 月，《我是大美人》推出一款同名的垂直电商 App，如图 4-39 所示。

"我是大美人"App 上线不到一年时间，便获得了 150 万的激活用户，很好地完成了从电视节目到垂直电商的过渡。

图 4-39   "我是大美人"App

"我是大美人"这个传统 IP 借用 App 这种新媒体打入内容电商市场，将由上而下的电视场景转变成 App 直播的新型互动场景，如图 4-40 所示，使用户可以与 IP 进行更多的互动交流，这样更容易产生共鸣，从而促进产品销售。

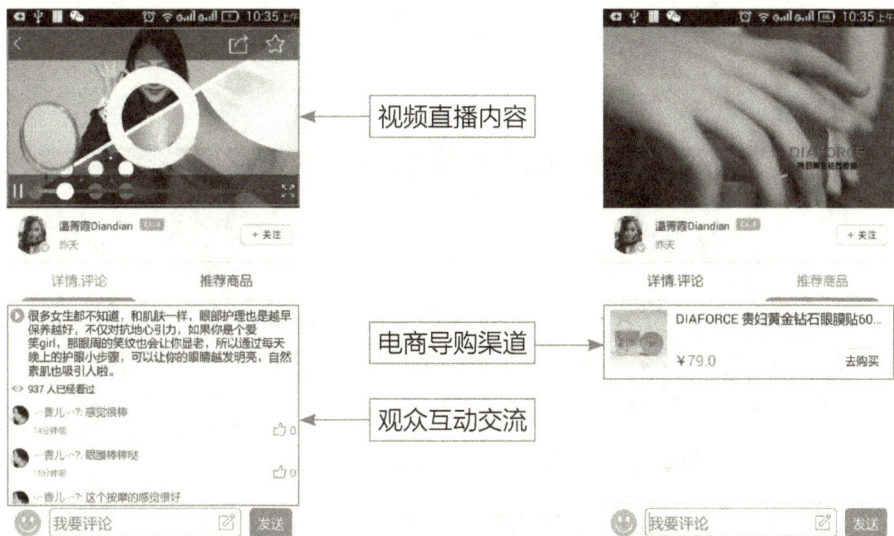

图 4-40   "我是大美人"App 直播的新型互动场景

总的来说，时尚资讯和攻略是人们尤其是女人比较关注的内容，电商企业可以借用这些有价值的内容打开电商市场，将内容转化为销售额。

4.12　教育：在线教育如何玩出新花样

在线教育是由移动互联网催生的内容电商新玩法，教育事业的新形态产业，拓展了人们获取知识的方式和途径，打破了学习的时间、空间、师资、教材的限制，使人们受教育的权利越来越自由、公平，也使教育事业的发展焕发出新的生命力。

例如，百度是全球最大的中文搜索引擎之一，也是最大的中文网站之一，其覆盖面的广泛程度难以想象。目前来说，几乎所有的网站在百度上都有推广，从而扩大被大众认识的可能性，增加用户数量。百度搜索界面如图 4-41 所示。

图 4-41　百度的搜索界面

随着在线教育市场的火爆以及线下教育资源的差距拉大，百度教育以提供公平的教育机会为平台的运作中心出现在大众面前。图 4-42 所示为百度教育的官方主页。

图 4-42　百度教育的官方主页

百度教育网站做的主要是渠道，而内容则是来自不同渠道的企业或机构，同时需要线上与线下的结合。在百度教育平台上，主要有 5 个细分领域，如图 4-43 所示。

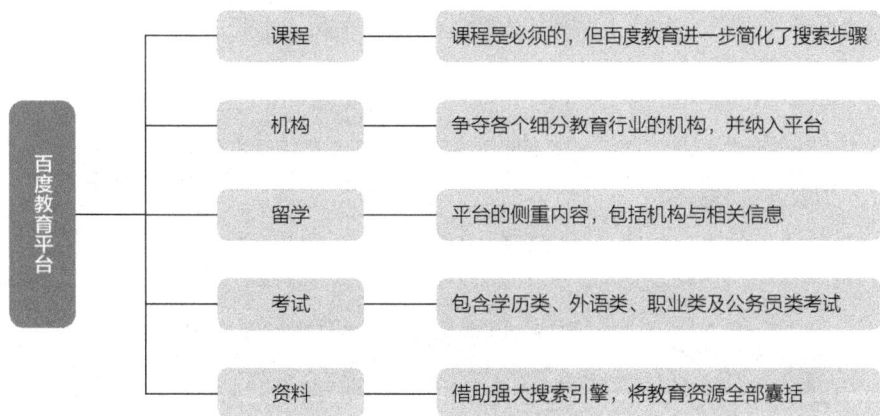

图 4-43　百度教育平台的 5 个细分领域

百度教育的成功主要取决于 5 个因素，下面以图解的形式向读者介绍百度教育经营成功的 5 个主要因素，如图 4-44 所示。

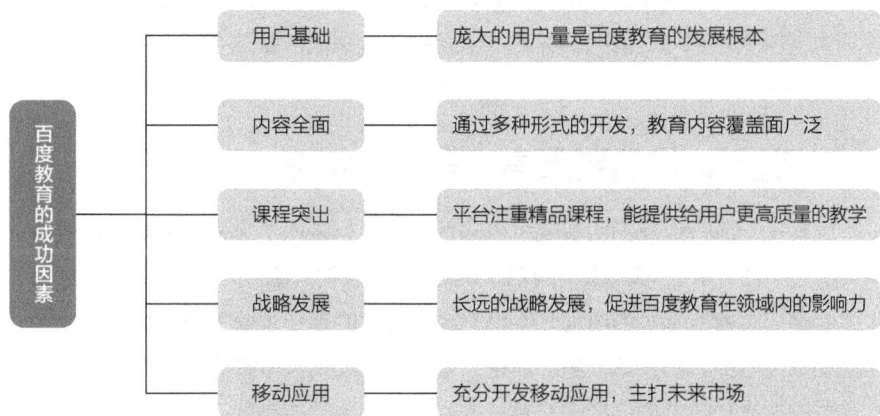

图 4-44　百度教育经营成功的 5 个主要因素

百度本身就是互联网平台，优势在于搜索引擎的绝对优势地位，其在教育方面早就有相关开发，并且规模较大，比如百度文库、百度知道、百度视频这三大块就是百度保持市场地位的王牌必杀器。

同时，更应该注意的是，百度教育并不仅仅是一个平台，更是一个系统。这个系统中包括了多个方面的教育内容。下面以图解的形式向读者介绍百度教育系统的 3 大主要内容平台，如图 4-45 所示。

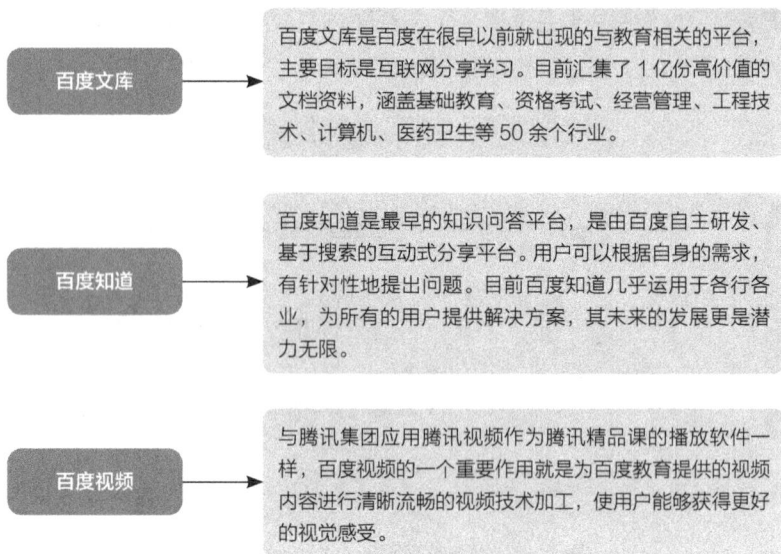

百度文库	百度文库是百度在很早以前就出现的与教育相关的平台，主要目标是互联网分享学习。目前汇集了 1 亿份高价值的文档资料，涵盖基础教育、资格考试、经营管理、工程技术、计算机、医药卫生等 50 余个行业。
百度知道	百度知道是最早的知识问答平台，是由百度自主研发、基于搜索的互动式分享平台。用户可以根据自身的需求，有针对性地提出问题。目前百度知道几乎运用于各行各业，为所有的用户提供解决方案，其未来的发展更是潜力无限。
百度视频	与腾讯集团应用腾讯视频作为腾讯精品课的播放软件一样，百度视频的一个重要作用就是为百度教育提供的视频内容进行清晰流畅的视频技术加工，使用户能够获得更好的视觉感受。

图 4-45　百度教育系统的 3 大主要内容平台

百度、阿里巴巴、腾讯这三大互联网巨头带头进入在线教育领域之后，小米总裁雷军紧跟其后，带着旗下执掌的欢聚时代斥资 10 亿元杀入在线教育市场，再随后国内培训大亨新东方掌门人俞敏洪也进入了在线教育领域，通过与互联网合作的方式展开商业活动。

4.13　摄影：作品要漂亮，题材有特点

单反相机的流行以及拍照智能手机的普及让人们进入了全民摄影时代，如今，各个年龄阶层、社会阶层均在摄影中找到了自己的乐趣和价值。

尤其是随着智能手机的出现，手机已经从最早的单一通信工具逐步发展成为一种多功能的数码产品。而在这众多功能中，拍摄功能又是其中举足轻重的一个。另一方面，手机的拍摄功能得到迅猛的发展，各种可实现手动控制的拍照手机也应运而生，可以实现边走边拍，并且传播分享也十分方便。

以上这些都造就了摄影内容的火热，成为吸引摄影爱好者关注的重点内容，同时也成为摄影相关企业赖以生存的营销手段。

例如，手机摄影构图大全就是一个以手机摄影构图等原创内容为核心的微信公众平台，主要包括投稿影展、构图技巧、商务合作 3 大板块，如图 4-46 所示。

图 4-46　手机摄影构图大全的摄影内容分享

　　除了单向分享手机摄影攻略外，手机摄影构图大全还会经常举办各种手机摄影征图大赛，同时对接国内的各大出版社出版相关的摄影书籍，来分享用户拍摄的美图，吸引用户关注和参与，如图 4-47 所示。

图 4-47　手机摄影构图大全通过投稿影展活动来吸收优质内容

4.14　财经：财经垂直领域 + 优质内容 + 电商

　　财经内容电商主要通过"财经垂直领域 + 优质内容 + 电商"的属性来打开市场。

很多来自券商、投资咨询机构的投资顾问以及民间有理财经验的达人，成为了专业的财经主播，使更多投资者可以获得更专业的财经知识。

例如，和讯财经是一个财经资讯的垂直网站，其内容涵盖股票、基金、银行、外汇、期货、保险、黄金等财经资讯和理财服务，如图 4-48 所示。

图 4-48 和讯财经主页

在和讯名家频道中，收集了很多理财达人的公众号，用户可以用手机扫二维码关注这些公众号，如图 4-49 所示。

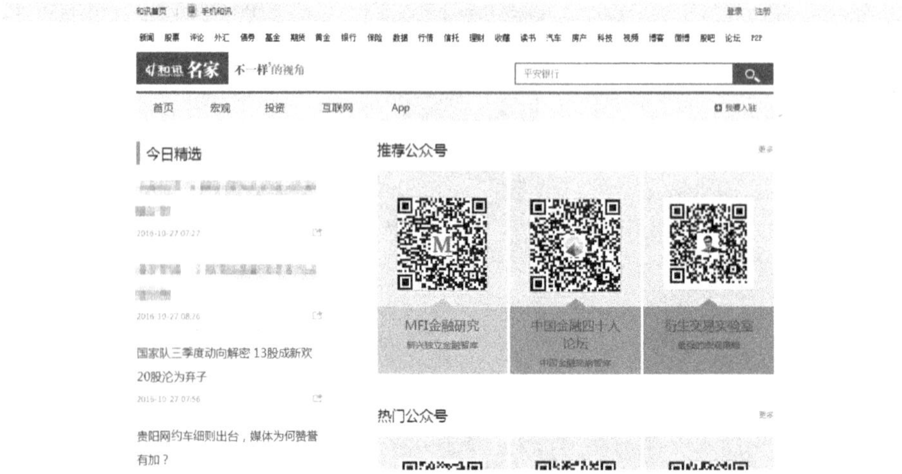

图 4-49 和讯名家频道

例如，热门公众号下方的 IPO（Initial Public Offerings，首次公开募股）案例库就是一个致力于分享证券市场有价值文章的账号，如图 4-50 所示。

图 4-50　IPO 案例库的微信公众平台

除了文章内容形式外，财经内容比较流行的还有视频直播。图 4-51 所示为和讯网的财经视频内容。

图 4-51　和讯网的财经视频内容

不管是文章还是视频，它们都是通过内容来为平台聚集用户的一种方式，而且这些用户具有明显的财经需求，这就方便了其他金融企业进入这些电商平台推广产品，同时平台也可以开展自己的金融电商业务，实现更灵活自由的变现方式。

第 5 章

优化内容：提高电商转化率属性

有价值的内容才是电商营销成功的关键，如何利用互联网、社交媒体，并通过关联并创造高质量的内容来吸引用户，这是值得每个企业和创业者思考的问题。本章将围绕这个问题，讲解优化内容的技巧，帮助大家掌握提高电商转化率的一些基本属性。

要点展示

>>> 贴近需求：挖掘年轻人追求的内容
>>> 情感包装：唤起和激起粉丝的情感需求
>>> 内涵特点：体现品牌的价值和理念
>>> 可扩展性：衍生出多种多样的产品
>>> 可持续性：让粉丝坚持下去
>>> 叙述故事：拉近与粉丝的距离
>>> 制造悬疑："卖关子"激发好奇心
>>> 促销活动：直白的形式吸引注意
>>> 新闻报道：形成二次传播来助力
>>> 痛点把握：将用户痛点作为内容入口

5.1　贴近需求：挖掘年轻人追求的内容

电商企业在运营内容的过程中，必须掌握一个至关重要的原则，那就是内容要贴近用户的需求，最好是能挖掘一些年轻人追求的内容。

根据腾讯发布的移动互联网用户白皮书报告显示，移动互联网的主力用户群集中在 12 岁至 35 岁的年龄段，占到了总用户人数的 82%，如图 5-1 所示。

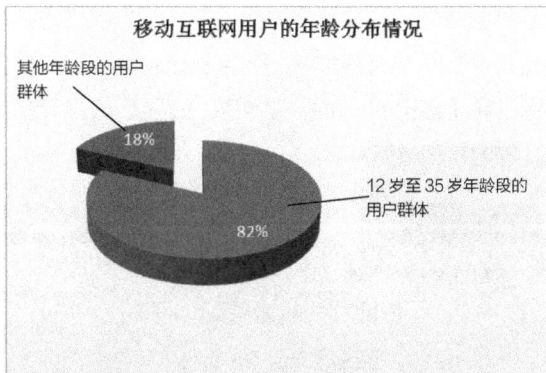

图 5-1　移动互联网用户的年龄分布情况

如图 5-2 所示，为"十点读书"公众平台的用户年龄比例图示，从图片中可以看出，"十点读书"的用户主要集中在 19 岁到 24 岁、25 岁到 34 岁之间，而其中 19 岁到 24 岁的用户占比 32.65%，25 岁到 34 岁的用户占比 29.58%，所以 19 岁到 24 岁之间的用户比 25 岁到 34 岁的用户多。

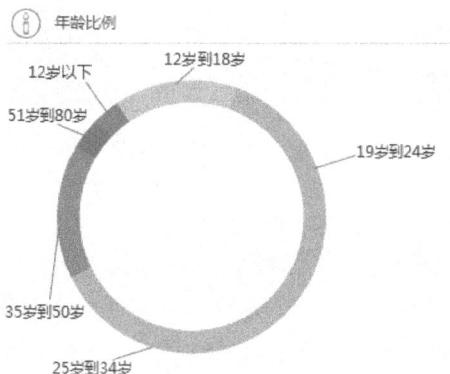

图 5-2　"十点读书"公众平台的用户年龄比例图

由此可见，当下已经成为了年轻人的世界，只有那些满足年轻人主流群体喜好的内容才能获得人们的广泛认可，才能在电商中抢占重要地位。

众所周知，在不同行业里，不同产品的经营方式也有很大的不同，内容电商营销也并不适用于所有的行业和产品，因此，做好产品服务特色定位也是至关重要的一环。

想要投身到内容电商中，就必须深入地了解自己的产业特色、产品特色和品牌定位，有针对性地进行产品服务定位。比如手机生产商，就应该根据手机的功能，锁住不同年龄层的用户，进行一对一宣传。

例如，和其他手机品牌的"广撒网"方针不同，小米手机巧妙地避开了与同行的竞争劣势，精准地定位了自己的客户群——将目标定位为年轻一族，把握住年轻人的心理特征，然后打造出属于自己的产品服务特色，如图 5-3 所示，就是小米手机的微信公众账号平台的微信内容和电商平台。

图 5-3　小米微信公众平台的相关服务和微商城

如今，内容已经成为了非常火热的营销工具之一，想要抢占内容电商高地，在众多同质化的内容中脱颖而出，就必须打造出独具特色的内容电商平台，怎么打造特色化的内容电商平台呢？企业可以给自己的内容电商平台进行差异化的产品和服务定位，差异化的产品和服务定位首先需要对竞争对手有一定的了解，然后分析自己与竞争对手之间的差异和优势，最终分析出属于自己企业的特色服务。

除了从竞争对手的角度出发之外，还要从目标用户的角度提炼出用户喜爱的差异化的服务，如果企业的差异化服务不是用户所需要的，那么即使提出来了，也不存在任何意义。

5.2 情感包装：唤起和激起粉丝的情感需求

在内容营销中，情感的抒发和表达已经成为新时代的重要媒介，一篇有情感价值的文章往往能够引起很多的共鸣，从而提高消费者对品牌的归属感、认同感和依赖感，情感消费，是一种心理上的认同，是一种情感上的需求，因此也可以称之为感性消费，相关介绍如图 5-4 所示。

图 5-4　情感包装对于内容电商模式的作用

情感消费和消费者的情绪挂钩，优质的互联网内容主要是通过文字、图片、视频等组合打造出一篇动人的故事，然后通过故事挑动读者的情绪，可以说，情感消费是一种基于个人主观想法的消费方式，这部分的消费人群最关注自己两方面的需求：

- 精神世界是内容。
- 情感的需要。

因此，用情感包装内容时，需要富有感染力，尽量达到以下某方面的作用，如图 5-5 所示。

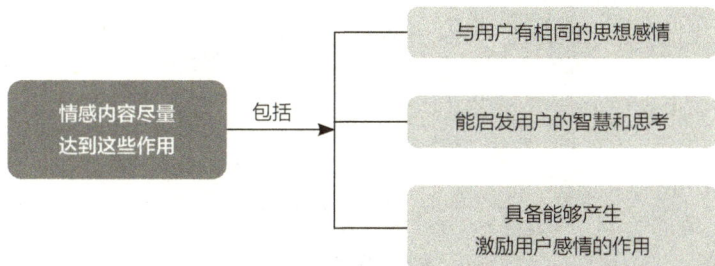

图 5-5　情感包装的基本目标

那么情感该从哪些方面挖掘呢？笔者给出四方面的建议，如图 5-6 所示。

图 5-6　情感的常用挖掘点

爱情、亲情、友情是老生常谈的三种感情，而第四种情感需求是指除了爱情、亲情、友情之外的所有情感因素，人的情感非常复杂，不论满足人们的哪种情感或情绪需求，都能打动人心，走进消费者的内心，帮助电商企业实现内容营销的目的。

例如，在新年之际，vivo 抛弃了以往送优惠、打特价的营销策略，改为给广大 V 粉写一封信，带给他们心灵上的问候，如图 5-7 所示。

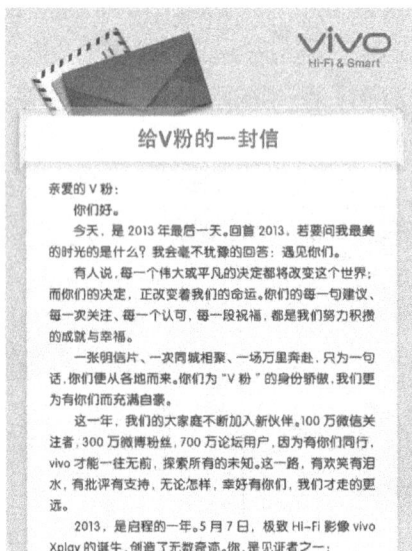

图 5-7　VIVO 给 V 粉的一封信

vivo 在这封信中表达了对粉丝的感激之情，并且用暖心的话语向用户表达感谢和关心。其中有一段话是这样说的："有人说，每个伟大或者平凡的决定都将改变这个世界，而你们的决定，正改变着我们的命运。你们的每一句建议、每一次关注、每一个认可、每一段祝福，都是我们努力积攒的成就与幸福。"

vivo 运用充满情感的内容不但可以为用户带来商家浓浓的关怀和体贴，而且还可以产生口碑营销效应，为日后的产品销售带来好处。

> 💡 **专家提醒**
>
> 情感类的内容就是这么神奇，让人置身在一个美好的故事中，然后在故事中获得品牌信息，却不会引发任何不适的情绪。

5.3 内涵特点：体现品牌的价值和理念

内容电商要想取得成功，就要有内涵，也就是用吸引人的内容来体现品牌的价值和理念。对于一篇优秀的内容来说，不应该局限在外部和现象上，更应该注重其内在的深度情怀内涵，如图 5-8 所示。

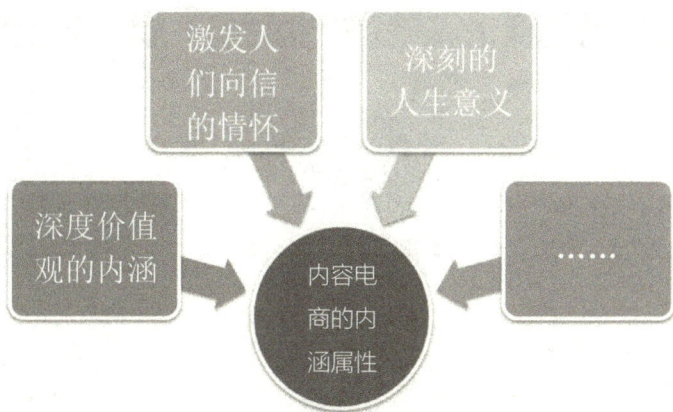

图 5-8 内容电商的内涵属性特点

在体现内容的内涵方面，企业必须将自身的品牌内涵特征和内容巧妙地融合在一起，让用户为之心动，并对品牌产生兴趣。

例如，知名的洗发水品牌飘柔在妇女节期间别出一格，摒弃了同类品牌常用的一些口号，如"洗发水纯天然""无添加""柔顺""有弹性"等措辞，同时也不再用降价、特卖等促销方式，而是在微信中推送了一篇《女生节，你就该对自己好点》的文章内容，如图 5-9 所示。

图 5-9　"女生节，你就该对自己好点"

再比如这篇《"顺"着记忆"发"现爱》的文章，巧妙地将其产品特点"顺发"融入到插画故事内容中，如图 5-10 所示。

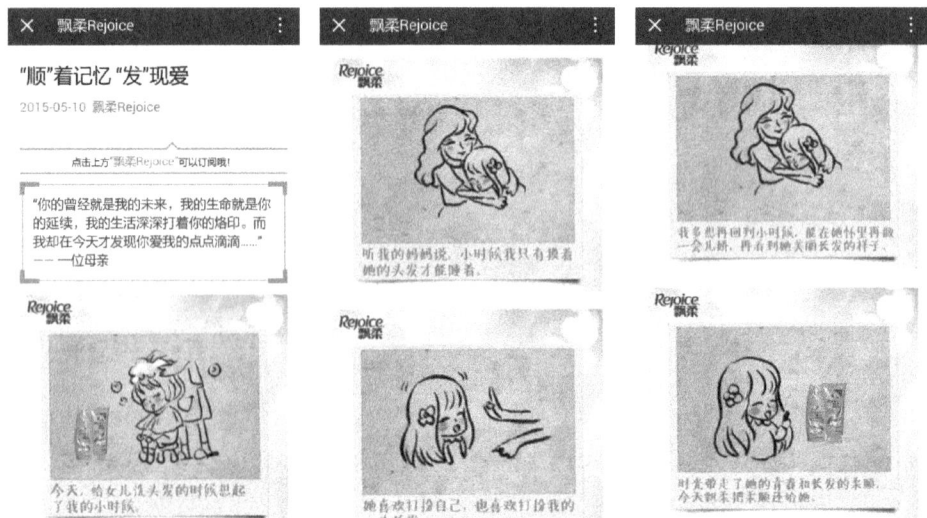

图 5-10　"顺"着记忆"发"现爱

从飘柔的案例中可以发现，它很善于将产品故事化，并用故事来体现产品深刻的价值，同时激发用户对美好事物的向往，从而产生心灵上的共鸣，内心深受触动。

5.4 可扩展性：衍生出多种多样的产品

很多优质的内容作品具有强大的可扩展性，其衍生产品会入驻淘宝、天猫、京东等综合电商进行衍生品的直营销售。优质内容和电商的结合，可以让衍生产品做得更大、更广。

1. 花千骨：小说→影视剧→游戏

唐丽君是知名影视制作人、策展人，她创建了新派系文化传媒有限公司（简称新派系）这个新型影视团队，不仅一手打造出《花千骨》这个影视大 IP，还将推出《花千骨》的电影及舞台剧等全新作品，如图 5-11 所示。

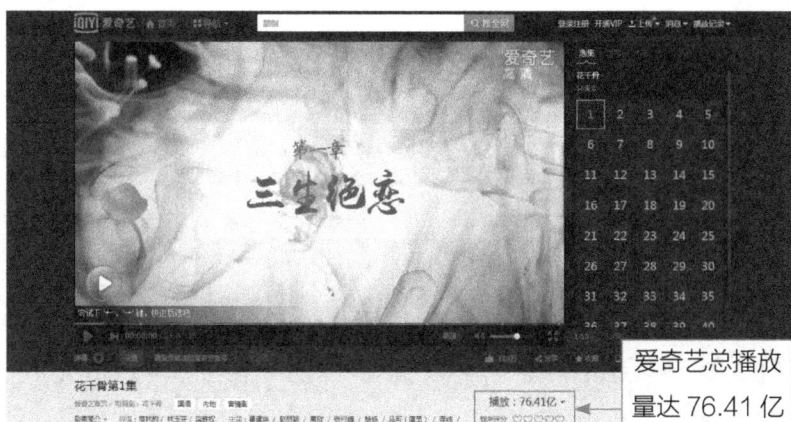

图 5-11 《花千骨》电视剧

《花千骨》也是由小说改编的电视剧作品，相信很多没有看过小说的电视剧粉丝也会去购买小说来看，而看过小说或者电视剧的粉丝还有可能通过电脑、游戏等进入《花千骨》的游戏世界，如图 5-12 所示。

图 5-12 《花千骨》网页游戏

《花千骨》走红后，通过对这个 IP 的多次创作和利用，形成了"小说→影视剧→游戏"连贯性的粉丝关系，IP 在无形间得到不断的壮大，同时进行了多次的衍生内容创作，也使该 IP 获得了更多的增值。

2. 时光网：以电影内容衍生品为主的电商平台

很多自媒体、人物 IP 的电商运营主要建立在内容制造的基础上，而内容的传播则要依靠互联网强大的分享功能，当内容被引爆，流量就自然而来，此时才有可能为电商带来更多的转化率。例如，时光网就是一个以电影内容衍生品为主的电商平台，传播健康有益的电影内容及服务，如图 5-13 所示。

图 5-13　时光网以电影内容衍生品为主要内容

时光网通过销售电影周边的 IP 原创产品，为喜欢这些电影的粉丝提供高品质的电影内容及服务，如图 5-14 所示。

图 5-14　时光网商城中的电影 IP 衍生产品

如图 5-15 所示，为时光网商城中的《小黄人》衍生产品儿童冬季三件套。

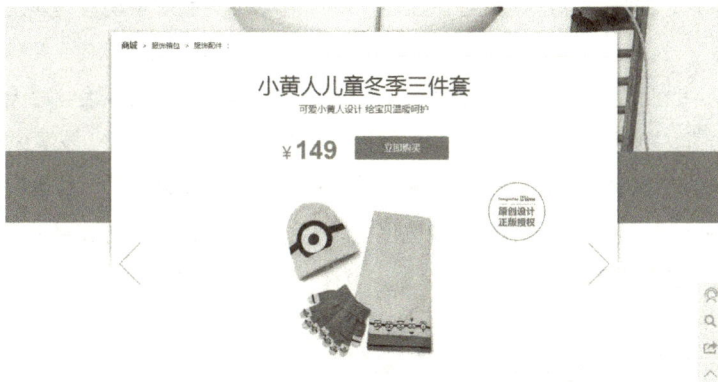

图 5-15 时光网商城中的《小黄人》衍生产品

总之，内容的运营对于电商企业来说是至关重要的，它是实现变现的重要渠道，关乎着电商企业的生存命运。

5.5 可持续性：让粉丝坚持下去

如今，大部分成功的内容电商都经营了 3 年以上，正是他们运用连续性、高频次的内容输出，才抓住了这样的机会，而他们的产品供应链和服务体系并不输一些大规模的企业。因此，内容电商必须具备可持续性，要不断生产让粉丝坚持关注你的内容，这样才能获得更强的用户黏性。

例如，《陈翔六点半》是一系列的搞笑短剧，由陈翔执导并发布到腾讯视频、秒拍、美拍、快手、微博、微信等 40 多个短视频和社交平台，获得了千万粉丝的喜爱。图 5-16 所示为《陈翔六点半》的微博主页。

主要内容是以"解压、放松、快乐"为主题的小情节短剧，嵌入了许多喜剧色彩的元素

图 5-16 陈翔六点半的微博主页

《陈翔六点半》采用电视剧高清实景的方式来进行拍摄，通过夸张幽默的剧情内容和表演形式，时长不超过 1 分钟，通过一两个情节和笑点来展现普通人生活中的各种"囧事"。

除了剧情幽默搞笑外，《陈翔六点半》从 2014 年年初上线开始便每天在腾讯视频上持续更新，如图 5-17 所示，至今已经持续了两年多的时间，其播放量达到 60 亿，单单在秒拍上的粉丝就将近 300 万，被称为秒拍中的"喜剧之王"，成为视频自媒体中的超级 IP，而且还横向发展出数十位超高人气的网红人物，并通过平台广告分成、游戏分成和广告植入实现盈利。

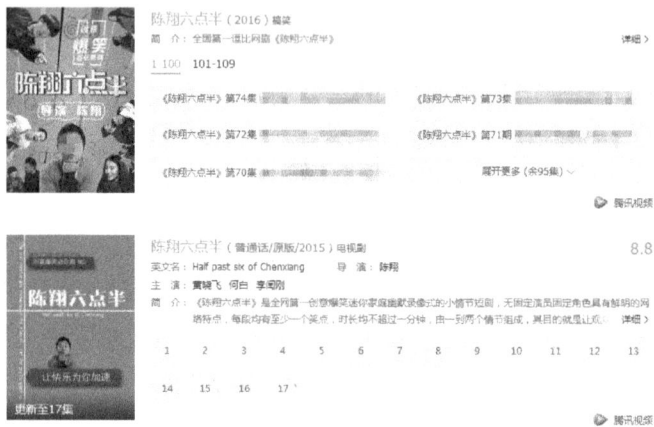

图 5-17　陈翔六点半的系列视频

因此，不管是微博还是微信等新媒体平台的内容电商营销，都要有持续性，即定时、定量、定向地将内容发布出去，让已有粉丝坚持关注自己，并且还能有效地传递到潜在用户手中，激发他们的购买欲望，才是内容电商的根本。

💡 专家提醒

　　当然，在进行持续性的内容传播时，还应该尽可能地精简内容的数量和控制节奏，不要让用户因为频繁地接收同类信息而产生厌烦感。

5.6　叙述故事：拉近与粉丝的距离

故事属性使电商内容更容易被用户接受，一篇好的故事，很容易让读者记忆深刻，拉近品牌与粉丝之间的距离，生动的故事容易让读者产生代入感，对故事中的情节和人物也会产生向往之情，企业如果能创造出一篇好的故事内容，就会很容易找到潜在客户并提高企业信誉度。

对于内容创作者来说，如何打造一篇完美的故事文章呢？首先需要确定的是产品的特色，将产品关键词提炼出来，然后将产品关键词放到故事线索中，贯穿全文，让读者读完之后印象深刻。同时，故事类的内容创作最好满足以下两个要点，如图5-18所示。

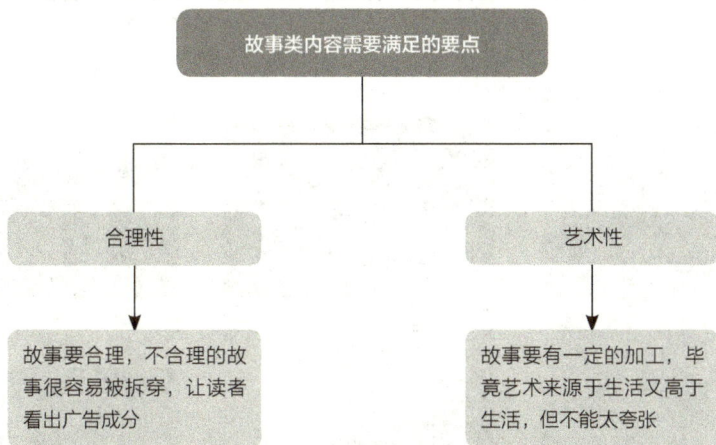

图 5-18　故事类软文需要满足的两个要点

例如，优集品是一个销售有设计感品牌的生活百货电商企业，经常在微信平台上为用户推送一些比较有意思的内容。如图5-19所示，这篇《生活咖的家 | 你带着我，我带着狗狗，开着新手打造的移动城堡浪迹天涯！》就讲述了一对情侣开着一辆由巴士改装的房车，带着狗狗旅游的故事。

图 5-19　优集品的故事内容

　　文章详细描述了主人公亲自动手装修改造他们的"移动城堡"片段，包括车内、车外、厨房等，还讲述了很多他们生活中的点滴细节，这些都是吸引人们关注的焦点，让人看了之后深有感悟，如图 5-20 所示。

图 5-20　故事内容对于生活细节的刻画十分到位

　　同时，优集品在故事的最后附上了一些与故事情节相搭的家居商品推荐，让人们可以马上动手装饰自己的小家，如图 5-21 所示，吸引了大批用户点击和关注。

图 5-21　故事结尾附上相关的商品推荐

　　通过温馨感人的故事以及朦胧的情愫，引起读者的阅读欲望，全文中，"家居""装修""温暖"等关键词出现了很多次，它被全程嵌入到故事中，并与故事结尾的产品相互照应，读者看完之后，这些产品就深深地刻在了他们的脑海里。

💡 **专家提醒**

当企业要对某种产品进行内容营销的时候，可以根据内容的目标自编一个故事，在合情合理的前提下，将产品巧妙地融入故事中。

5.7 制造悬疑："卖关子"激发好奇心

所谓悬念，就是人们常说的"卖关子"。设置悬念是常用的一种内容创造手段。创作者通过悬念的设置，激发读者丰富的想象和阅读兴趣，从而达到写作软文的目的。

内容的悬念型布局方式，指的是在正文中的故事情节、人物命运进行到关键点时设置疑团，不及时作答，而是在后面的情节发展中慢慢解开，或是在描述某一奇怪现象时不急于说出产生这种现象的原因。这种方式能使读者产生急切的期盼心理。

悬念式内容就是将悬念设置好，然后嵌入到情节发展中，让读者自己去猜测，去关注，等到吸引了受众的注意后，再将答案公布出来。制造悬念通常有三种常用方法，如图 5-22 所示。

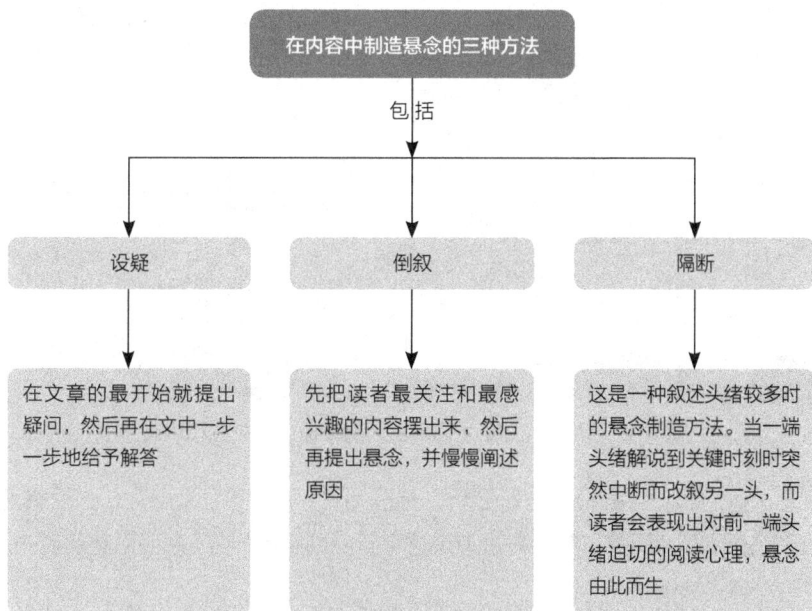

在内容中制造悬念的三种方法

包括

设疑

在文章的最开始就提出疑问，然后再在文中一步一步地给予解答

倒叙

先把读者最关注和最感兴趣的内容摆出来，然后再提出悬念，并慢慢阐述原因

隔断

这是一种叙述头绪较多时的悬念制造方法。当一端头绪解说到关键时刻时突然中断而改叙另一头，而读者会表现出对前一端头绪迫切的阅读心理，悬念由此而生

图 5-22　制造悬念的三种方法

例如，小米公司在发布某个产品前，通过微博发布了带有悬念的内容，营造出一种新奇、神秘的气氛，如图 5-23 所示。

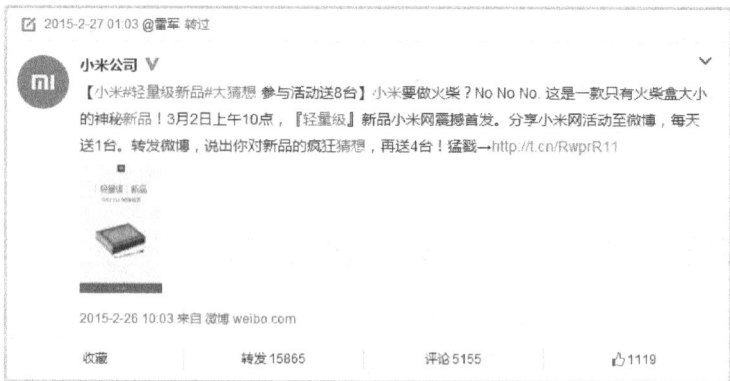

图 5-23　小米公司为新产品制造悬念

在微博内容中，小米公司是这样描述这款新产品的："这是一款只有火柴盒大小的神秘新品！"并鼓励用户"说出你对新品的疯狂猜想，再送 4 台！"这个话题引起了大家的广泛关注和参与，如图 5-24 所示。

图 5-24　悬念式的话题内容引起网友极大的关注和热议

首先，我们从内容的标题进行分析，标题为"# 轻量级新品 #"，这里有两个关键词——"轻量级、新品"，其中并没有说这个新品到底是什么，从而引起读者的注意，让读者有兴趣去阅读。

到了文中，读者的疑惑越来越大，并通过"火柴盒大小的神秘新品"来引发用户的猜想。并且为分享和转发话题的用户提供一定的奖励，这进一步调动了用户的参与热情。

小米公司抓住时机再度发布一条内容，称其"# 轻量级新品 # 已经要被网友们玩坏啦！智慧麻将、智慧玩具车、甚至还有智慧肥皂 [肥皂]……神秘新品究竟是什么？"并且在内容中搭配了一些网友的猜想示意图，进一步放大悬念，如图 5-25 所示。

图 5-25　小米公司进一步放大新品的悬念制造

到最后，小米公司才正式宣布他们的新品是一款运动相机，如图 5-26 所示。通过这种悬念内容充分勾起受众的好奇心理，让新品在上市前就聚集了一定的人气和曝光率。

图 5-26　悬念内容中的新品是一款小型运动相机

这款悬念式的软文非常成功，它完美地采用了常见的软文写作模式，如图 5-27 所示。

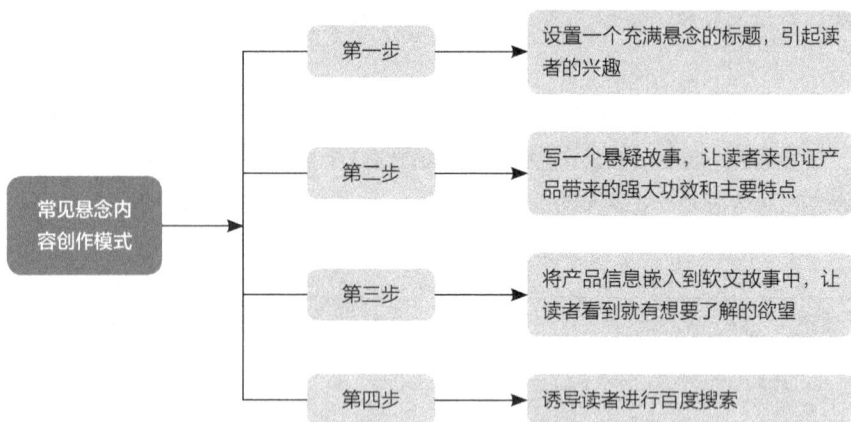

图 5-27　常见的软文写作模式

💡 专家提醒

　　需要注意的是，悬念式内容的创作要懂得分寸，问题和答案也要符合常识，不能让人一看就觉得很假，而且产品广告嵌入要自然，不会让人觉得反感。

5.8　促销活动：直白的形式吸引注意

　　促销式内容营销其实是一种比较直白的推广方法，甚至是越直白越好，它是如今企业用的比较多的一种软文营销的方法。一般来说促销式内容有如图 5-28 所示的两种形式。

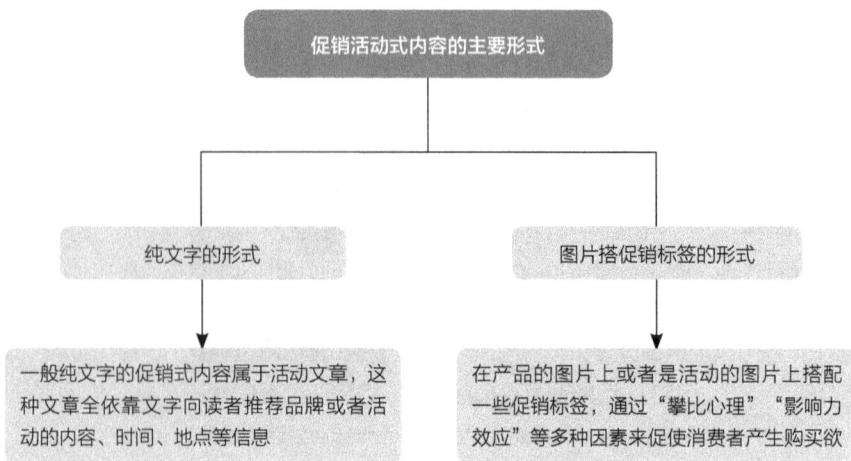

图 5-28　促销活动式软文的形式

　　下面就来分别欣赏一下这两种形式的内容电商案例。

1. 纯文字的促销内容形式

首先来欣赏一篇经典的促销式内容：《国庆献巨礼！限时抢购秒杀三重奏——瑞康乳业》，如图5-29所示。

国庆献巨礼！限时抢购秒杀三重奏——瑞康乳业

品质瑞康，新鲜健康。致力做行业最好的羊奶和做优质服务，促进消费者健康为己任，用心缔造"好羊、好奶、好品质"，始终如一地为消费者提供新鲜、安全、营养的瑞康羊奶。为了满足更多消费者更深层次的需求与答谢广大消费者的信任，在建国67周年庆到来之际，瑞康将拿出最好、最畅销的产品来做促销，真情回馈消费者。

秒杀惊爆心跳价

国庆期间（9月27日中午12时至10月10日中午12时）瑞康羊奶推出新店国庆大秒杀活动，我们的活动产品有：

18元秒杀一件羊乳好菌多多乳酸菌饮品100ml*20

原价60元，现18元秒杀，全国包邮（除西藏、青海等偏远山区）

12盒鲜羊奶秒杀38元（仅限广东市级、珠三角客户）200ml*12

原价108的12盒鲜羊奶，现劲爆秒杀38元，还包邮哟！敬请期待！

68元秒杀一盒羊奶粉（全脂、乳酸菌配方）400g

原价158元的羊奶粉，现劲爆秒杀68元，还包邮哟！敬请期待！

图5-29　促销活动式内容

从这篇纯文字内容形式的文章中可以看到，作者充分抓住了国庆节的节日气氛，推出秒杀活动，全文清晰明了地分为3个小段落，如"18元秒杀一件羊乳好菌多多乳酸菌饮品100ml*20""12盒鲜羊奶秒杀38元（仅限广东市级、珠三角客户）200ml*12""68元秒杀一盒羊奶粉（全脂、乳酸菌配方）400g"，每一个段落小标题都直接突显出了活动的主要内容以及促销力度，让读者可以快速地获悉细节，只要符合读者的需求，定能勾起读者的兴趣和购买欲望。

从上面的案例可以分析出，创作促销活动内容的方法有如图5-30所示的几点。

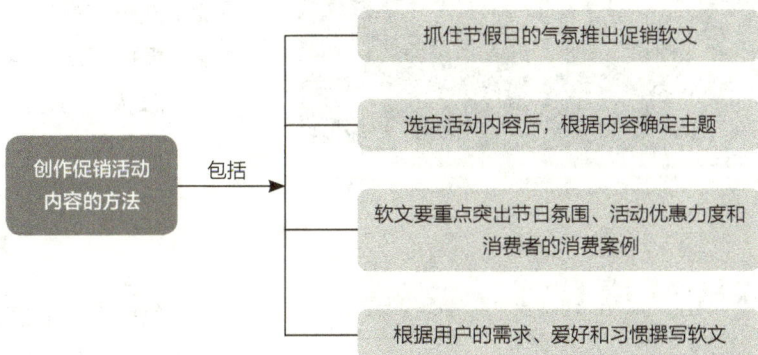

图5-30　创作促销活动内容的方法

除了写作技巧之外，创作促销活动内容还要注意如图5-31所示的两个事项。

2. 图片搭促销标签的形式

图片搭促销标签的内容形式常常是通过图片来突出促销信息，下面来欣赏几篇图片搭促销标签的内容电商案例，如图5-32所示。

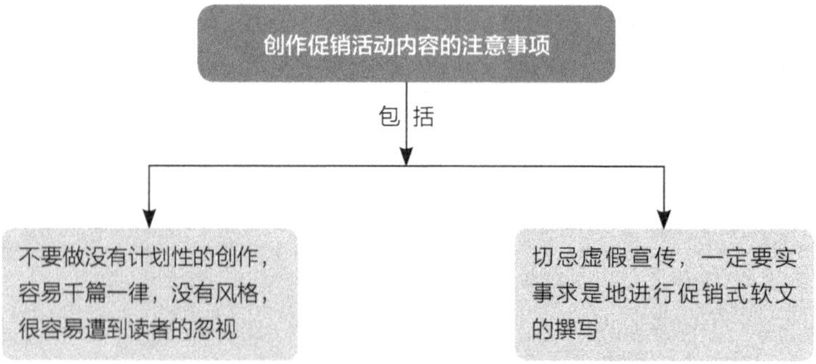

图 5-31　创作促销活动内容的注意事项

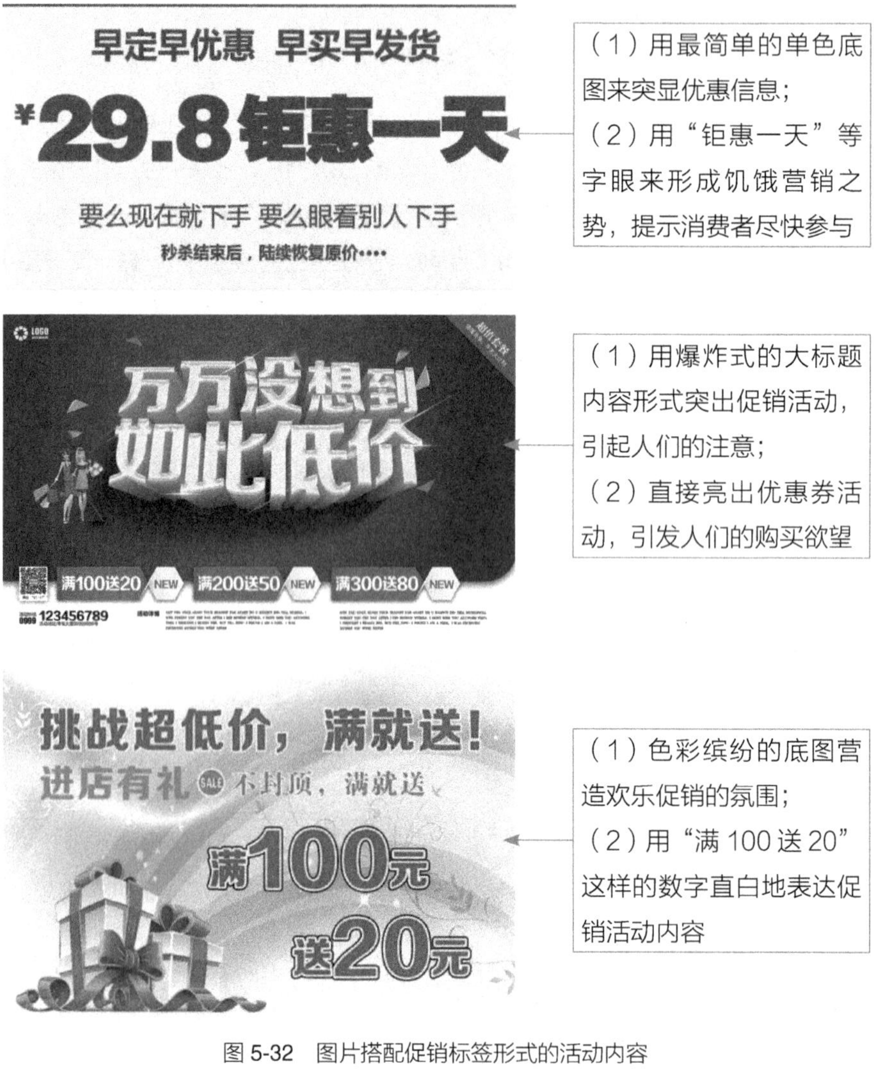

图 5-32　图片搭配促销标签形式的活动内容

5.9 新闻报道：形成二次传播来助力

新闻报道式内容是指通过模仿新闻媒体的口吻进行内容的创作，例如企业内的大事、公益事业等，都可以通过新闻报道式的内容形式写出来进行发布。

下面就来欣赏一篇新闻报道内容形式的案例：《苹果发布了新 MacBook Pro OLED 触控键盘 指纹识别 1499 美元起》如图 5-33 所示。

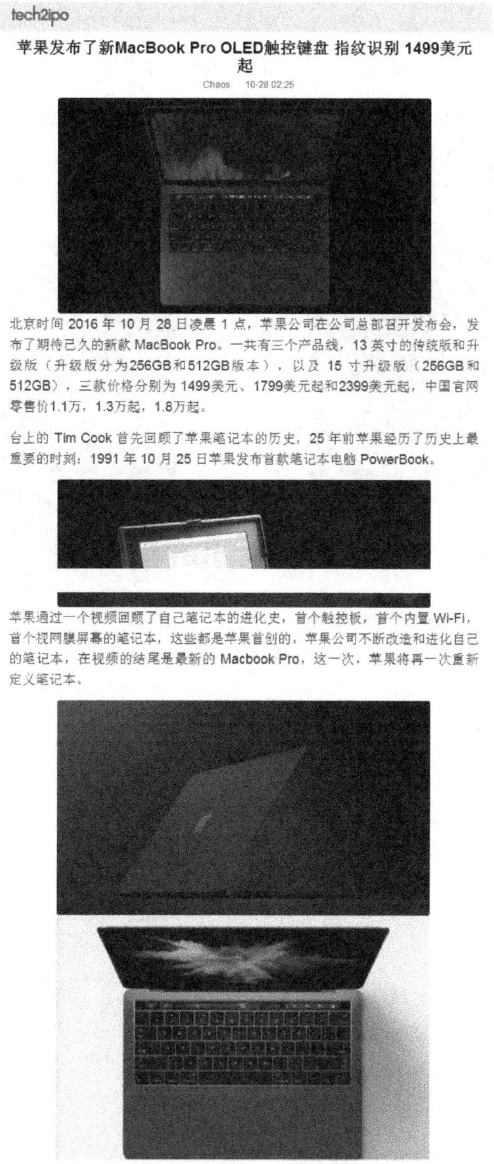

tech2ipo

苹果发布了新MacBook Pro OLED触控键盘 指纹识别 1499美元起

Chaos 10-28 02:25

北京时间 2016 年 10 月 28 日凌晨 1 点，苹果公司在公司总部召开发布会，发布了期待已久的新款 MacBook Pro。一共有三个产品线，13 英寸的传统版和升级版（升级版分为256GB和512GB版本），以及 15 寸升级版（256GB和512GB），三款价格分别为 1499美元、1799美元起和2399美元起，中国官网零售价1.1万，1.3万起，1.8万起。

台上的 Tim Cook 首先回顾了苹果笔记本的历史，25 年前苹果经历了历史上最重要的时刻：1991 年 10 月 25 日苹果发布首款笔记本电脑 PowerBook。

苹果通过一个视频回顾了自己笔记本的进化史，首个触控板，首个内置 Wi-Fi，首个视网膜屏幕的笔记本，这些都是苹果首创的。苹果公司不断改造和进化自己的笔记本，在视频的结尾是最新的 Macbook Pro，这一次，苹果将再一次重新定义笔记本。

图 5-33 新闻报道内容形式的案例

这篇文章就是利用写新闻报道的手法对电商内容进行了创作，在文章的一开始，就交代了：

- 时间：北京时间 2016 年 10 月 28 日凌晨 1 点。
- 地点：苹果公司总部。
- 人物：苹果公司 CEO Tim Cook（蒂姆·库克）。
- 事件：发布新品 MacBook Pro OLED 触控键盘、指纹识别。

后面接着介绍了苹果笔记本电脑的进化史并引出最新的 Macbook Pro 产品，接着对新产品的一些参数属性以及一些功能亮点进行了相应的介绍，如图 5-34 所示。

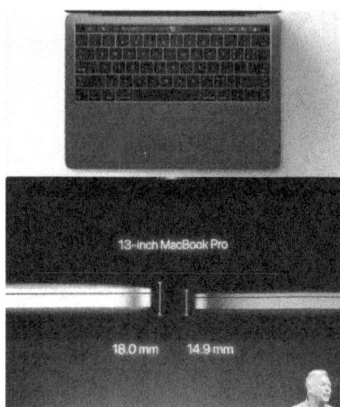

苹果这次在 MacBook Pro 最大的更新应该就是 Touch Bar 了，它其实是一块 OLED 触摸屏，支持手势识别和多点触控，你可以像弹钢琴那样多个手指同时操作，它取代了原本在 MacBook 键盘顶部的的功能键区。同时在 Touch Bar 的右侧将会集成 Touch ID 指纹识别的功能，用户可以直接轻按 Touch ID 来实现快捷的开机，以及电子支付等功能的授权。

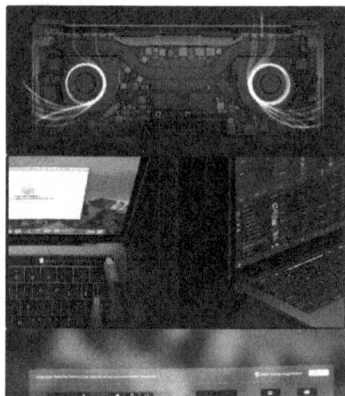

新的 MacBook Pro 采用铝制机身，屏幕尺寸无变化，依然有 15 英寸和 13 英寸两个版本，有银色和太空灰两个颜色，整体外观没有特别的变化，但是体积更小，重量更轻。13 英寸版重量为 1.36 kg，体积减少了 23%，厚度只有 14.9mm，比上一代产品薄 17%。15 英寸版重量仅为 1.8 kg，体积减小 20%，厚度 15.5mm，比上一代产品的 18mm 薄 14%。

图 5-34 《苹果发布了新 MacBook Pro OLED 触控键盘 指纹识别 1499 美元起》的正文相应内容

在互联网时代，新闻软文的主要特点是能够进行二次传播，也就是企业的新闻报道内容发布出来后，很容易被其他的网站、平台或者达人进行转载，这就是内容的二次传播特性，如图 5-35 所示。

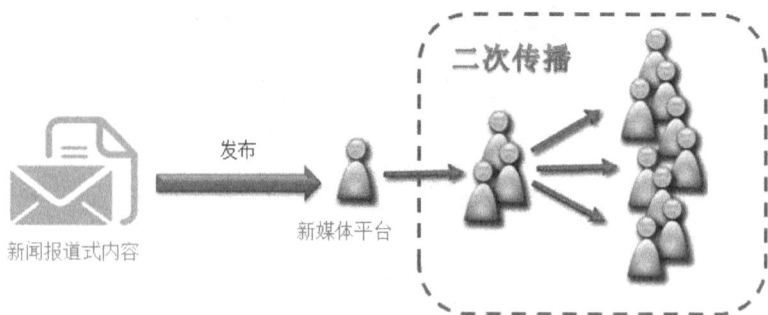

图 5-35 新闻软文的主要特点是能够进行二次传播

新闻报道的内容形式有很多特点，正是由于这些特点的存在，才使得这种形式的内容一直备受欢迎，如图 5-36 所示。

图 5-36　新闻报道式内容的特点

5.10　痛点把握：将用户痛点作为内容入口

在各种电商平台上，充斥着很多"不痛不痒"可有可无的产品，这些产品自然难以吸引用户下单。因此，电商企业可以借用内容营销来把握用户痛点的基本逻辑——解决好痛点，让用户欲罢不能。

到底什么是痛点？如何找到用户痛点并彻底解决这些痛点？如图 5-37 所示。

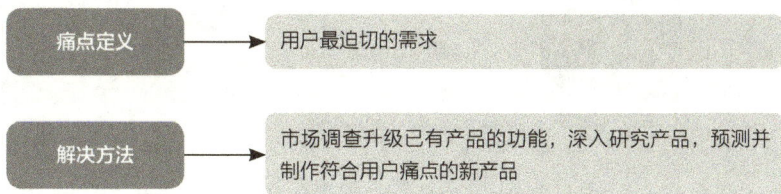

图 5-37　痛点的定义与解决方法

击中要害是把握痛点的关键所在，因此企业要从用户的角度出发来设计产品，并多花时间去研究找准痛点。

1. 从微博热门话题中找到用户最关注的内容

微博上的微话题向人们展示了 1 小时内或者 24 小时内关注度比较高的热门事件，单击微博主页顶部的"发现"按钮，如图 5-38 所示。

图 5-38　单击"发现"按钮

执行操作后，即可进入热门微博推荐界面，单击左侧的"微话题"按钮，就能看到相关的热门话题，如图 5-39 所示。

图 5-39　微话题界面

热门话题聚焦的是用户的痛点，即他们最关心的问题、他们的兴趣点和刚需，这是企业进行内容营销时需要特别重视的。企业可以根据自己内容运营的方向，找到自己关注领域的微话题，然后将这个微话题嵌入到自己推送的内容中，就能提高用户的关注度和点击阅读率。

2. 从淘宝排行榜上找到用户最喜欢的产品

对于电商类或者以销售产品为主的企业来说，关注市场行情是很有必要的，这类企业要了解商品行情，知道什么最好卖，就可以通过淘宝排行榜来查看，淘宝排行榜是对淘宝近百万店铺排名前 500 名以及对商品性价比排行的一种导航，图 5-40 所示为淘宝排行榜的页面。

图 5-40　淘宝排行榜

在淘宝排行榜上，可以查看两个榜单，一个是"今日关注上升榜"，还有一个是"一周关注热门榜"，如果企业想要了解更多的信息，可以单击"完整榜单"按钮，进入更加详细的榜单页面，图 5-41 所示为今日关注上升榜的完整榜单。

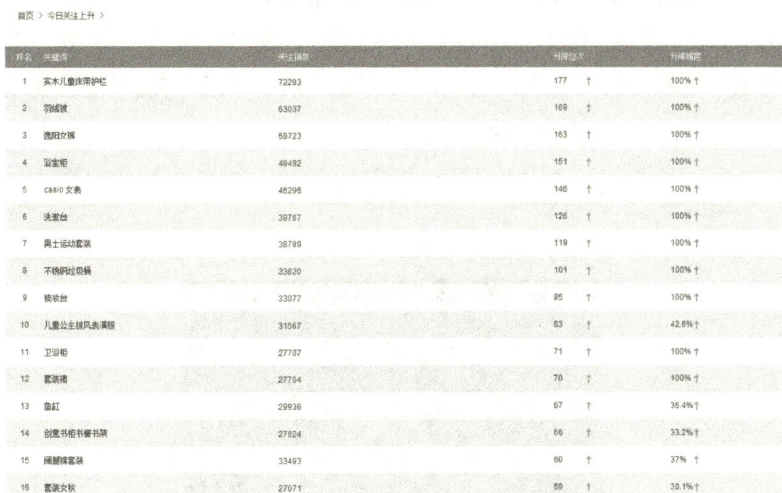

图 5-41　今日关注上升榜的完整榜单

电商企业还可以根据自身实际情况选择细分行业商品种类，例如选择"母婴"中的"奶瓶"类商品，就能看到"奶瓶"类产品销售上升榜、销售热门排行、搜索上升榜、搜索热门排行、品牌上升榜、品牌热门排行等数据，如图 5-42 所示。

销售上升榜 销售热门排行 搜索上升榜 搜索热门排行 品牌上升榜 品牌热门排行

排名	关键词	参考价	成交指数	升降位次
1	Babybatter/宝升 新生婴儿感温果汁奶瓶 宝宝喝水迷你小奶瓶…	¥108	1089.2	1206 ↑
2	哈牛妈新生儿婴儿宝宝奶瓶宽口径玻璃防摔防胀气温感带手柄…	¥98	1830.6	1008 ↑
3	天天特价新生婴儿奶瓶防摔PP带手柄吸管奶嘴宝宝喝水塑料…	¥50	857.3	699 ↑
4	一次性奶瓶厂家低价供应优质一次性婴儿（带嘴）灭菌塑料奶瓶	¥1.5	684.7	450 ↑
5	贝适邦防摔硅胶套防胀气宽口径婴儿玻璃奶瓶带手柄新生儿宝…	¥158	2135.1	347 ↑
6	bobo乐儿宝ppsu奶瓶宽口径新生儿宝宝婴儿防摔塑料奶瓶带…	¥138	837	346 ↑
7	16年新款日本原装贝亲母乳实感宽口ppsu婴儿奶瓶240ml	¥83	693.6	340 ↑
8	vivi婴儿宽口径奶瓶新生儿防摔喝水奶瓶宝宝pp塑料奶瓶带吸…	¥78	522.7	264 ↑
9	婴儿奶瓶宽口径硅胶嘴宝宝新生儿带吸管喝水防摔PP塑料带…	¥30	811.8	252 ↑
10	爱因美婴儿奶瓶宽口新生儿宝宝塑料喝水奶瓶防摔防胀气带吸…	¥49	1298	246 ↑
11	妃丽妮宽口径PP带手柄吸管硅胶奶嘴宝宝婴儿防胀气防摔初…	¥49	541.3	245 ↑
12	【天天特价】爱因美玻璃奶瓶带硅胶护套防摔带吸管喝水喝奶…	¥139	509.8	245 ↑

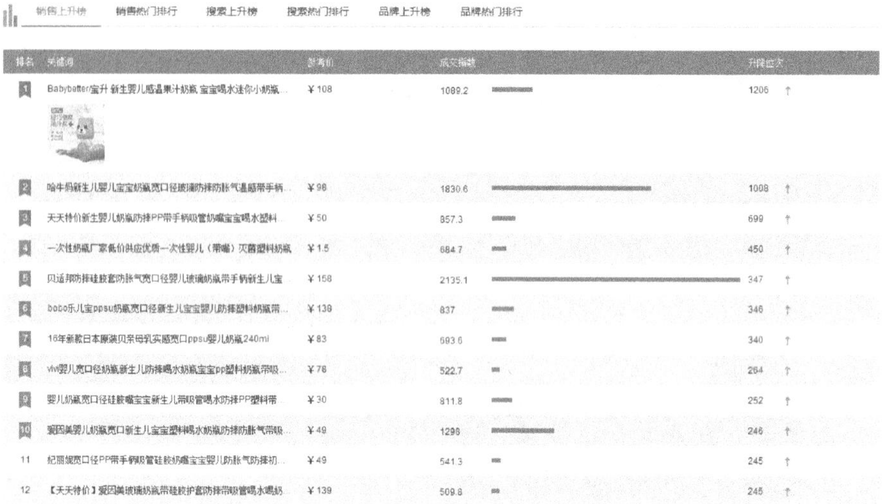

图 5-42 “奶瓶”类产品的“销售上升榜”

用户的痛点，也许是产品的价格，也许是产品蕴含的文化价值和精神内涵，这些都可以从淘宝排行榜的各种榜单数据中发掘，并以此改变企业内容营销的策略，从用户的痛点角度来进行内容的组织和策划，这样才能打造真正受用户关注和喜欢的内容。

3. 案例分析：可口可乐春节广告：珍惜团圆 找回年味

例如，可口可乐在 2015 年春节前夕，拍摄了一部主题为“团圆年味，就要可口可乐”的春节亲情公益微电影，如图 5-43 所示，运用中国人浓厚的思乡情结和家庭观念等做内容营销，可谓击中粉丝们的痛点。

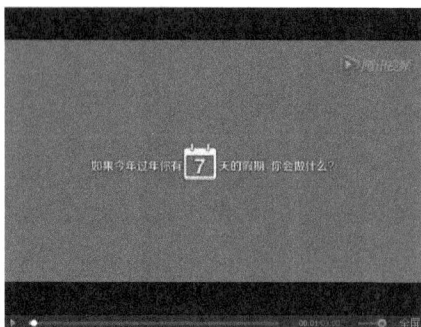

图 5-43 可口可乐的内容营销案例

第6章

推广内容：内容电商的营销技巧

有了好的内容，并不等于用户就一定会为此付费，也不意味着广告商就会纷至沓来。内容再完美，也需要在各种人群和不同的渠道中运营和营销，以提炼它的价值，将其推广出去，再将利润拿回来。本章将介绍内容电商的推广和营销技巧。

学前提示

要点展示

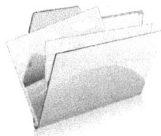

>>> 内容包装：带来更多的额外曝光机会
>>> 粉丝积累：对内容感兴趣的精准粉丝
>>> 互动参与：实时了解粉丝的喜好动态
>>> 内容造势：让公众全方位地了解产品
>>> 内容攻心：用情景诱导打动用户群体
>>> 突出卖点：运用互联网思维表达卖点
>>> 口碑营销：内容形成"辐射状"扩散
>>> 病毒传播：快速复制，广泛传播内容
>>> 事件营销：内容结合热点事件来传播
>>> 精准营销：用大数据加强内容的针对性

6.1 内容包装：带来更多的额外曝光机会

对于企业的内容营销来说，它终归还是要通过盈利来实现自己的价值。因此，内容的电商化非常重要，否则难以持久。要实现内容电商化，首先要学会包装内容，给内容带来更多的额外曝光机会。

1. 明星光环：内容借势营销

借助拥有大量粉丝的明星和大Ｖ博主之手，可以帮助企业进行内容营销，来实现更好的营销效果，其优势如图6-1所示。

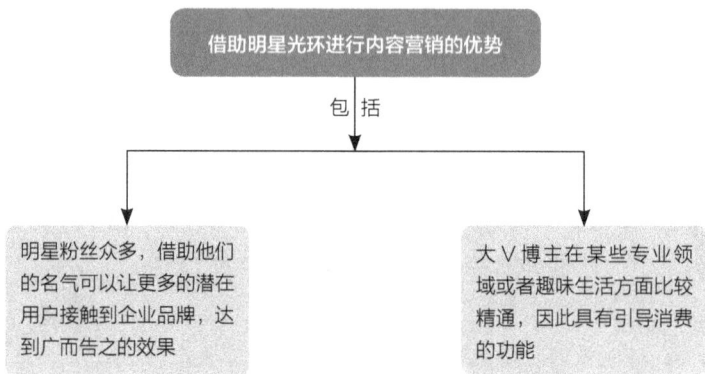

图 6-1　借助明星光环进行内容营销的优势

例如，专注于摄影构图的头条号"手机摄影构图大全"就发布过一篇这样的文章："《湄公河行动》人像构图，教你如何拍出高票房！"如图6-2所示。

图 6-2　"《湄公河行动》人像构图，教你如何拍出高票房！"

标题中引入了集合张涵予、彭于晏、冯文娟等众多明星主演的热门电影《湄公河行动》，从而用明星光环让标题为内容点睛，抓住读者的眼球。

另外，在正文中也可以看到很多包含明星照片的电影片段，如图 6-3 所示，而且作者巧妙地将这些精美的画面融入摄影构图技法，让内容更加生动。

2、垂直线构图

下图中的树木形成了垂直线将画面分割成为三个部分，画面中的雾气和运动的人物形成一种紧张感。

画面中的主体为爆炸及空中的人物，极具冲击性的爆炸，搭配画面中的多条斜线，让画面形成了一种暴力美。

图 6-3　电影片段 + 构图技法

通过将内容与影视明星的某些特点相结合，然后凭借明星的受关注度，来吸引消费者的眼球，这是内容电商营销惯用的手法。

再如，红星美凯龙通过微信朋友圈发布了一则视频广告，如图 6-4 所示，其广告文案为：如果我只剩平庸的设计，那我宁愿一丝不挂，和女神高圆圆一起独处 5 分钟。激发人们对生活的思考，对人生的思考。

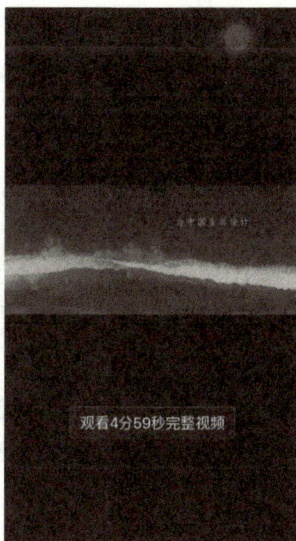

图 6-4　红星美凯龙在微信朋友圈发布广告

2. 强强联合：扩大营销区域

在这个移动互联网时代，每个用户使用的移动平台媒介都不同，根据自身的习惯，有的人喜欢用微博分享信息、有的人喜欢用 QQ 聊天、有的人喜欢逛贴吧、有的人喜欢看视频……正是因为移动端的繁杂性和人们使用习惯及行为的不同，才导致单一的内容营销很难取得很好的效果，因此，企业可以和其他平台或企业进行强强联合，制造出一个更强的营销圈和区域，如图 6-5 所示。

图 6-5 企业可以通过强强联合来包装内容

例如，腾讯游戏在制作《QQ 飞车》的游戏内容时，就采用与上海通用汽车合作的方式，将其旗下的经典车型"欧迈罗"（即电影《变形金刚》中的"大黄蜂"）设计成游戏中的一款车型，并且广受用户欢迎，如图 6-6 所示。

图 6-6 《QQ 飞车》中的"大黄蜂"

再如，腾讯旗下的另一款热门游戏《天天跑酷》也通过与周大福合作，将黄金饰品和游戏相结合打造出"金枪小帅"这个经典游戏角色，并成功策划"跑出你的黄金时刻"营销活动，获得了几百万用户的关注，如图 6-7 所示。

图 6-7 "金枪小帅"

6.2 粉丝积累：对内容感兴趣的精准粉丝

在内容电商中，粉丝是最关键的成功因素，要想运营好这群珍贵的粉丝，电商企业就需要用难以抵抗的价值和极致的体验来打动他们，用优质内容来吸引他们持续关注自己。

拥有粉丝的内容电商才能越做越好、越做越大，才有可能成为爆款，粉丝数量和质量决定了企业的未来。没有粉丝的内容电商就没有影响力，"粉丝积累"吸引流量是粉丝积累的生存之本。

💡 专家提醒

对于互联网创业者而言，把握每一次与粉丝的相遇，了解他们的心理，并且内容要尽可能地满足他们的需求，都是内容策略定位的表现。与粉丝的互动也是互联网内容的主要来源之一，更是体现粉丝价值的重要方面。

那么，怎样才能积累更多的粉丝呢？其实，与粉丝分享真实的生活状态，并保持良好的互动，这就是增加人气和留住忠实粉丝的最简单有效的方法。

1. H&M：与粉丝分享真实的生活故事

知名服装品牌 H&M 在微信内容中，非常注重从生活和工作中为用户送上最有感触的内容。

例如，《超模 Lily Aldridge 的绝密档案》便是 H&M 采访超模 Lily Aldridge 的一篇专题稿，如图 6-8 所示。这篇文章可以说是超模 Lily Aldridge 的个人简短传记，描述了她从事模特行业所经历的种种不易，让用户明白了她光鲜亮丽背后所付出的艰辛和努力。

超模Lily Aldridge的绝密档案

超模 Lily Aldridge 给 H&M Life讲述了 她所痴迷的爱好、她的美容秘诀以及最爱的休闲风格。

超模们为世人所知的是他们精美的面庞、绝美的身材还有那在宣传活动、社论以及T台秀中所绽现的无穷的神秘魅力。不过超模们同时也是旅游专家、美食家、美容大师——再加上他们在飞机上以及拍摄相片间隙的时光，让他们能够跟上最新的必读书目和最新的乐曲。（正如你所知，超模们也是人，即使有时候你会忘了这一点）最重要的一点：我们非常希望品尝他们品尝过的美食、到他们去过的地方旅行、向他们学习如何穿衣打扮。

在新系列中，世界上最具偶像气质的超模们道出了他们的秘密。第一位：Lily Aldridge, Victoria's Secret 非凡天使、Vogue 封面女郎和红毯时尚偶像。Lily Aldridge在纽约拍摄相片，摄影师：Bjarne Jonasson。Lily Aldridge 给我们讲述了她所痴迷的爱好、美容秘诀和休闲风格。

我最喜爱的摄影师是......
我的兄弟Miles。

在我的事业中，我最自豪的是......

图 6-8　《超模 Lily Aldridge 的绝密档案》

2. 滴滴出行：用温暖拉近和用户的距离

滴滴出行时常推出活动，而其中最好的一个活动广告创意就是来源于换位思考，通过感性的宣传文案为用户提供惊喜，打动用户的同时也感动用户，进而扩大了活动的影响力，甚至引发全民话题。图 6-9 所示为滴滴出行 App 推出的"全力以赴的你，今天坐好一点"活动的相关宣传海报。

图 6-9　滴滴出行 App 推出的活动相关宣传海报

这个活动的推出时间为冬季，适当的时间搭配温馨的文字所营造的效果是相当惊人的。为了进一步拉近 App 与用户的距离，滴滴出行还推出了两个微视频内容，通过视频中的人物表现，传递"为了每一个全力以赴的你，今天坐好一点""为了每一个爱你的人，今天坐好一点"两种声音，如图 6-10 所示。

图 6-10　滴滴出行推出的微视频内容

这种内容宣传方式让用户感觉到了温馨，进而打动和吸引了大量用户，更进一步提升了滴滴出行 App 的产品形象。随着用户的自主传播，宣传海报中的"如果……至少……"这一句式成为流行的网络语言"滴滴体"，大量网友以此创造了多个句子，自主进行了产品广告的二次传播。

6.3　互动参与：实时了解粉丝的喜好动态

内容互动性是联系用户和企业的关键，企业推送内容或者举办活动，最终的目的都是为了和用户交流，如图 6-11 所示。

图 6-11　微信互动

综上所述，内容的寻找和筛选对用户和用户的互动起着重要的作用。内容体现价值，才能引来更多粉丝的关注和热爱，而且，内容的质量不是以粉丝数的多少来体现的，和粉丝的互动情况才是最为关键的判断点。

1. 互动可以提起用户的兴趣

通过各种新媒体平台或者社交平台，企业可以多发起一些有趣的活动，以此来调动用户参与活动的积极性，从而拉近企业与用户的距离。

除了发布活动之外，还可以通过其他方式与用户进行互动，例如通过问卷调查了解用户的内在需求、通过设置各类专栏与用户展开积极的互动等。

例如，无论是微信公众平台还是 App，都会向用户提供关键词搜索功能。图 6-12 所示为微信公众平台的关键词搜索界面以及手机京东的商品搜索界面。

图 6-12　自动应答是企业与用户的常见互动方式

除了用户与企业或产品之间的互动之外，App 还可以提供用户之间的互动，同样能够促进平台上内容的产生，并且让用户保持长期的使用习惯。以直播内容平台为例，创新的弹幕功能成为了直播平台上用户之间最常用的互动方式，如图 6-13 所示，除此之外还有面对面语音、视频、点歌等交流方式。

企业可以将互动信息和内容营销结合起来进行推广，单纯的互动信息推送没有那么多的趣味性，如果和内容相结合，那么就能够吸引更多的人参与到互动活动中。

2. 互动可以吸引粉丝的关注

企业可以设置简单的游戏，与用户进行交流互动。例如，在微信公众平台中有很多游戏插件，一般内容健康，具备较强的互动性和娱乐性，是一种轻松又有趣的运营模式，不仅可以成功推送商家的信息，吸引粉丝的关注，而且还能够体现商家产品的特色，在朋友圈具有生命力。

图 6-13　直播平台的弹幕互动交流

互动游戏的最主要特点是能够有效地激发用户的兴趣，提升品牌的形象，图 6-14 所示是 TOP 文案发布的一个寻找官方 Logo 的小游戏。

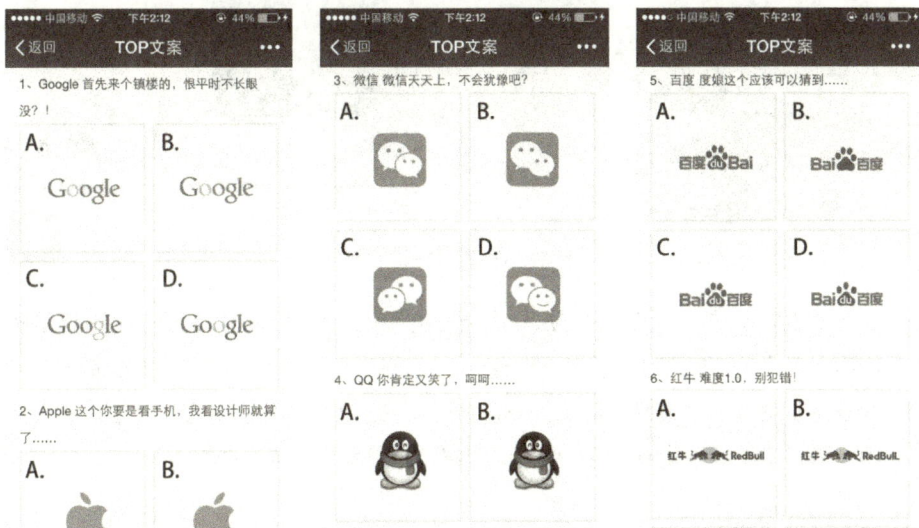

图 6-14　TOP 文案互动游戏

> 💡 **专家提醒**
>
> 　　另外，企业也可以采用 UGC 的内容模式，调动全体网民的积极性，挖掘集体的智慧，共同将某些内容进行完善与补充。在内容电商中，这种互动方式不但可以扩大内容的来源范围，更能够实时了解粉丝的喜好动态。

6.4 内容造势：让公众全方位地了解产品

虽然一个企业或个人在新媒体平台上的力量有限，但这并不能否定其内容的传播影响力。要想让公众全方位地通过内容了解产品，比较常用的招式就是为内容造势。

1. 制造轰动

对于企业来说，在新媒体平台上的内容与标题最好具有颠覆性，做到语不惊人死不休，给受众传递轰动、爆炸式的信息。如图 6-15 所示，"罗永浩花 4 千买小米 MIX 大赞：雷军感动坏了"这样的标题，采用了"罗永浩买小米 MIX""雷军感动"等关键词，借助这些公众人物来为小米 MIX 造势，兼具轰动性和颠覆性，立刻成功吸引了用户的眼球。

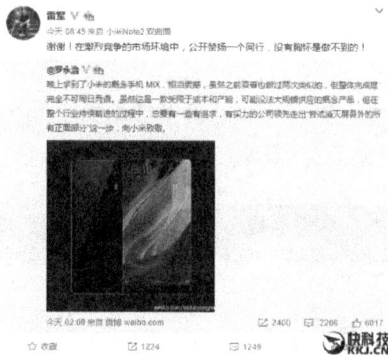

图 6-15　轰动性标题和内容

在这个媒体泛滥的年代，想要从众多新颖的内容中脱颖而出，就要制造一定的噱头，用语出惊人的方式吸引受众的眼球。如图 6-16 所示，《微信里，很少有人知道的 6 个秘密》就是一个很好的例子，一看到这样的标题，人们就会想，微信大家天天都在用，里面还能有什么秘密呢？就是这股好奇心激发受众点击查看。

> 💡 **专家提醒**
>
> 以美容行业为例，商家在推送产品信息时，可以使用这样的标题：
> "人真的可以长生不老吗？"
> "逆转年龄的肌肤时光机，你坐过吗？"
> 利用这样的标题激发受众的好奇心，然后在正文中，推荐相关的保养的美容护肤品，或者是保养方法，这样做既宣传了产品，同时又避免了沦为垃圾信息的结果。

微信里，很少有人知道的6个秘密

微信伴随人们的生活已经很多年的时间了，随着功能越来越完善，人们不知道的秘密越来越多，今天小编就帮你梳理几个看似众所周知，却不一定都会用的小小功能。

1、双击快速查看未读消息

对于很多消息的用户来说

每次在聊天列表中下滑

查找未读消息是很费时的操作

其实

只需双击聊天列表下【微信】按钮

就可以快速定位未读消息

图6-16　用轰动性标题吸引用户

2. 扣住"十大"

所谓扣住"十大"，就是指在标题中加入"10大"或"十大"之类的词语，例如《暑假十大旅游热门城市》《2016年十大好书推荐》《全世界最酷的十大热门旅游景点》等。这种类型的标题的主要特点如图6-17所示。

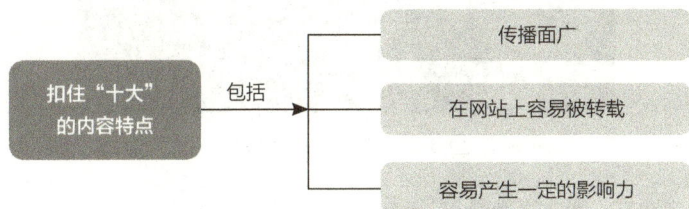

图6-17　扣住"十大"型标题的主要特点

下面就来欣赏一下扣住"十大"的内容案例，如图6-18所示。

首页 / 时尚 / 正文

世界十大名表 你知多少？

玩表人士　2016-09-09 18:01

不管是什么品牌，人们总是喜欢给它们来个排名，像什么世界十大美景、世界十大名著、世界十大名表等等，下面时享德小编就来讲解下世界十大名表有哪些？排名不分先后

百达翡丽

玩表人士
立即关注

玩表人士是一家专注腕表资讯，完全独立且自主选题、采编、撰写内容，整合众多种类专家、海内外专业媒体，提供腕表爱好者的优质内容。

· 25岁男人戴什么手表最合适？
· 60000元预算买劳力士还是沛纳海？
· 为什么那么多人喜欢卡西欧手表？
· 30左右男人戴什么手表好？

图6-18　扣住"十大"的内容案例

3. 自我造势

除了可以借势外，在推广内容时还可以采用自我造势的方式，来获得更多的关注度，引起更大的影响力。

例如，在 2013 年的上海国际马拉松比赛现场，出现了一个手提栗米跑步的"愤怒的小鸟"造型选手，吸引了众多的眼球，如图 6-19 所示。这只"愤怒的小鸟"的真身名叫富军，主营业务便是在微信上卖栗米。富军在创业之初主要通过向微信好友赠送大米，创造基础口碑，积累人气。

图 6-19　微商的自我造势

任何内容电商，都需要两个基础条件，如图 6-20 所示。

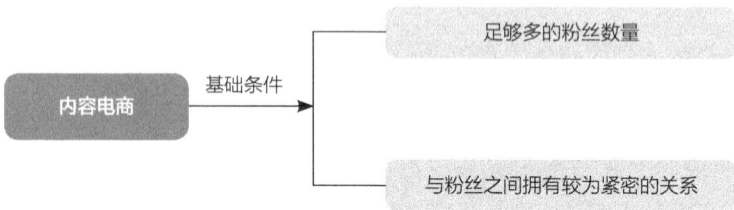

图 6-20　内容电商的基础条件

而本案例中的富军就紧紧地扣住了这两点，通过各种活动为自己造势，增加自己的曝光度，从而获得了很多粉丝。为了与这些粉丝保持紧密关系，富军几乎每天都会在朋友圈发布内容，并且会策划一些线下的活动，而这次"愤怒的小鸟"也为他制造了不少话题。

虽然富军没有做过真正的品牌营销，但他却十分熟悉互联网的属性，通过自我造势带来轰动，于是背着米袋子、穿着贴满二维码的"愤怒的小鸟"服装在上海马拉松赛场上闪亮登场了，引发观众围观。总的来说，富军能够让消费者清晰地识别并唤起他们对产品的联想，继而进行消费，可见自我营销对内容电商的重要性。

6.5 内容攻心：用情景诱导打动用户群体

只有真正打动用户内心的内容，才能吸引他们长久的关注。在这个基础上加上电商元素，就有可能引发更大、更火热的抢购风潮。

内容电商并不只是用文字等形式堆砌起来就完事了，而是需要用平平淡淡的内容拼凑成一篇带有画面的故事，让读者能边看边想象出一个与生活息息相关的场景，才能更好地勾起读者继续阅读的兴趣。

简单点说，就是把产品的功能用内容体现出来，不是告诉读者这是一个什么，而是要告诉读者这个东西是用来干什么的。

在我们的生活中，就有很多情景式的文案广告，例如最经典的两个：

· "怕上火，喝王老吉"，如图 6-21 所示。

图 6-21　内容电商的基础条件

· "今年过节不收礼，收礼只收脑白金"。

首先我们来看王老吉的广告台词——"怕上火，喝王老吉"，从这句话中，我们可以看到，王老吉并不是在告诉消费者"我是一个什么"，而是在告诉消费者"上火的时候，记得要喝王老吉"，这就是一个典型的情景式文案，让消费者一下就会联想到某个画面，譬如吃火锅的时候，热火朝天的氛围中，桌子上摆着一瓶王老吉，用来消火的。

然后再看看脑白金的广告词——"今年过节不收礼，收礼只收脑白金"，从这句广告词中，可以明显看出脑白金可以用来送礼，尽管广告本身没有技术含量，可是脑白金还是非常地深入人心。

所以，情景式的内容能够引发消费者的购买欲，一般内容创作者在策划内容场景时，可以从两方面出发，如图6-22所示。

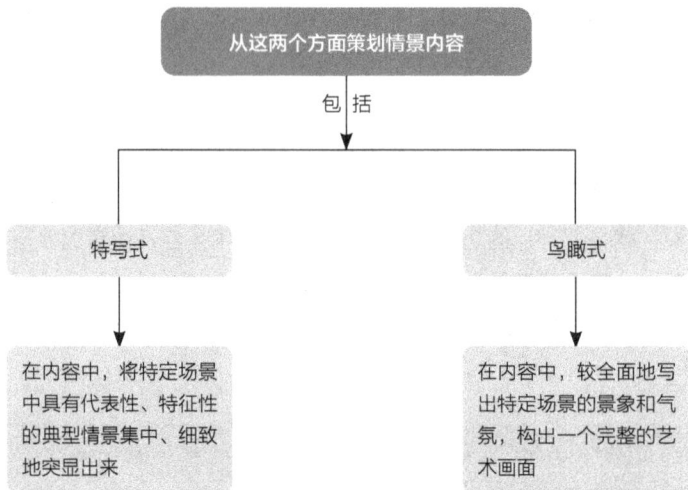

图6-22 策划情景式内容的两个技巧

6.6 突出卖点：运用互联网思维表达卖点

如今是一个自媒体内容盛行的时代，也是一个内容创作必须具有互联网思维的时代，更是一个碎片阅读，爱就要大声说、卖就要大声卖的年代。

做内容电商，如果没有在适时情景下表达出卖点，怎么卖，在哪里卖的问题得不到解决的话，可以断定这必将是一篇失败的内容。

内容电商不是简单的美文，也不是纯粹的小说，更不是论坛上无所谓的八卦新闻，它的作用就是达成销售，所以，如何激发读者的购买冲动，才是内容创造唯一的出路。下面就来看这篇名为"这款手表，能让你'触摸'时间"的文章，如图6-23所示。

从标题中就可以看出这篇文章对手表产品卖点的阐述"能让你'触摸'时间"，再看内容，如图6-24所示。文章首先介绍了传统石英手表的不足之处，然后以此来引出 Bradley 的一些卖点，包括钛金属材料、移动的磁性球代替指针、名字来由、众筹等，它的主要用户是视障人士，这些人是无法看到时间的，因此得出了"能让你'触摸'时间"的卖点。

图 6-23 "这款手表，能让你'触摸'时间"的文章标题

香港这家名为 Eone 的公司提供了新的解决方案，他们对传统的石英手表进行了简单的改造，推出了这款 Bradley 手表。

Bradley 的表盘采用了钛金属材料，并没有玻璃保护罩，使用移动的磁性球代替指针，代表"小时"的球位于表盘侧面，代表"分钟"的球被安放于正面的"轨道"中。用户通过触摸磁球读取时间，即使不小心移动了磁球，它也总能回到正确的位置。

Bradley 起初叫"The Bradley Timepiece"，是因为公司认为这是一个钟表（Timepiece），并不需要用眼睛去看（Watch）。2013 年，该产品在 Kickstarter 上完成众筹。

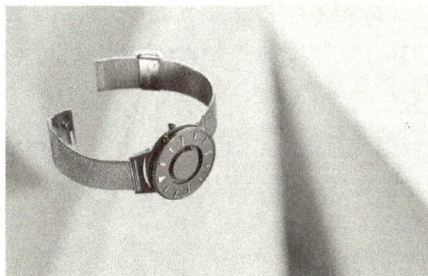

四年以来，Eone 已经卖出了超过 4 万台 Bradley 手表。Bradley 售价在 3000 港币左右，不同型号略有差别。

手表的名字来自残奥金牌获得者布拉德·斯奈德（Brad Snyder），他曾是一名海军军官，在 2011 年阿富汗爆炸中丧失了视力。在产品研发期间，斯奈德与其他盲人和视障人士都参与了这款手表的体验，并提供了许多重要反馈。

虽然 Bradley 95% 的客户都是视障人士，但其联合创始人 Tim Fleschner 表示，这款产品并非专为盲人而设计（毕竟这在某种程度上来说也是一种歧视），他们只是想设计出具有普适性、时代性的产品。

图 6-24 "这款手表，能让你'触摸'时间"的文章内容

内容电商切入的关键点，便是产品的卖点，包括用户痛点、购买赠送、数量有限、书籍内容对家庭育儿的帮助等。该篇内容将产品的卖点展现得淋漓尽致，为视障人士下单提供了充足的理由，他们又怎能不心动呢？

同时，在这个内容电商案例中，我们也可以看到很多互联网思维的创意，如体现市场层面的众筹，它主要是通过互联网向网友募集项目资金的一种方式，可以为那些有好创意却缺少资金的人带来不小的帮助，如图 6-25 所示。

图 6-25　基于互联网思维的众筹

6.7　口碑营销：内容形成"辐射状"扩散

　　口碑营销，顾名思义就是一种基于企业品牌、产品信息在目标群体中建立口碑，从而形成"辐射状"扩散的营销方式。在互联网时代，口碑营销更多是指企业品牌、产品在网络上或移动互联网的口碑营销。

　　口碑首先是"口口相传"，它的重要性不言而喻，比如小米，其超高的性价比造就了其高层次的口碑形象，让企业品牌在用户之间快速建立，如图 6-26 所示。

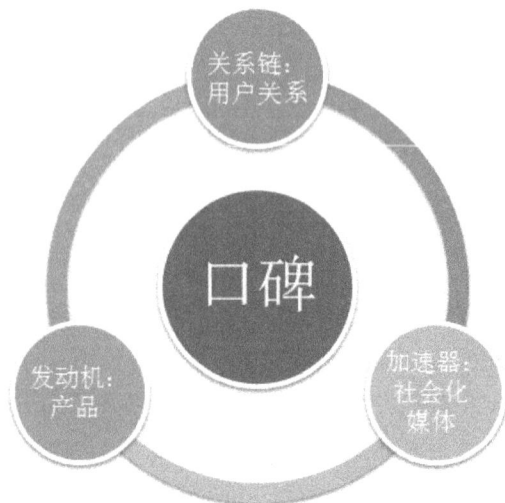

图 6-26　小米的营销在本质上是口碑营销

如今有不少企业想将口碑营销与内容电商相结合，企图进一步打造企业的口碑，想要通过内容来打造一个好口碑，就需要做到以下几点，如图6-27所示。

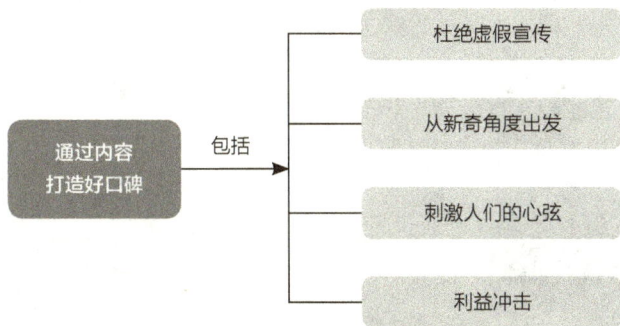

图 6-27　通过软文打造好口碑

1. 杜绝虚假宣传

企业在运行口碑内容营销时，绝对要杜绝虚假宣传，虽然这种做法能在短期内获得不少的注意力，但是总会有东窗事发的时候，当消费者发现企业有虚假宣传后，就会带着失望离企业而去，这就会大大损害企业的品牌信誉度，软文口碑自然就无法成功。

2. 从新奇角度出发

人们往往更愿意去关注和分享新奇而有趣的事，内容电商也是如此，一篇有趣的文章总会引起用户的好奇，引发用户传播，所以企业在策划口碑内容营销时，可以从新奇角度出发。

3. 刺激人们的心弦

不管是哪一种类型的消费者，都会有一根敏感的心弦，只要企业用内容刺激到了人们的心弦，产生共鸣，就能拉近与消费者的距离，从而影响到消费者，自然而然地形成口碑效应。

4. 利益冲击

消费者最关心的就是自己的利益，所以如果企业能够以消费者利益为出发点，让消费者从内容中感受到自己能受益，那么自然就会受到消费者的拥戴，口碑传播也就自然而然地形成了。

图6-28所示是联想游戏公众号发布的代金券福利，对于那些经常玩游戏的用户来说，这些都是他们比较喜欢的内容，因为这些内容可以为他们带来利益。

图 6-28 联想游戏公众号发布的代金券福利内容

6.8 病毒传播：快速复制，广泛传播内容

在计算机和生物界，"病毒"都是一种极具传播性的东西，而且还具有隐蔽性、感染性、潜伏性、可激发性、表现性或破坏性等特征。在内容电商中，病毒营销却是一个好的方式，它可以让企业的产品或品牌在不经意中通过内容大范围传播到许多人群中，并形成"裂变式""爆炸式"或"病毒式"的传播状况。

1. 多芬："你比想象中更美丽"

"你比想象中更美丽"是由著名女性品牌多芬发布的一部视频短片，如图 6-29 所示。据悉，该视频推出不到一个月，就收获了 1.14 亿的播放量、380 万次转发分享，同时多芬还因此获得了 1.5 万个 YouTube 订阅用户。

图 6-29 "你比想象中更美丽"视频内容

多芬通过在全球范围内做相关的调查，得出了一个惊人的结论：54% 的女性对自己的容貌不满意。

因此，在"你比想象中更美丽"视频中，多芬塑造了一个 FBI 人像预测素描专家——Gil Zamora 这个人物。他可以在不看对方容貌的情况下，只通过女性自己的口头描述便可以描绘出她们的素描画像。然后，Gil Zamora 再通过其他人对同一位女性的印象再画一张画像。通过将这两张画像对比，Gil Zamora 发现同一个女性人物在其他人眼中要远远比在自己眼中更漂亮。

动人心弦的视频内容，再加上联合利华公司的病毒式营销手段，将视频翻译成 25 种不同的语言，通过 YouTube 下面的 33 个官方频道同步播放，其内容很快扩散到了全球 110 多个国家，使多芬取得了巨大的成功。

2. 内容电商的病毒式营销策略

在内容电商中运用病毒式营销时，可以采用如图 6-30 所示的策略。

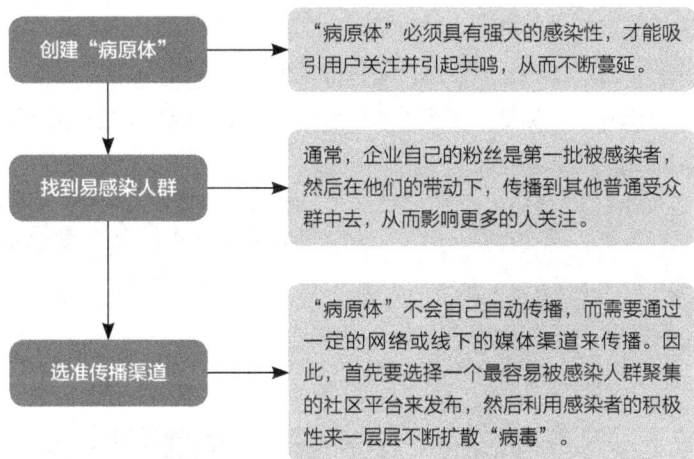

图 6-30　内容电商的病毒式营销策略

6.9　事件营销：内容结合热点事件来传播

事件营销就是通过对具有新闻价值的事件进行操作和加工，让这一事件带有宣传特色的模式继续得以传播，从而达到实际的广告效果。具体的内容和形式分析，如图 6-31 所示。

事件营销能够有效地提高企业或产品的知名度、美誉度等，优质的内容甚至能够直接让企业树立起良好的品牌形象，从而进一步促成产品或服务的销售手段。

例如，在 2016 年继反手摸肚脐、锁骨放硬币之后，新的微博话题榜突然出现"A4

171

腰"话题，随着大量明星与网红的加入迅速成为网络事件。"A4 腰"是指女性的腰部能够被一张 A4 纸所遮盖，是衡量小蛮腰的终极标准。图 6-32 所示为"A4 腰"的表现形式。

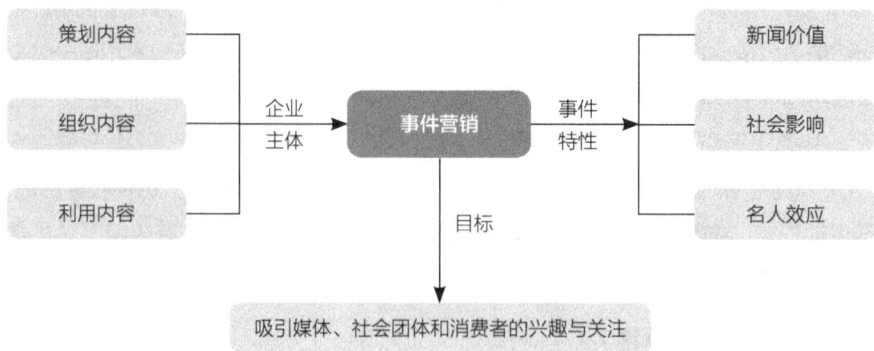

图 6-31　事件营销的具体分析

随着大众注意力被吸引过来，"A4 腰"就成为了事件营销的基础。事件营销就是对相关事件进行信息加工，从而使这一事件继续传播，达到一定的广告效果。以"A4 腰"事件为例，米 e 宝借势推出了产品卡通形象的宣传广告，如图 6-33 所示。

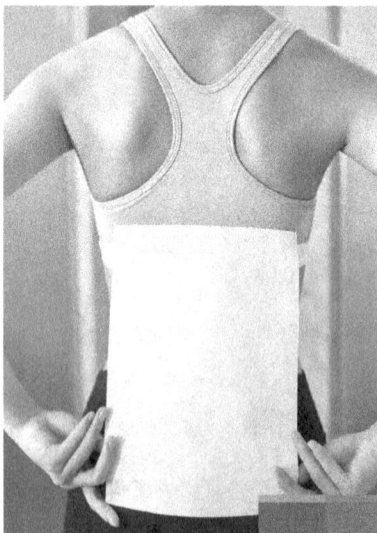

图 6-32　"A4 腰"的表现形式

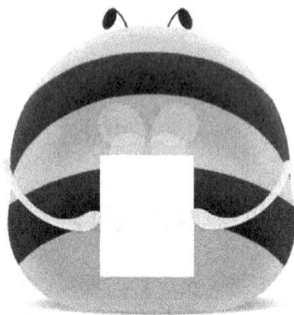

图 6-33　米 e 宝借势推出了产品卡通形象的宣传广告

除了有产品卡通形象的宣传之外，还有就是对产品相关尺寸方面的借势说明。如图 6-34 所示，可口可乐将弧度瓶的弧度与 A4 腰事件相结合。

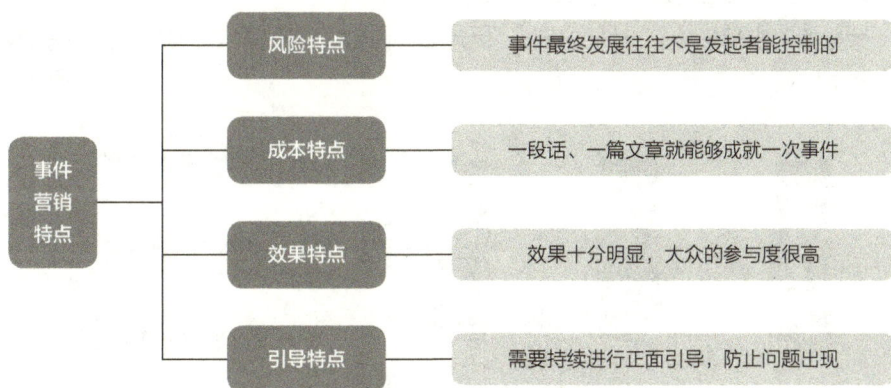

可口可乐推出小视频，重点将弧度瓶的弧度进行展示。通过广告效果的打造，使弧度瓶呈现出女性曲线一样的窈窕感，进而影响大众对于弧度瓶的认识，加大产品的直接影响力。

图 6-34　可口可乐将弧度瓶的弧度与 A4 腰事件相结合

创新的营销活动策划只是成功的第一步，进行有效的用户转化才是企业通过事件营销获得收益的实际效果。

在实际应用中，由话题引导的事件营销往往具备多种其他渠道没有的特点，具体如图 6-35 所示。在将话题转为自身品牌建设之后，就可以通过不同的渠道进行影响力拓展，尤其是微信公众号和 App 等新媒体渠道。

事件营销特点		
	风险特点	事件最终发展往往不是发起者能控制的
	成本特点	一段话、一篇文章就能够成就一次事件
	效果特点	效果十分明显，大众的参与度很高
	引导特点	需要持续进行正面引导，防止问题出现

图 6-35　事件营销的特点

💡 **专家提醒**

　　事件营销最常见的表现就是企业推出海报，在微信、微博上进行推广，但这并不是全部。事件营销往往可以成为相关活动的来源，并通过联合营销的方式将 App 的粉丝由线上引流至线下，推动线下的相关活动。

6.10　精准营销：用大数据加强内容的针对性

精准营销主要是借助大数据的分析能力，将用户群体按照一定的分类方式进行分类，从而使产品更有针对性。在内容电商中，精准营销的基础就是大数据，关于大数据的相关分析如图 6-36 所示。

图 6-36　关于大数据的相关分析

对于内容电商来说，主要就是需要用户流量，而用户流量的网络表现就是数据，所以内容电商与大数据是紧密相连的。

大数据的出现影响了市场的环境，也就促使内容电商进行相应改革，相关分析如图 6-37 所示。

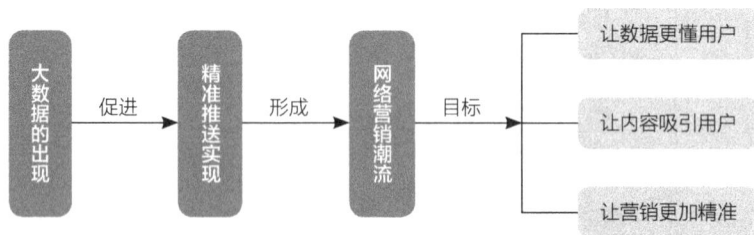

图 6-37　关于大数据的相关分析

在内容电商的实际应用中，大数据的分析功能至关重要，数据能够给我们最好的答案。通过"内容电商＋大数据"的模式，可以运用智能推荐算法和消费者画像数据等，对接消费者的需求和爱好。

1. "京条计划"：电商＋大数据＋内容营销

京东商城是一个知名的电商平台，而今日头条则是一个生产内容的新媒体平台，他们联合推出了一个"京条计划"，主要内容如图 6-38 所示。

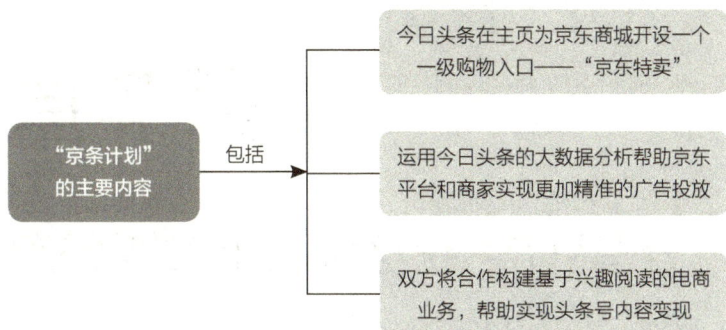

图 6-38 "京条计划"的主要内容

"京条计划"融合了"电商＋大数据＋内容营销"等新商业趋势，而且这也只是一个开始，其中还充满了更大的想象空间值得大家挖掘。

2. 美素佳儿：优质内容＋强效平台实现精准营销

美素佳儿联合腾讯《放开我北鼻》栏目，展开内容深度合作，同时也带来了一场内容定制的营销新热潮，如图 6-39 所示。

图 6-39 美素佳儿与腾讯《放开我北鼻》栏目合作打造大数据内容营销

在双方合作后，美素佳儿可以通过智慧数据平台以及全生态圈的资源优势，结合自身的品牌定位，使品牌受众的人群标签得到进一步强化，构建一个完整的数据生态圈，同时也可以实现 360 度精准营销。

第7章

分享引流：粉丝为王时代的电商经

内容电商已经成为现代化的企业发展不可或缺的一种商业方式，企业想要在内容电商中实现获利，就要拥有足够多的粉丝，粉丝的质量和数量决定了一个内容平台账号的价值，因此掌握一定的引流技巧是很有必要的。

要点展示

>> 联合：多平台分享内容实现引流
>> 微博：自媒体时代内容营销之王
>> 个人微信：快速加粉引流的技巧
>> 企业微信：掌握精准的引领方法
>> QQ 空间：不可小觑的营销能力
>> 企业官网：内容传播的主要源头
>> 论坛社区：普遍的内容传播区域
>> 贴吧：极强大的垂直粉丝凝聚力
>> 二维码：包罗万象，自我传播
>> 红包：最常用、高效的引流法
>> 移动 App：跨界引流，实现共赢

7.1 联合：多平台分享内容实现引流

对于内容电商来说，没有用户就没有影响力，因此吸引用户流量是内容电商的生存之本。在进行内容传播时，创业者切不可只依赖单一的平台，在互联网中讲究的是"泛娱乐"战略，创业者可以以内容定位为核心，将内容向游戏、文学、音乐、影视等互联网产业延伸，以此来连接和聚合粉丝情感，实现高效引流。

另外，有很多风格相似的内容创作者，也可以联合起来互相推广。用户经常会看到一些媒体账号会在平台里面推送其他的公众账号，通常用诸如"你不可错过的十大微信公众账号""清新雅致的读书号在这里"等标题来命名，如果你的微信公众平台有了一定的粉丝量，那么你就可以找到和你差不多粉丝量的微信账号，例如找到 10 个左右，然后和他们合作，在各自的平台互相推广对方的微信公众账号，这样就可以将粉丝共享，实现共赢。

例如，由浙江卫视与星空传媒联合推出的《中国新歌声》就是一个不错的视频内容，其导师的阵容也非常强大，集合了周杰伦、汪峰、那英、庾澄庆等知名艺人，而且采用全新的原创模式。

《中国新歌声》作为备受瞩目的综艺类内容，其最大的特点就是跨平台分享引流，而非"独占"，如图 7-1 所示。

图 7-1 《中国新歌声》通过多媒体平台实现联合引流

这些先后以《中国新歌声》为中心的内容传播从电视台、网络、社交平台等方面进行了消息铺设和渗透，实现联动效应的传播方式，同时也让其背后的投资方受到了前所未有的关注。

在"泛娱乐"战略下，创业者可以将自己创作的优质内容实现跨新媒体平台和行业领域来进行传播，使内容延伸到更加广泛的领域，吸引更多的粉丝来关注。图 7-2 所示为互联网新媒体平台的新媒体组织形态。

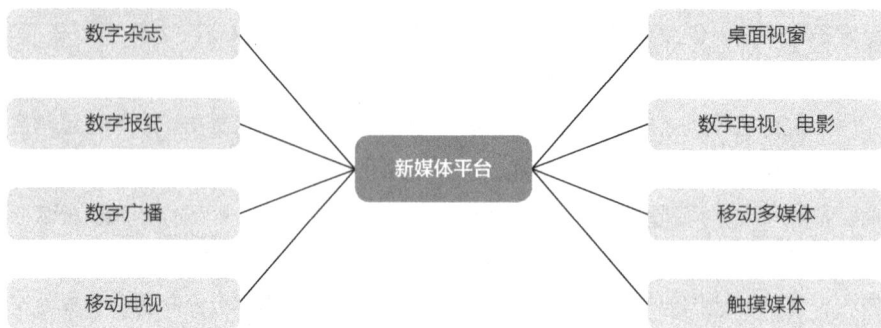

图 7-2　新媒体平台的新媒体组织形态

互联网创业者或企业可以借助各种新媒体平台，让内容与粉丝真正建立联系，同时，这些新媒体还具有互动性和不受时间空间限制的特点。

7.2　微博：自媒体时代内容营销之王

在微博平台，用户只需要用很短的文字就能达到反映自己的心情或者发布信息的目的，这样便捷、快速的信息分享方式使得大多数企业与商家开始抢占微博营销平台，利用微博"微营销"开启网络营销市场的新天地。

在微博上引流主要有两种方式，一是展示位展示相关信息，二是在微博内容中提及产品。图 7-3 所示为 36 氪官方微博中对其 App 产品的图片宣传。

图 7-3　36 氪官方微博中对其 App 的图片宣传

更为常见的是在微博内容中提及品牌、企业或相关产品，增强宣传力度和知名度。图 7-4 所示为微博时尚达人、微博美妆视频博主"叫我大表哥好吗好的"通过微博传播产品内容。

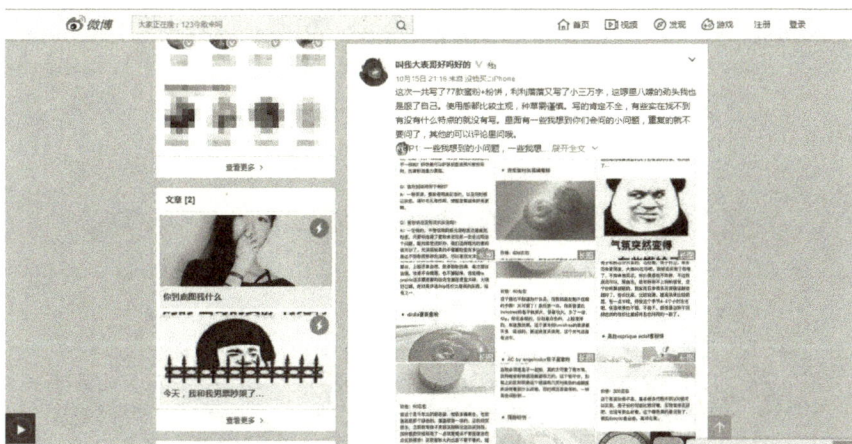

图 7-4　利用微博内容宣传产品

企业主要是利用微博 140 字内容信息功能来跟粉丝进行互动交流，在这个大社交舞台上，企业只要通过一定的内容营销策略就能推广品牌和产品信息，树立良好的企业形象和产品形象，从而达到引流的目的，其相关准备工作如图 7-5 所示。

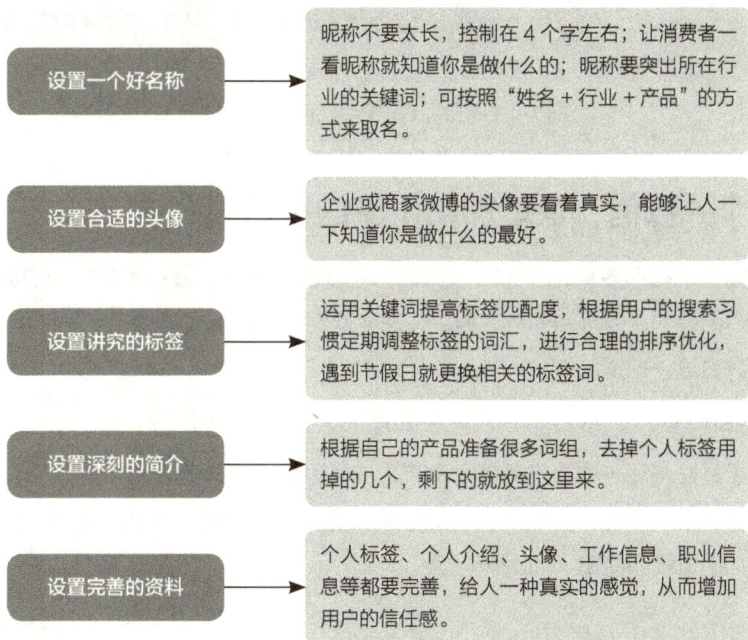

设置一个好名称	昵称不要太长，控制在 4 个字左右；让消费者一看昵称就知道你是做什么的；昵称要突出所在行业的关键词；可按照"姓名＋行业＋产品"的方式来取名。
设置合适的头像	企业或商家微博的头像要看着真实，能够让人一下知道你是做什么的最好。
设置讲究的标签	运用关键词提高标签匹配度，根据用户的搜索习惯定期调整标签的词汇，进行合理的排序优化，遇到节假日就更换相关的标签词。
设置深刻的简介	根据自己的产品准备很多词组，去掉个人标签用掉的几个，剩下的就放到这里来。
设置完善的资料	个人标签、个人介绍、头像、工作信息、职业信息等都要完善，给人一种真实的感觉，从而增加用户的信任感。

图 7-5　微博＋内容营销前的准备

当你通过微博找到目标客户或潜在客户后，就应该想尽一切办法，将他们变成自己的粉丝，完成引流工作，具体方法如图 7-6 所示。

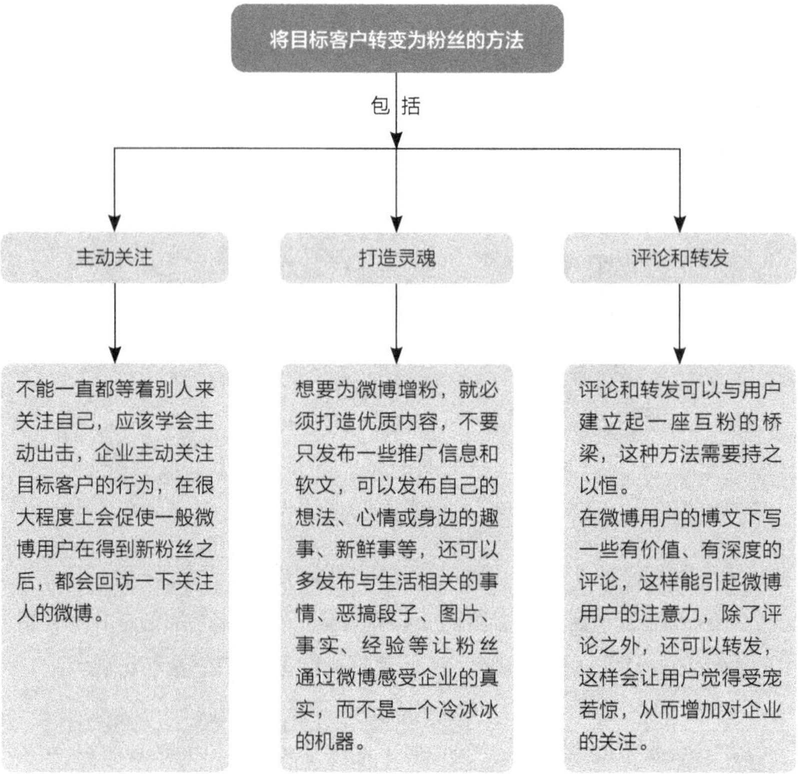

图 7-6　将目标客户转变为粉丝的方法

7.3　个人微信：快速加粉引流的技巧

引流的办法有很多种，作为个人微信内容创作者来说，最初想到的引流办法是通过 QQ 群、附近的人来吸引粉丝，但是往往会遭到被踢出群或者被无视的后果，因此，引流要讲究方法。

1. 导入手机好友

导入手机好友是一种非常简单的引流方法，运营者在微信界面点击"➕ / 添加朋友 / 手机联系人"按钮，然后进入"查看手机通讯录"界面，点击右边的"添加"按钮即可添加通讯录的朋友，如图 7-7 所示。

图 7-7　导入手机好友的操作方法

💡 专家提醒

　　想要添加手机联系人，只要按照以上的提示操作，就能把手机里的好友全部添加到微信联系人里。目前，微信的最新版本中已经取消了 QQ 好友直接导入功能。

2. 微信账号和手机号、QQ 号三合一

　　微信账号最好是和手机号、QQ 号三合一，别人通过手机号就能够添加到微信和 QQ，并且账号看上去很简单，不像一串英文加数字加符号的太繁琐，别人一看见就没有想要添加的欲望。

3. @ 微博大 V

　　微博引流是一种将信息以裂变的方式传播出去的平台，那么在这样一个平台上，利用 @ 工具进行主动引流也是个不错的方式。在微博上利用 @ 工具进行主动引流，主要是主动 @ 微博的大 V 或者精准的账号。

　　在微信里面，如果你想找到一个同行的达人，可能会有难度，但是在微博里就很容易实现。比如，你是做化妆品的微商，那么你可以在微博上搜索一些化妆达人博主的微博，可以是时尚达人、化妆品牌创始人，也可以是化妆师等，在关注后，可以将他们放入一个分组内，并保存。

　　然后你可以主动发微博并 @ 这些化妆行业的大 V，还可以与他们的粉丝进行互动，他们的粉丝对于做化妆品的微商而言，也算是精准受众群体了。

　　如果有机会的话，还要与这些微博大 V 达成合作，他们在微博资料里也有放入

合作 QQ 的，完全可以直接加 QQ 进行合作沟通。而且这些大 V 大多都有自己的个人微信或者微信公众平台，通过微博也能更快找到合适的资源，实现精准受众的引流。

4. 合作互推

在介绍与其他微信运营者建立合作互推关系的方法之前，笔者要提一下微信新规，微信新规的内容解读是：未禁止公众号互推。什么意思呢？就是说微信团队并没有禁止所有公众号进行互推，但是禁止以利益交换为前提，并且带有恶意营销性质的公众号进行互推。

了解了微信的新规之后，我们可以把微信好友互推分类，也就是应该和什么样的好友进行互推，具体如图 7-8 所示。

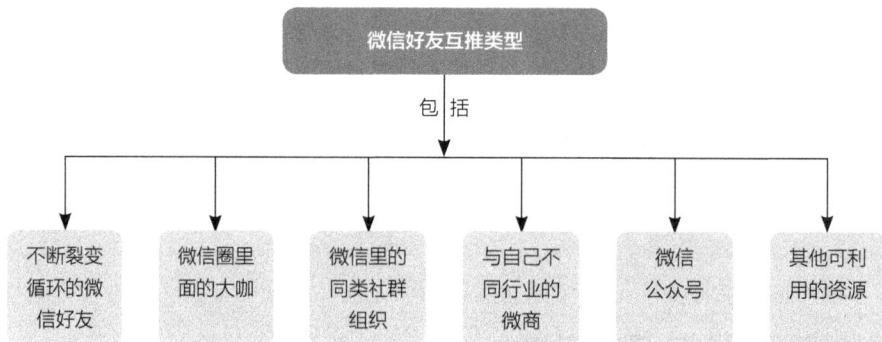

图 7-8　微信好友互推类型

建议大家进行微信好友互推的时候，多推人而不要直接推产品，不要动不动就直接做广告。

5. 雷达加人

微信上有一个便捷的功能"雷达加朋友"，使用这个功能能够同时添加多人，因此对于在聚会类型的活动上添加好友是非常方便的，下面介绍一下具体的操作步骤。

在"添加朋友"界面选择"雷达加朋友"选项，即可进入雷达添加好友界面，如图 7-9 所示。使用"雷达添加朋友"需要大家一起开启，互相雷达搜索，然后就可以依次添加搜索到的人，雷达可以反复开启，直到好友添加完毕。

"雷达加朋友"的缺陷是目标性不强，只要是开启了雷达的人都能互相搜索到，难免会搜索到部分陌生人，比较容易引起混淆。

用户需要注意的是，因为一次性添加人数比较多，因此在添加好友时，要立刻给对方备注信息，同时告知对方自己的身份。

图 7-9　雷达加好友

6. 主动加人

在微信里，也可以主动加人，主要原理是：很多人都是用手机号开通的微信，所以有了他们的手机号就相当于有了他们的微信号。然后在添加他们微信的时候，有一个验证申请，微信营销者可以将自己的微信公众号输入到该验证信息中，然后点击"发送"按钮即可。

7. 加个人标签

微信营销人肯定经常要在朋友圈里发照片，发的照片包括很多类型，例如生活照、产品照、用户的体验照等，在这些照片上，可以将自己的微信公众平台的标签贴上去，这样，当朋友点开你的照片的时候，就能看到你的微信公众号，然后添加。

7.4　企业微信：掌握精准的引领方法

介绍完个人微信号之后，下面介绍企业微信公众号的引流方法，微信与微博不同，微博是广布式，而微信是投递式的营销方式，引流效果更加精准。因此，粉丝对微信公众号来说是尤为重要的。

1. "摇一摇"

众所周知，微信的"摇一摇"功能非常强大，它利用了人们的好奇心，让人们通过"摇一摇"功能就能交到朋友。

微信公众平台也有类似的功能，被称为"摇一摇周边"，微信公众运营者登录微

信后台，单击"添加功能插件"按钮，就能进入"添加功能插件"页面，如图 7-10
所示。

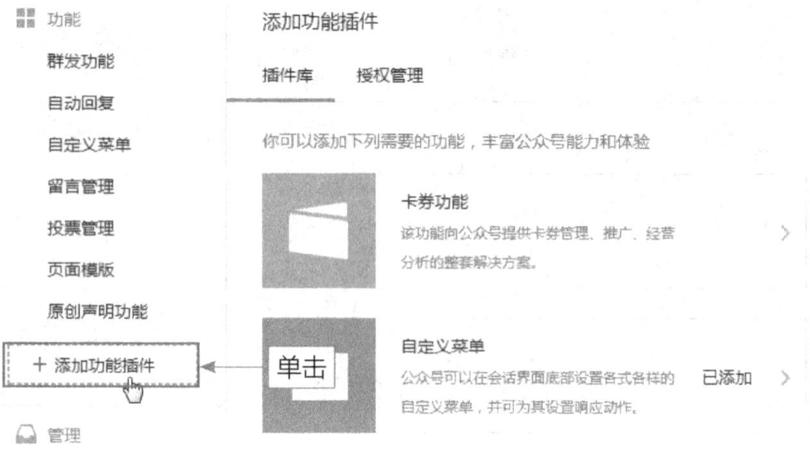

图 7-10 "添加功能插件"页面

在"添加功能插件"页面找到"摇一摇周边"功能，单击进入相应页面，然后利
用已绑定的微信扫描页面中的二维码，就能授权登录。

"摇一摇周边"有很多典型的应用场景，如下所示。

- 商超零售：精准定位引流。
- 餐饮：在线点单支付、近处优惠等。
- 广告：多屏互动，信息精准送达。
- 赛事＆演出：分享实时信息。
- 展览＆会议：有效资讯和服务。
- 博物馆＆景区：在线购票、定点讲解。

2. "漂流瓶"

除了"摇一摇"之外，微信还有一个可以利用的功能，就是"漂流瓶"，"漂流瓶"
的最大优点是能够将信息传达给他人受众，缺点是无法精准定位用户，企业可以注册
一堆微信公众号，然后在"漂流瓶"里写上企业的微信公众号，利用"漂流瓶"将企
业的微信公众号推广出去。

漂流瓶的数量有限，因此建议企业每天都用掉，然后坚持不懈地执行下去。

3. "扫一扫"

这种方法主要是在企业的各种宣传广告或者内容中植入微信账号，让用户在看到
广告的时候就能看到企业的二维码，通过"扫一扫" 就能关注，如图 7-11 所示。

图 7-11　在文章末尾植入微信二维码

除了线上通过二维码引流外，还可以进行线下引流，具体方法如图 7-12 所示。

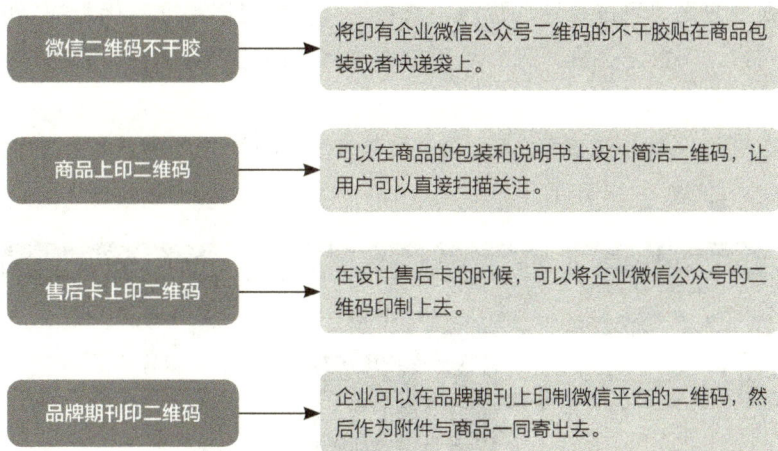

图 7-12　二维码线下引流的技巧

4.　"以号养号"

所谓的以号养号就是商家采用微信个人小号来吸引用户，等积累到了一定的数量，就转化为公共账号，或者转发有诱惑力的软文诱导粉丝主动关注公众账号。这种小号加粉方式的主要策略有以下几种，如图 7-13 所示。

5.　朋友圈推广

朋友圈的力量有多大，相信不用笔者说，大家都知道，微信运营者可以利用朋友圈的强大社交性为自己的微信公众平台吸粉引流。

头像签名	设置个性的头像和签名，吸引用户的注意和关注
搜索加人	利用扫一扫等功能主动加好友
附近的人	通过附近的人添加好友
漂流瓶	准备大量小号，每天丢漂流瓶吸引用户
摇一摇	利用用户的好奇心和摇一摇功能让用户关注

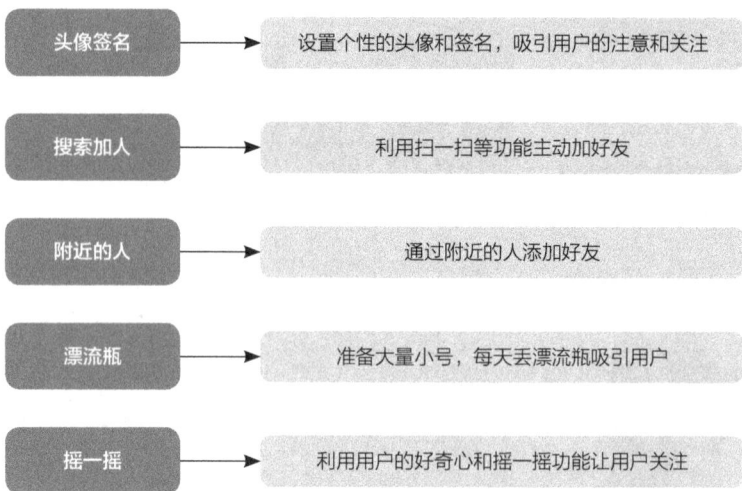

图 7-13　小号加粉的方式

想要激起用户转发分享，就必须有能够激发他们分享传播的动力，这些动力来源于很多方面，可以是活动优惠、集赞送礼，也可以是非常优秀的能够打动用户的内容，不管怎么样，只有给用户提供有价值的内容才会引起用户的注意和关注。

在微信朋友圈中，微信同样可以通过文字信息、活动图片、视频短片等方式引导用户去关注，如图 7-14 所示。

图 7-14　朋友圈的各种内容引流形式

7.5 QQ 空间：不可小觑的营销能力

2013 年，红米手机在 QQ 空间上出现了空前的销售盛况，相信很多人还记得那个画面：只用了半个小时，就有 100 万用户参与红米手机的竞猜预约；红米手机在 QQ 空间只用了三天，便实现了高达 500 万的预约量。这就是 QQ 空间的营销力量所在。

如今，QQ 空间已经成为众多企业争相入驻的内容营销平台，通过图文信息、视频、促销活动等形式来实现快速引流吸粉，如图 7-15 所示。

图 7-15　QQ 空间的各种内容引流形式

下面介绍一些 QQ 空间的具体引流策略，如图 7-16 所示。

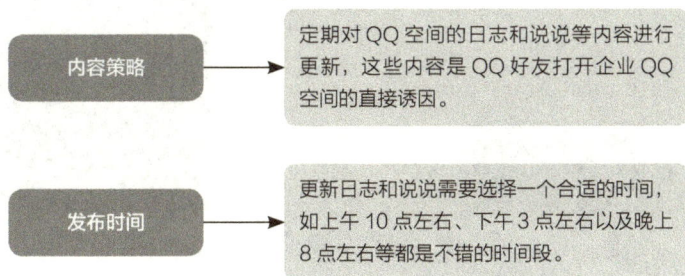

| 内容策略 | 定期对 QQ 空间的日志和说说等内容进行更新，这些内容是 QQ 好友打开企业 QQ 空间的直接诱因。 |
| 发布时间 | 更新日志和说说需要选择一个合适的时间，如上午 10 点左右、下午 3 点左右以及晚上 8 点左右等都是不错的时间段。 |

图 7-16　QQ 空间的具体引流策略

例如，华为荣耀手机便是选择每天上午 10 点左右来更新说说动态内容，如图 7-17 所示。通过简单精炼的说说，华为将其良好的形象传达给用户。

图 7-17　华为荣耀手机空间定期更新说说

同时，手机 QQ 空间还开通打赏功能，这对于内容电商来说又增加了一种新的变现渠道，实现了引流与盈利的结合，如图 7-18 所示。

②点击"赏红包"按钮进入 QQ 支付平台支付即可

①点击评论栏右侧的图标

图 7-18　手机 QQ 空间的打赏功能

另一方面，QQ 的主要用户群体是年轻人，这些人不但是内容电商最主要的消费群体，而且也是大多数企业、品牌的消费群体。所以，企业可以在 QQ 上广加好友进行引流，还可以运用 QQ 群来发展和管理粉丝，更好地推广和传播品牌内容，实现更精准的内容电商营销。

7.6 企业官网：内容传播的主要源头

企业的官方网站是企业品牌形象的第一站，通常会在百度搜索引擎中标注为"官网"，如图 7-19 所示。官网具有权威性和引导性，同时也是企业首要的内容发布平台以及内容传播的源头。

图 7-19 百度搜索"联想"可以快速找到其官网

如果企业有官网，就可以通过自己的官网进行引流。图 7-20 所示为联想的官网首页，联想将这里当成了最新、最全、最热的内容集中区域，包括各种产品内容、品牌活动等。

图 7-20 "联想"官网首页

在官网中的宣传大多是通过软文或者促销活动等内容形式来吸引用户。例如，2016 年 10 月 7 日，联想为了推广联想 700S 超薄超便携笔记本电脑，在官网论坛中推出了"高颜值笔记本的告白"的活动内容，如图 7-21 所示。为了吸引人们购买，联想将产品拟人化，采用自白的口吻描述其特色。该内容在官网一经推出，立即迎来众多用户的分析关注，订单纷至沓来。

图 7-21　"高颜值笔记本的告白"内容活动传播

但是，在官网宣传推广内容的过程中，还需要掌握一定的引领技巧，如图 7-22 所示。

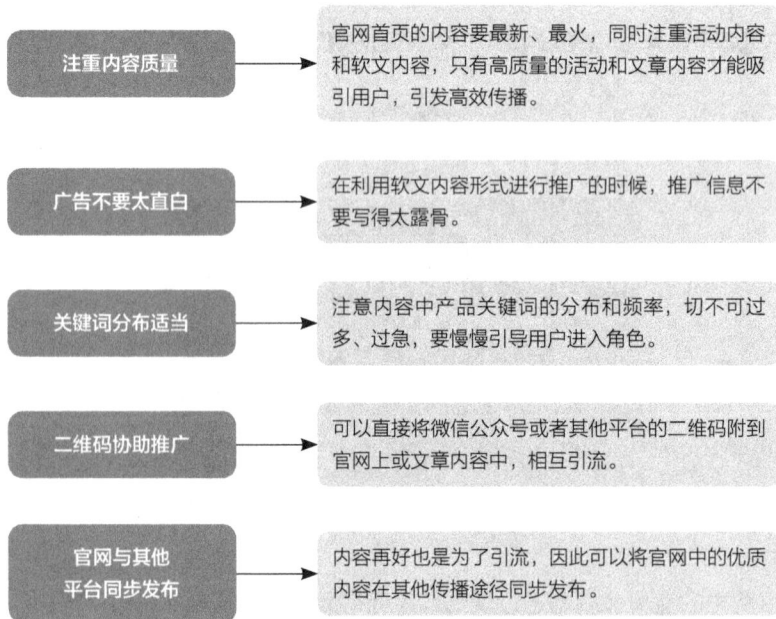

注重内容质量	官网首页的内容要最新、最火，同时注重活动内容和软文内容，只有高质量的活动和文章内容才能吸引用户，引发高效传播。
广告不要太直白	在利用软文内容形式进行推广的时候，推广信息不要写得太露骨。
关键词分布适当	注意内容中产品关键词的分布和频率，切不可过多、过急，要慢慢引导用户进入角色。
二维码协助推广	可以直接将微信公众号或者其他平台的二维码附到官网上或文章内容中，相互引流。
官网与其他平台同步发布	内容再好也是为了引流，因此可以将官网中的优质内容在其他传播途径同步发布。

图 7-22　通过官网引流的相关技巧

7.7 论坛社区：普遍的内容传播区域

论坛是为用户提供发帖回帖进行讨论的平台，属于互联网上的一种电子信息服务系统，相关的分析如图 7-23 所示。

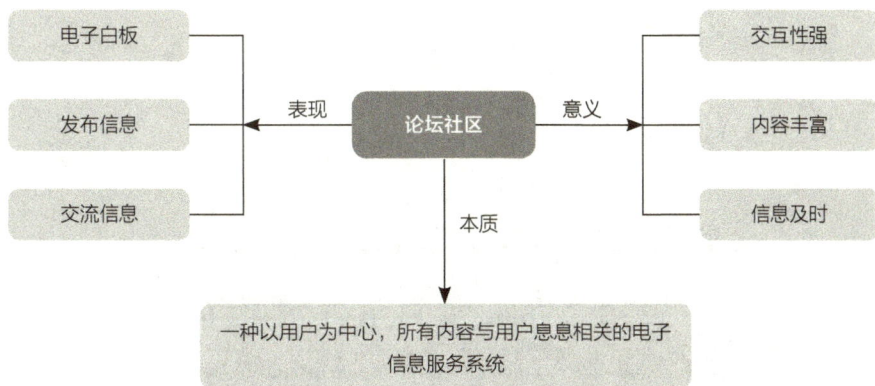

图 7-23 论坛社区的相关内容分析

在传统的互联网营销中，论坛社区始终是一个较为重要的推广宣传平台。一般情况下，早期的目标用户都是从论坛社区中找到的，再通过发掘、转化，提高用户的核心转化率，逐步打造品牌。如今，搜狐社区、天涯社区、新浪论坛、汽车之家等平台在互联网大数据的影响下，变得越来越时髦，各种手机客户端、新版块等纷纷推出。图 7-24 所示为搜狐社区主页。

图 7-24 搜狐社区主页

随着其他新媒体的出现，论坛的影响力逐渐下降，但是论坛还是有它存在的意义。企业可以通过论坛呈现趣味、奇葩、个性的内容，给用户带来一种视觉上的新奇感受，以实现放射性引流的目的。

例如，在天涯论坛的长沙版块中，有一个叫"村霸2014"的网友发布了这样一篇帖子"告别北上广，回到湖南长沙乡下，养花种草养鸡养鱼养羊"，实时分享自己回农村一步步的创业历程，如图7-25所示。

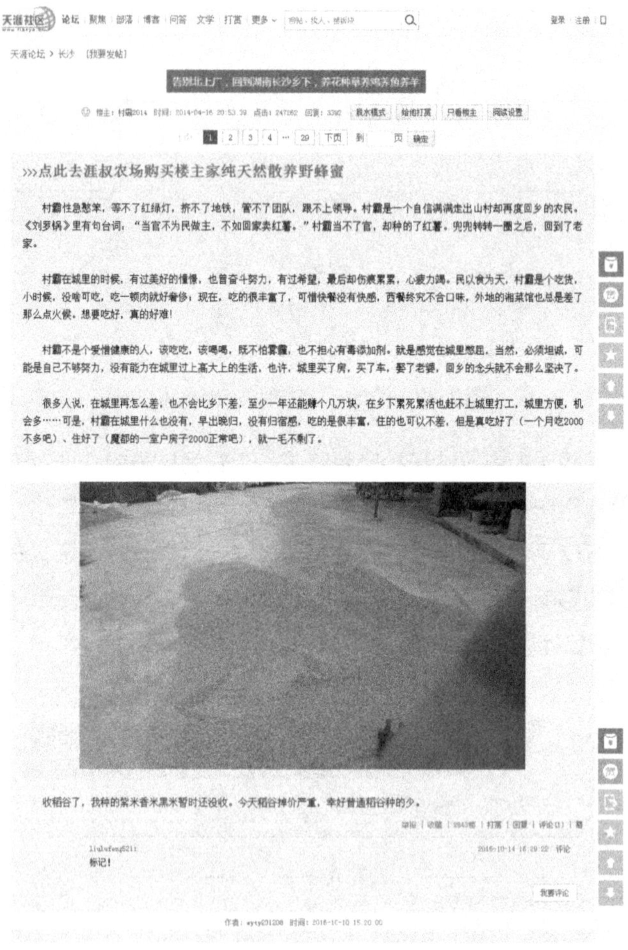

图 7-25　天涯论坛案例

从发帖时间还可以看到，最初的日期是2014年4月16日，到目前为止（2016年10月31日），"村霸2014"一直在努力更新帖子，从未间断，内容几乎都是自己拍摄的一些创业经历照片和感言。当然，"村霸2014"积极与用户互动也是取得人们围观的一个重要原因。"村霸2014"在论坛的内容中巧妙地加入一些图片，可以让用户更形象地感受到内容的真实度和魅力，激发他们对产品的了解欲望和购买需求。同时，"村霸2014"还在淘宝上开了一家"村霸山货土特产"店铺，专门出售自家生产的一些土特产，如图 7-26 所示，运用内容将论坛中的其他用户引流到电商平台。

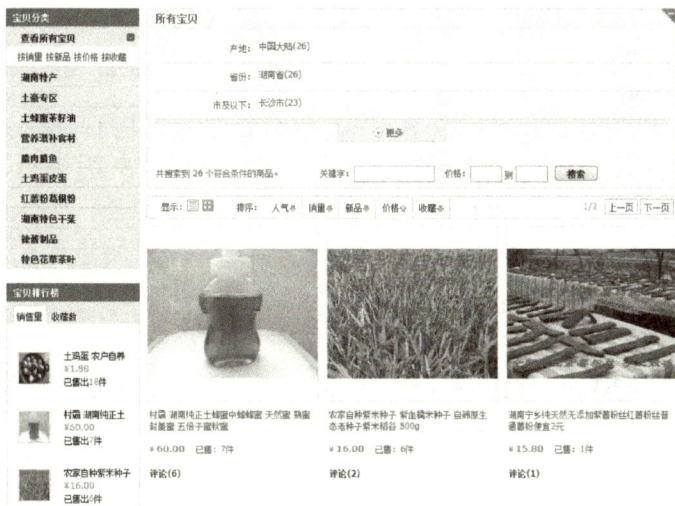

图 7-26 "村霸山货土特产"店铺

"村霸 2014"之所以能成功地实现内容电商，主要在于他选择了天涯社区这个人气旺盛的论坛领域。因此，企业要想将产品内容推广好，需要在目标人群较为聚集、人气旺盛的论坛或者社区发帖引流。

对于内容电商的论坛引流来说，主要有以下几个步骤，如图 7-27 所示。

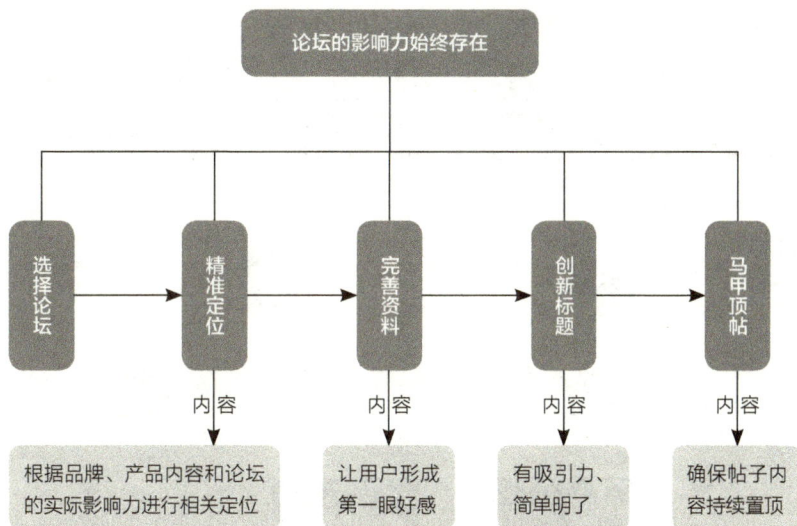

图 7-27 论坛引流的相关步骤分析

在论坛中进行推广，还有一个重要的作用就是为后期的关键词搜索提供基础。在论坛、贴吧中的帖子很容易进入搜索引擎的关键词中去，尤其是后期在进行关键词优化之后，效果更为明显。

💡 专家提醒

在论坛社区推广中，首先考虑的主要还是一二线城市中影响力较大的平台。先通过仔细观察论坛的一些规则与玩法，持续地参与到论坛中去，做到论坛版主、小编，能够为自身的软件推广创造更多的机会。

7.8 贴吧：极强大的垂直粉丝凝聚力

通过贴吧来做内容电商引流有一个天然的优势，那就是贴吧具有极强大的垂直粉丝凝聚力。贴吧引流有一个很重要的前提，那就是要把握内容的准确性，否则会适得其反。

其中，百度贴吧就是一个以兴趣为前提的聚集志同道合者的互动平台，图 7-28 所示为百度贴吧网站的首页。

贴吧的主题十分丰富，包括电影、小说、体育、游戏、生活、校园等主题，作用也非常鲜明，主要有交流话题、展示自我、结交朋友等作用。

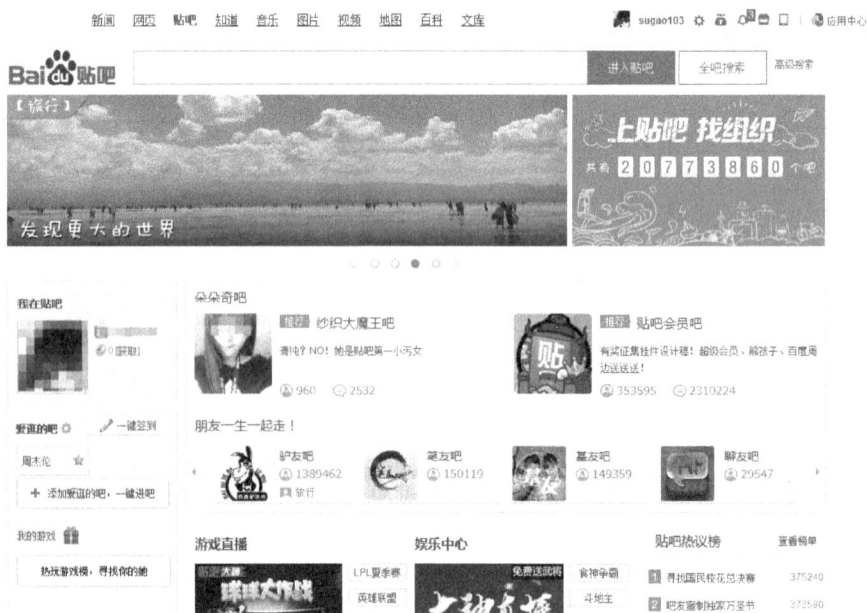

图 7-28　百度贴吧网站首页

因为百度贴吧上常常会聚集很多网民，因此企业可以选择在百度贴吧里进行内容传播，尤其是企业可以借助一些热点事件，结合自身的产品，在百度贴吧里发布内容，从而引起网民的兴趣。

　　企业在利用百度贴吧进行内容引流时，不要过于急躁，在这里运作内容的电商，可以通过内容与网民进行互动，然后在这个过程中达到一种广告宣传的效果，不仅能够赚取人气，还可以提升品牌的口碑、美誉度和粉丝数量。

1．制作一个勾人标题

　　例如，这篇发布在骑行吧的帖子标题为"【直播】吃饭旅行，走走停停，不急不慢，西边西行"，就得到了 7000 多条回复，如图 7-29 所示。

　　如今的互联网已经是一座大型图书馆，在这里，海量知识供人们学习，软文营销更是数不胜数，但是在百度贴吧里，大部分人逛贴吧的目的是为了放松心情，因此不可能花费大量的时间，将帖子全都看到。所以企业想让自己的软文引起读者的注意，就必须取一个足够有魅力、吸引眼球的标题来换取人们的高点击率。

图 7-29　有魅力的标题示例

　　可以看出，百度贴吧比较具有魅力的标题，几乎都是贴近人和生活来撰写的，并且比较接地气，标题措辞也具有艺术性。所以企业在撰写百度贴吧软文标题时，应该以网民的思维来选定标题，并且需要注意以下 4 点，如图 7-30 所示。

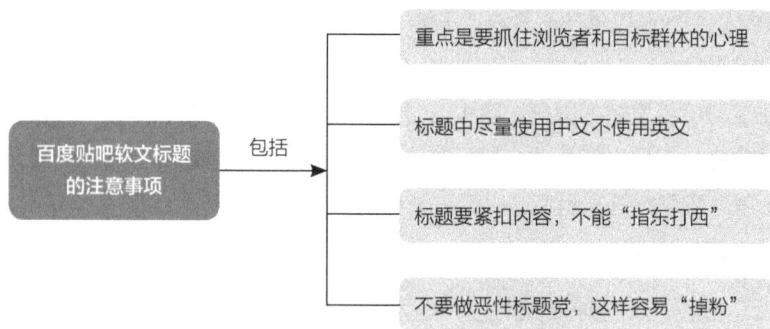

图 7-30 百度贴吧软文标题的注意事项

2. 要合理布置关键词

有很多企业在进行内容引流时，总是被来之不易的创作灵感蒙蔽了正常思维，导致一心围绕着灵感进行内容的创作，而忘记了一件重要的事，那就是在内容中安置关键词。

关键词非常重要，因为它直接决定了企业内容电商推广的成败，若企业忽略了关键词的布局，哪怕内容再精彩，也收获不到想要的效果。

那么企业该如何选择内容中的关键词呢？关键词的选择要遵循两点原则，如图 7-31 所示。

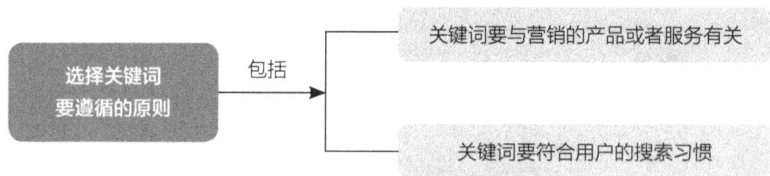

图 7-31 选择关键词要遵循的原则

笔者给出两种选择关键词的方法：

- 通过关键词推荐工具中的检索量来判断关键词的选择。
- 借助百度统计、百度商桥等网络工具来了解网民搜索词的习惯，从而确定关键词的选择。

在百度贴吧里设置关键词，企业要站在消费者的角度，不然很容易造成很多无效的点击量。

7.9 二维码：包罗万象，自我传播

在万人淘金的内容电商浪潮中，谁能先找到市场切入点快速引流，谁才是最大赢家。在移动互联网时代，二维码是连接线上线下的关键入口，让企业的内容传播

变得更为高效。借助二维码，企业可以完成线上线下的互动，打通内容电商闭环。

二维码又叫作二维条形码，它主要利用黑白相间的图形来记录各种数据符号信息，使用智能手机等电子扫描设备扫描二维码，即可自动识读其中的信息并实现信息自动处理。

例如，在韩国首尔熙熙攘攘的地铁站里，零售巨人特易购（Tesco）公司开了一家虚拟杂货店，并在商品图片上印上二维码。用户在等待地铁的碎片时间中可以用智能手机扫描这些二维码，并把商品加入到购物车里，如图7-32所示。

图 7-32 地铁站里的二维码虚拟商店

用户下单后，商家会将其购买的商品直接送到用户家中，帮用户免去携带购物袋的麻烦。特易购通过小小的二维码加上用户的碎片化时间，迅速成长为韩国在线零售业务的领军人。

据悉，国内的综合性购物网站"1号店"也在运用二维码这种营销方式，并在北京和上海的地铁和公交站点进行小范围的推广。

特易购和"1号店"的二维码就是一种典型的电子商务被读类应用。其实，除了地铁站、公交站、火车站甚至是报纸杂志以及宣传单页上都可以直接印上各种消费类或打折类二维码，以吸引用户线上购物或到店消费。

二维码对内容电商的引流价值就在于，它可以进行线上线下互动营销，引导用户快速获取企业信息，提升品牌关注度并带动产品或服务销售。

同时，二维码还是内容的很好承载者，可以将公告、通知、消息甚至文章等内容装入这个二维码中，然后在微博、微信等社交网络中自我传播，让更多的用户扫描、阅读、转发。

例如，维多利亚的秘密（Victoria's Secret）在推广新的内衣产品时采用二维码引流的方法，将二维码印在一些模特的身上，然后将其制作成户外广告牌。这些被打上二维码的模特吸引了大量路人驻足观看，很多好奇的路人还拿出手机扫描二维码，试图解开模特身上的秘密，如图7-33所示。

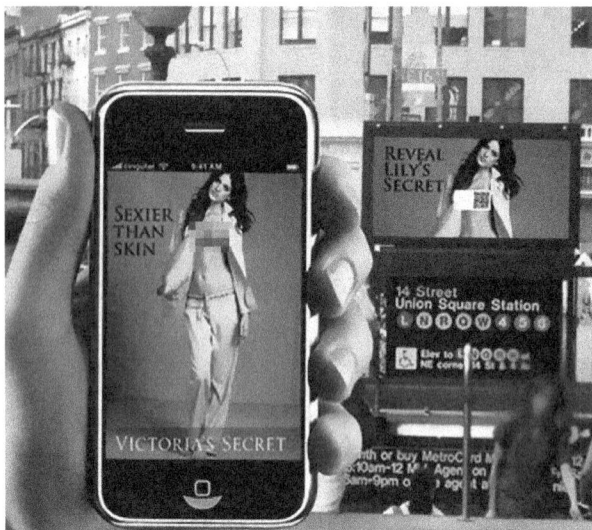

图 7-33　维多利亚的秘密二维码户外广告

当人们用手机扫描模特身上的二维码后，即可跳转至相关页面，显示那些关键部位上的二维码都是"维多利亚的秘密"最新推出的内衣产品，并且显示商品的详情，供大家获取内容信息。同时，人们可以在跳转的电商平台上直接下单购买。这种方式不得不让人佩服，更是二维码传播企业品牌内容的经典案例。

使用二维码将用户直接引导至内容页面甚至电商平台，可以实现更全面、覆盖面更广的内容传播，这是其他引流渠道难以完成的工作，因此二维码具有极大的营销价值，成为线下、线上不可或缺的营销工具。

7.10　红包：最常用、高效的引流法

如今，在微信、支付宝、手机 QQ、微博、京东商城等社交平台和电商平台中，红包成为了商家最常用也是最高效的引流手段之一，开拓出了新的内容传播捷径。

1. 支付宝红包

支付宝红包根据红包内容的不同主要分为两种，分别是现金红包和商家优惠券。如果用户获得现金红包，那么该红包金额直接进入用户的支付宝账户余额，而商家优惠券则可以在相应的商户消费时使用。

2016 年春节联欢晚会期间，支付宝红包推出的"咻一咻"和"集五福"等营销活动深受大众喜欢，如图 7-34 所示，为支付宝 App 的用户"集五福"界面，这种方式促使支付宝 App 的用户数量快速提升，并且在短时间内成为网络热门话题，下面针对用户使用支付宝红包的流程进行分析。

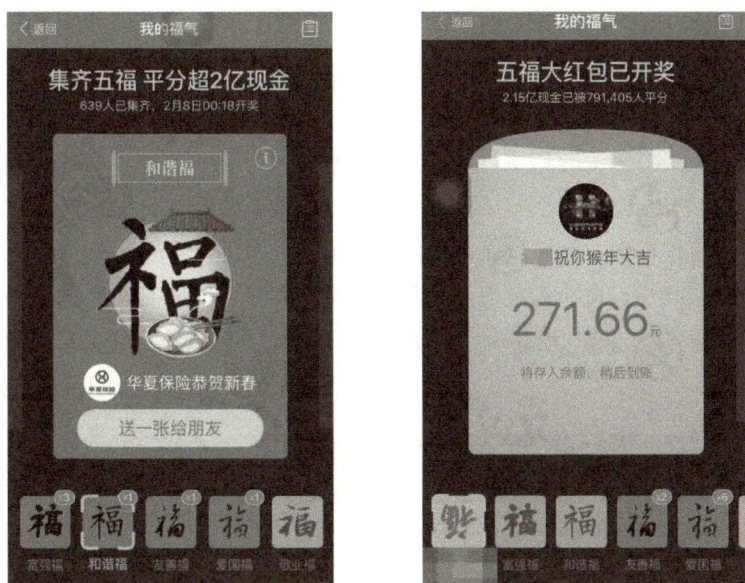

图 7-34　支付宝 App 的用户"集五福"界面

　　用户在支付宝平台主界面中选择红包功能点击进入，如图 7-35 所示，需要注意不同支付宝版本中红包功能入口的位置有所不同。在用户红包界面中，用户可以输入口令来领取红包，如图 7-36 所示。一般红包口令只能在支付宝推出的红包活动中才能够获得，红包金额的多少根据口令的不同而不同。

图 7-35　支付宝平台主界面

图 7-36　输入口令领取红包

如果用户累计输错十次红包口令，那么将在一段时间内不能继续输入口令，所以用户在输入红包口令时需要注意口令的正确性，口令可以是数字形式的，也可以是中文形式的。

用户输入的口令来源于品牌商家时，该用户需要已经实名认证才可以参与到该红包活动中去，如果未实名认证，用户无法使用口令获得红包。

在用户红包界面，用户可以领红包，也可以发红包，目前支持个人红包和群红包两种形式。用户点击个人红包，进入选择朋友界面，选择不同朋友之后点击"确定"按钮，进入红包信息填写界面，完成之后点击"发红包"按钮即可，如图 7-37 所示。

图 7-37　个人红包的发送流程

当红包发出之后，支付宝会通知对方登录支付宝 App 领取红包，领取之后红包金额自动转入支付宝账户余额。

个人红包是有固定的有效期的，其有效期为 72 小时，如果在有效期内，对方没有领取红包，那么红包内的资金自动退回至发送者的支付宝账户中。需要注意的是，领取红包的账户必须满足平台对身份实名认证的要求，并且也是在 72 小时内完成，不然红包也将自动退回。

在用户红包界面中，用户还可以发送群红包，点击群红包进入填写红包信息界面，完成之后点击"发红包"按钮，在悬浮框中选择并点击相对应的发送方式即可，如图 7-38 所示。

群红包的领取分为随机和定额两种方式，随机是指系统随机确定每份红包的金额，定额是指发送者设定每一份红包的金额。领取者先到先得，领完为止。

图 7-38 群红包

除了直接将群红包发送给朋友或者微信群等社交平台协助内容电商引流外，发送者还可以将红包分享到生活圈、钉钉等，甚至可以通过红包口令发送给所有看到红包的用户，用户只需输入口令就可领取红包，其引流效率非常高。

💡 **专家提醒**

群红包的有效期较短，为 24 小时，如果在有效期内未被领完，红包内剩下的资金将自动退回至发送者的支付宝账户余额中。

2. 微信红包

"红包"在近年来相当火爆，微信的红包功能也是瞬间就引爆了微信群，这便给内容营销者提供了一招绝妙的引流方法。

微信红包的形式共有两种，第一种是普通等额红包，可以发给一个人，也可以一次发给多个人；第二种是"拼手气群红包"，用户在红包设置界面中输入总金额和红包个数后，系统会在其他用户领取时自动生成不同金额的红包。

以普通红包为例，在微信"我的钱包"界面，点击"微信红包"按钮进入其界面，此时有两个选择，"拼手气群红包"和"普通红包"，如图 7-39 所示。点击"普通红包"按钮进入其界面，设置相应的"红包个数""单个金额"和留言，点击"塞钱进红包"按钮，如图 7-40 所示。

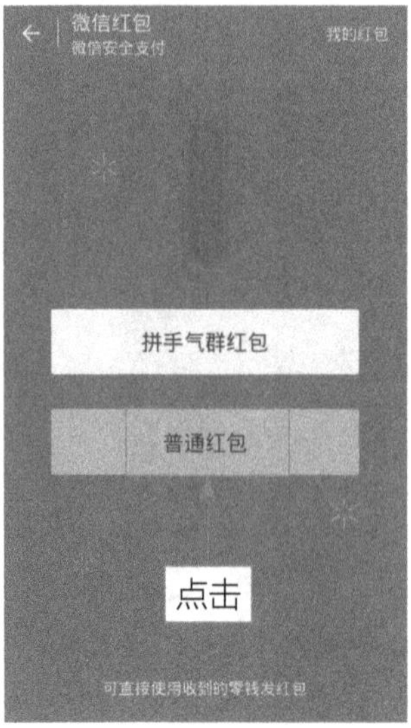

图 7-39 "微信红包"界面

图 7-40 设置"普通红包"

弹出"请输入支付密码"菜单，用户输入密码，在该界面也可以选择不同的支付方式，如图 7-41 所示。点击"发红包"按钮，如图 7-42 所示，然后在出现的界面中按照个人需求发到微信群或者好友聊天界面即可。

图 7-41 用户输入密码

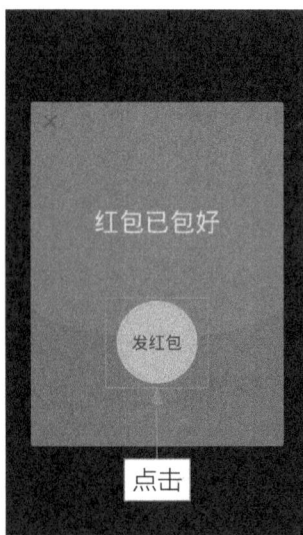

图 7-42 点击"发红包"按钮

微信红包的根本目的是通过社交圈扩散的方式，来实现企业内容的推广和宣传，同时用户接收红包需要绑定银行卡，开通微信支付，微信红包就通过这种方式来促使用户自主使用微信支付方式。随着用户使用红包的范围扩大，越来越多的微信用户习惯通过红包来向好友进行支付，这也意味着微信打造的"支付＋社交"模式已经成功，这也为内容电商带来了更多的想象空间。

7.11 移动 App：跨界引流，实现共赢

如今，各种各样的 App 非常多，而且用户群体非常大，用户使用频率非常高，人们对很多 App 已经形成了一种习惯性需求，如微信、支付宝、百度地图、今日头条、大众点评等都是典型的代表。移动互联网带来了人口红利，让这些 App 和基于 App 的服务成为内容电商不可错过的强势流量入口。

例如，美妆心得 App 由杭州贝宇网络科技有限公司开发，是主打口碑大数据的垂直型美妆企业 App。App 的具体内容定位分析如图 7-43 所示。

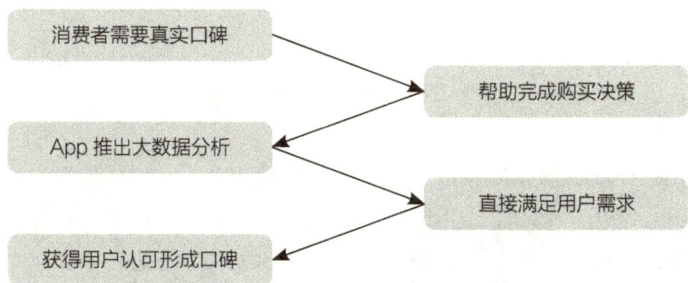

图 7-43 App 的具体内容定位分析

在女性美妆 App 领域，查询美妆产品评价与口碑是美妆 App 的必备功能，也是用户需求最明显的功能。美妆心得 App 主打大数据分析，为用户提供真实的美妆产品评价与口碑，使 App 成为用户购买护肤化妆品的购前参考时尚宝典。

在口碑的打造方面，用户内容能够直接产生口碑效应，所以用户社区往往是 App 最为看重的功能之一。美妆心得 App，同样有用户社区功能。如图 7-44 所示，为社区内容的 3 种类型：美妆达人、美妆小编、美妆萌主。

社交分享是用户内容来源的主要方式，为了方便用户更便捷地进行分享，App 在首页界面的显眼位置提供"轻分享"功能，支持用户快速进行图文分享。图 7-45 所示为轻分享功能的相关界面。

除了自主分享功能之外，用户也可以在 App 首页查看达人的相关分享，通过评论的方式参与内容互动，从而获得需要的相关信息。

在内容传播方面，借助 App 可以实现内容跨界传播的效果，不仅可以将内容很好地传播出去，而且还能实现强强联合，这就达到了本章一开始讲到的内容电商的引流

要领——联合，让彼此变得更强，让彼此都得到好处，实现跨界共赢。

图 7-44　社区内容的 3 种类型

图 7-45　轻分享功能的相关界面

第8章

盈利方式：内容电商靠什么来变现

内容电商并非简单地撰写几个标题，也不是编辑一篇华美的文章、拍摄一部精彩的视频，更不是只在微信、微博等推广自己的活动即可。内容电商要想取得成功，变现是不可避免的一个节点，只有可以盈利的内容才能获得更强大的生命力。

学前提示

要点展示

- ≫ 变现：成为内容最后的"去处"
- ≫ 突破：牢记那些失败的变现案例
- ≫ 时机：内容变现首先要抓住时机
- ≫ 地点：把握住有效平台实现变现
- ≫ 内容付费：最直接的内容变现方式
- ≫ 广告变现：高效实现内容营销目标
- ≫ 媒体电商：通过内容来为电商引流
- ≫ IP衍生：将IP标签巧妙地融入产品
- ≫ 社群经济：抓住社群"凝聚力量"
- ≫ 买断版权：独家播放带来海量流量

8.1 变现：成为内容最后的"去处"

2016年，内容创业不知不觉已经变成了一个"明星概念"，从简单文字到长微博，从短视频到直播，越来越多的创作者进入了内容创业这一火热的领域中。

那么，制作这么多内容究竟是为什么？

答案其实是显而易见的，那就是"卖钱"，也就是本章要讨论的变现，即将我们的一技之长变成现金。当然，并不是什么内容都可以拿来变现，内容要想变现，还需具备3种价值，如图8-1所示。

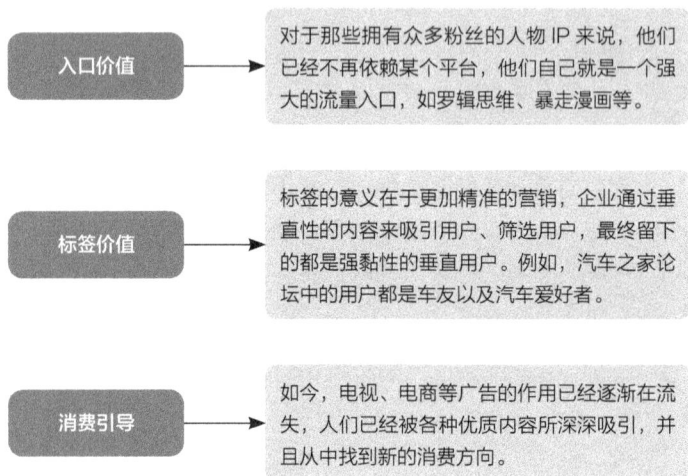

入口价值	对于那些拥有众多粉丝的人物 IP 来说，他们已经不再依赖某个平台，他们自己就是一个强大的流量入口，如罗辑思维、暴走漫画等。
标签价值	标签的意义在于更加精准的营销，企业通过垂直性的内容来吸引用户、筛选用户，最终留下的都是强黏性的垂直用户。例如，汽车之家论坛中的用户都是车友以及汽车爱好者。
消费引导	如今，电视、电商等广告的作用已经逐渐在流失，人们已经被各种优质内容所深深吸引，并且从中找到新的消费方向。

图 8-1　内容变现需具备的 3 种价值

从"罗辑思维"中即可看出这些价值对内容变现的作用，如图8-2所示。

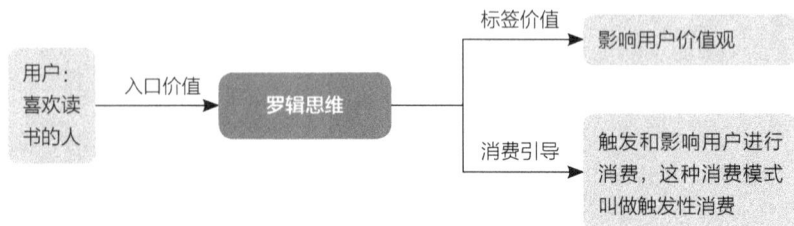

用户：喜欢读书的人 →（入口价值）→ **罗辑思维** →（标签价值）→ 影响用户价值观
罗辑思维 →（消费引导）→ 触发和影响用户进行消费，这种消费模式叫做触发性消费

图 8-2　3 种价值对内容变现的作用

目前来看，内容变现的主要形式包括内容付费、广告变现、媒体电商、IP 衍生、社群经济、买断版权等。

如今，很多优质内容已经可以直接产生付费，而且这个趋势还在不断扩大。这种变现模式已经超越了淘宝等平台的内容电商模式，他们还需要借用内容来引领，然后通过出售商品来赚钱，有时候商品卖的钱可能还平不了创作内容所花费的成本。因此，内容电商的终极模式应该是内容可以直接卖钱，就像"罗辑思维"那样，当然，要实现这一步是比较难的，他不但需要内容具备 3 大价值，还需要有 IP 属性。

8.2　突破：牢记那些失败的变现案例

要想在内容变现中有所突破，还需要牢记那些失败的变现案例，不能重复失败的道路，而要从中汲取经验教训，对自己的内容变现模式加以完善，才能获得成功。

例如，在 2015 年下半年上映的《黑猫警长之翡翠之星》就借用黑猫警长这个经典的动漫形象，浓浓的怀旧感将观众带回孩童时代，俘获了很多人的眼球，如图 8-3 所示。据悉，《黑猫警长之翡翠之星》上映 3 个月票房就达到了 7000 万元，可以说是一个比较成功的 IP。

图 8-3　动画电影《黑猫警长之翡翠之星》

因此，《黑猫警长》开始了内容变现之路，并且首先选择了手机游戏这种 IP 衍生的变现模式。不过，《黑猫警长》游戏上线以来却反响平平，如图 8-4 所示，远远不如电影火爆。

业内人士认为，《黑猫警长》系列手机游戏之所以失败，主要在于动画片更新迟缓以及更新能力差。但在笔者看来，这绝不是主要原因，而且还有些牵强。从该内容变现案例来看，内容变现具有非常深奥的学问，值得大家去探索。

图 8-4　《黑猫警长 2 极限追击》系列手机游戏

8.3　时机：内容变现首先要抓住时机

内容要想获得粉丝来实现变现，首先应该能够引起大家的共鸣，这需要一个时机。只有在正确的时间里用内容与用户共鸣，才能获得更精准的粉丝与流量，这样内容在变现时也才能更有价值。

1. 顺丰优选：抓住情人节话题内容

2015 年情人节期间，生鲜电商巨头顺丰优选就给用户带来了各种各样的情人节节目，吸引众多消费者浏览其网站，如图 8-5 所示。

图 8-5　顺丰优选主页

顺丰优选为了配合情人节主题，策划了一系列个性且有吸引力的内容主题，如"简约·情调·私密晚餐，给 TA 不一样的感觉""你的·我的·情人节，最甜蜜的表达，帮你优选""单身狗的情人节"等。通过这些主题内容搭配合适的促销活动，为用户营造浪漫且实惠的节日气氛，激发了用户的购买欲望。

2. 驴妈妈：用旅游激起用户共鸣

2016 年 10 月，正是秋高气爽的好时节，但国内却是阴雨连绵，让很多喜欢旅行的人望而生畏。对此，驴妈妈旅游网制作了"秋高气爽错峰游 专属出境好时光"的话题内容，如图 8-6 所示，瞬间引发了那些有需求的人们产生共鸣。

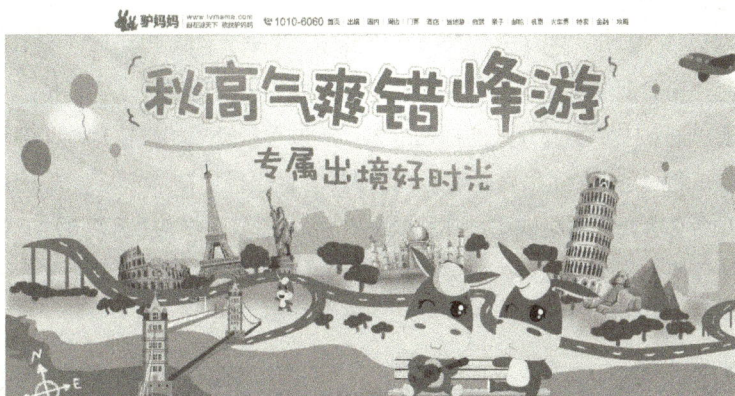

图 8-6　"秋高气爽错峰游 专属出境好时光"的话题内容

同时，驴妈妈旅游网还借此推出了东南亚、欧美、日韩，以及我国港澳台地区等一系列旅游路线，让用户畅享旅游乐趣，如图 8-7 所示，吸引了众多用户抢购。

图 8-7　驴妈妈推出的旅游路线

内容电商要想获得用户的青睐，除了制造一些让人动心的内容外，还应该积极揣摩消费者的心理，在正确的时机制作一些容易让消费者产生共鸣的话题。只要抓住内容的各种风口，把握当前人们的口味和需求，用户就会心甘情愿地买单。

8.4 地点：把握住有效平台实现变现

除了把握时机外，地点的选择也非常重要，如果你的内容在正确的时机却投放到一个错误的地点，如前面介绍的旅游内容发布到生鲜电商平台上，那么想必没什么人去看，即使看到了也不会去点。

因此，选择正确的内容发布地点是一个基本原则，这样才能更好地让内容对接用户需求。总之，在最有效和恰当的时机内，把握住有效的平台来推广内容，获得流量，才能更好地实现变现。

下面以 2016 年火热的《老九门》为例说明，《老九门》是如何把握有效平台，通过多平台实现变现的。《老九门》小说可以看做是《盗墓笔记》的前传，小说中描写了《盗墓笔记》主角吴邪等人的祖辈故事，通过平和简短的风格刻画了各种人物的日常片段，如今已经成为了很多同类小说承认的"盗墓历史"。

再来看看《老九门》电视剧，在原著上对剧情进行了一些加工和改动，同时演员阵容、特技效果也都非常强势，由梁胜权、何澍培、黄俊文联合执导，南派三叔担任监制，陈伟霆、张艺兴、赵丽颖等主演，如图 8-8 所示。

图 8-8 《老九门》电视剧

该剧于 2016 年 7 月 4 日起每周一、周二晚 10 点在东方卫视播出，于爱奇艺视频网站同步更新。截至 9 月底，《老九门》的网络播放量突破 100 亿，成为全网史上首部播放量破百亿的自制剧。借助影视这个内容形式，《老九门》从小说转变为一个强大的 IP。

下面来看一下《老九门》这个 IP 是如何变现的。

（1）广告植入：《老九门》中的广告包括"东鹏特饮""爱钱进理财""探探""香飘飘""新养道""加多宝"等，采用软性植入的"广告贴"模式，通过剧中人物亲自参演广告，增强了广告的可看性，如图 8-9 所示。

图 8-9 《老九门》电视剧中的广告植入

（2）手机游戏：《老九门》在手游方面也得到了很大的收益，借助电视剧的热播和火热程度，迅速打开手游市场，并且及时更新，收获了《老九门》粉丝的追捧和青睐，如图 8-10 所示。

图 8-10 《老九门》手机游戏

从《老九门》的变现可以看出，一个优质内容要想实现其价值最大化，还应该借助多平台、多渠道等地理上的优势来进行推动，尤其是在移动互联网迅速发展的当下，各种网络视频、手游平台都是不可忽视的高效平台。

8.5 内容付费：最直接的内容变现方式

对于内容电商变现来说，内容和流量是相辅相成的，内容可以带来流量，而流量可以让内容的价值变成现金。其中，内容付费是最直接的变现方式，很多自媒体平台、社交平台以及直播平台都在专注于原创内容的生产和变现模式。

那么，什么是内容付费呢？就是用户为想要看的内容支付一定的资金。通常情况下，人物 IP 会制造一些热点话题、优质视频内容来吸引粉丝关注和参与，当参与的粉丝达到一定数量时，或者是这些话题的单链接、视频浏览量达到一个足够的高度时，此时会员资格或 VIP 就可以卖到几块钱甚至十几块钱。

例如，在喜马拉雅 FM 的"付费精品"专区中，《奇葩说》主持人马东推出的口才培训节目《好好说话》，如图 8-11 所示，在发售首日的销售额就超过了 500 万元。

图 8-11 《好好说话》音频节目主页

用户通过订阅 VIP 服务，为好的内容付费。通过卖会员、VIP 来实现内容变现，可以让内容创作者从中获得尊严和回报，他们才能有更多的精力和激情进行持续的内容创作。

另外，各种直播平台的粉丝打赏也是一种内容付费模式。对于那些于在线直播平台中成名的主播来说，最主要的变现方式就是通过主播工作来赚钱了。粉丝在观看主播直播的过程中，可以在直播平台上充值购买各种虚拟的礼物，在主播的引导或自愿情况下送给主播，而主播可以从中获得一定比例的提成以及其他收入。

　　这种变现方式要求这些主播等内容创作者具备一定的语言和表演才能，而且要有一定的特点或人格魅力，能够将粉丝牢牢地"锁在"你的直播间，而且还能够让他们主动为你花费钱财购买虚拟礼物，如图 8-12 所示。

图 8-12　直播主播通过虚拟礼品实现盈利

　　内容付费模式目前处于飞速发展的阶段，主要包括网红直播、电视剧、电影、小说文学等具有强粉丝的内容，吸引大量用户为之买单。

> **专家提醒**
>
> 　　目前看来，亲子教育内容极有可能成为内容付费的重要形式。例如，巧虎《乐智小天地》的亲子教育内容就具有非常强的变现能力，很多家长都愿意为之买单，如图 8-13 所示。因此，拥有相关技能的内容创业者可以研究一下家长们通常在什么平台、喜欢看什么样的内容，这些都能为内容变现提供新渠道。
>
>
>
> 图 8-13　巧虎《乐智小天地》官方网站

8.6 广告变现：高效实现内容营销目标

不管是在传统媒体时代、电子商务时代，还是在自媒体时代，广告都是最常用也是最好用的变现手段之一，这一点在内容电商中也得到了很好的传承。例如，在腾讯社交广告平台上，可以植入各种社交效果广告、品牌促销、新品发布、Kol（意见领袖）的评论等内容，而且也适合植入各种软性广告，如图 8-14 所示。

图 8-14　腾讯社交广告营销平台

1. 垂直领域的内容

在内容电商中，很多广告主都喜欢选择垂直领域的内容来投放广告，包括旅游、美妆、母婴、美容、健康、户外、亲子、艺术、财经、军事等众多细分领域。

例如，《明白了妈》是由北京青藤文化创意有限责任公司推出的原创母婴动画，如图 8-15 所示。

图 8-15　《明白了妈》原创母婴动画节目

在第一季中的某一期视频节目中以"宝妈们屯红糖"为话题，植入了一个古方红糖的广告。据悉，该视频内容仅仅播出了一周的时间，就为节目做信号带来了 20 万元的红糖套装销量。

2. 泛娱乐领域的内容

泛娱乐领域内容的广告就比较丰富了，首先是 PGC（Professional Generated Content，专业生产内容）内容，然后还有网络综艺、网络剧集和网络电影等多种强影视 IP 的内容形式。这是由于在电视媒体时代，大家养成的习惯，认为广告是电视中才会出现的内容。

另一方面，影视内容中有很多 IP 拥有极大的影响力和粉丝群体，而且可以将 IP 与产品进行长期捆绑引流，因此吸引了很多广告主。例如，由爱奇艺马东工作室打造的说话达人秀视频节目——《奇葩说》，其主要内容就是寻找各种观点独特、口才出众的说话达人，如图 8-16 所示。

图 8-16 《奇葩说》视频节目

据悉，《奇葩说》第一季就收获了 5000 万元的冠名费，而且其网络点击量达到了 2.6 亿。随后，各大品牌商家都开始花高价冠名各种网络综艺节目，如《火星情报局》《中国新歌声》《偶滴歌神啊》《拜托了冰箱》等综艺节目都成功地借助广告实现了内容变现。

当然，在这些高额广告收入的背后，仍然需要优质内容来支撑，否则可能只是昙花一现了。

8.7 媒体电商：通过内容来为电商引流

很多有商业头脑的内容创作者早早地就布局了电商业务，或开淘宝网店，或开手机微店，利用优质内容本身的强大号召力和粉丝基础，通过在电商平台销售产品的形式来实现变现。

媒体电商是一种比较简单直接的变现方式，就是通过内容来为电商引流，然后出售相关的产品，例如罗辑思维卖书、网红张大奕的淘宝店等都是这种方式。例如，服饰美妆类红人李爱爱 liaiai 就是一个知名的淘女郎，如图 8-17 所示，她在直播时差不多每秒都有 10 个新增关注用户。

图 8-17　淘女郎李爱爱 liaiai 的内容变现

目前，媒体电商的主要领域集中在时尚、搭配以及美妆等女性相关行业，她们往往先利用微信、微博等社会化媒体进行内容传播，体现其消费价值观和生活方式，当积累到一定的用户后，再通过内容形成电商交易，解决这些被深度影响的粉丝需求。以美妆行业为例，其模式如图 8-18 所示。

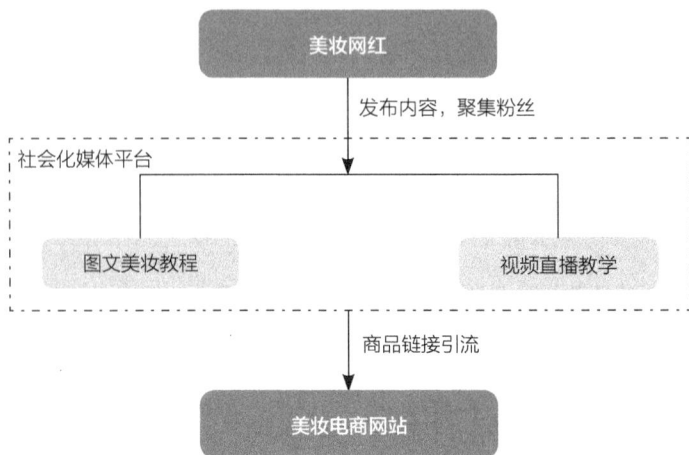

图 8-18　美妆行业的内容变现模式

同时，很多时尚类的内容创作者也都采用了这种方式，她们将各种流行趋势资讯、时尚搭配技巧等内容与自己的日常生活结合在一起，通过互联网内容的形式呈现给粉丝，在搭配方式中推荐相关的商品，实现电商导流和销售变现。

当然，媒体电商对内容的要求也比较高，它必须具备强大的触发用户消费的能力，也就是前面提到的内容变现 3 大价值的最后一个。企业可以先通过优质内容沉淀消费者，然后把消费者与商品之间的链条打通，这样可以得到标签属性更强的消费群体，也就更容易实现电商变现。

例如，电影《泰囧》百分之八十的场景在泰国拍摄，如图 8-19 所示，对泰国旅游业来说这是一次很好的推荐。随着影片的热映，很多观众都会产生到影片拍摄地去看一看的兴趣。相关数据显示，2015 年有 250 万中国游客前往泰国旅游，而且泰国游的价格也趁机水涨船高，可见用户对影视旅游内容的认可度非常高。

图 8-19　电影《泰囧》中的泰国场景

总的来说，优质内容与电商的结合，不但给电商平台带来了更多的粉丝流量，同时也为粉丝带来了购买相关商品的渠道。这样的组合方式更能快速实现优质内容的变现，让媒体电商销售做得更大、更强。

8.8　IP 衍生：将 IP 标签巧妙地融入产品

IP 衍生前面已经反复提过，而且这种内容变现模式已经越来越流行。通过将 IP 产品化，透过周边产品来实现内容变现，这样会更成功。

例如，很多动画片火热之后，必定会带动周边衍生品的销量，如鼠标垫、马克杯、T 恤衫、手机壳、人物模型等。图 8-20 所示为淘宝上的热门动画片《火影忍者》的周边衍生产品。

图 8-20 《火影忍者》的周边衍生产品

1. 《白发魔女传之明月天国》

据悉，在美国，电影的票房收入只占到 IP 整体收益的 30%，而电影衍生品和其他收入却占到了 70%，而国内则完全相反，IP 衍生市场还有极大的潜力可以挖掘。

当然，即便国内的 IP 衍生市场刚刚开始，其中也不乏很多经典的案例。例如，梁羽生武侠小说改编的《白发魔女传之明月天国》，由张之亮导演，徐克担任艺术顾问，黄建新监制，黄晓明、范冰冰、赵文卓、王学兵等主演，迅速聚拢了大量粉丝，如图 8-21 所示。

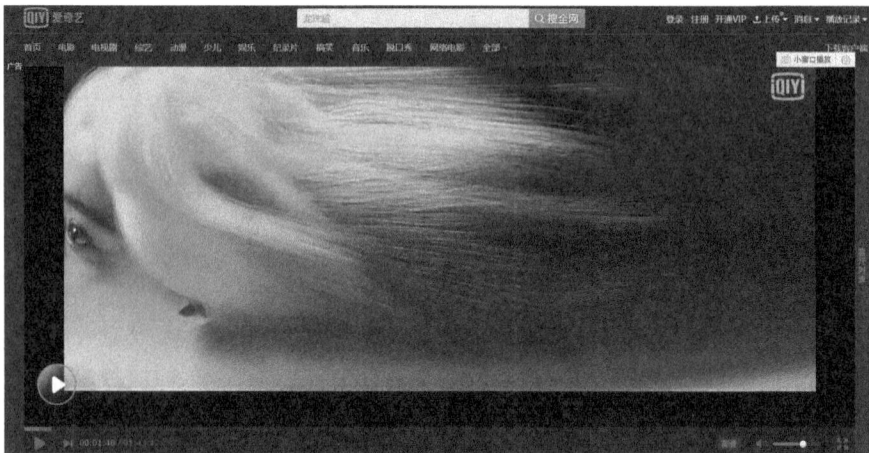

图 8-21 电影《白发魔女传之明月天国》

在电影火爆后，其中范冰冰的白发魔幻造型引发了一场"白发"风潮，并吸引了一家摄影公司与该电影达成合作。随后，摄影公司将从电影中聚拢的粉丝进行转化：在全国上百家摄影公司分店内推出以范冰冰的白发造型为主题的"白发魔女传"造型套系，成为当时火热的摄影潮流，通过 IP 衍生进一步提升了电影内容变现的转化率。

2. 《爸爸去哪儿》

由芒果 TV 引进韩国 MBC 电视台的《爸爸去哪儿》是一款亲子户外真人秀节目，如图 8-22 所示。

图 8-22　《爸爸去哪儿》

《爸爸去哪儿》从 2013 年上线后就吸引了大量观众，至今已经播出四季，成为拥有强大粉丝的超级 IP，此时，它的变现就变得十分简单。《爸爸去哪儿》首先开发了一系列手机游戏，带给玩家更加卓越的游戏体验，如图 8-23 所示。

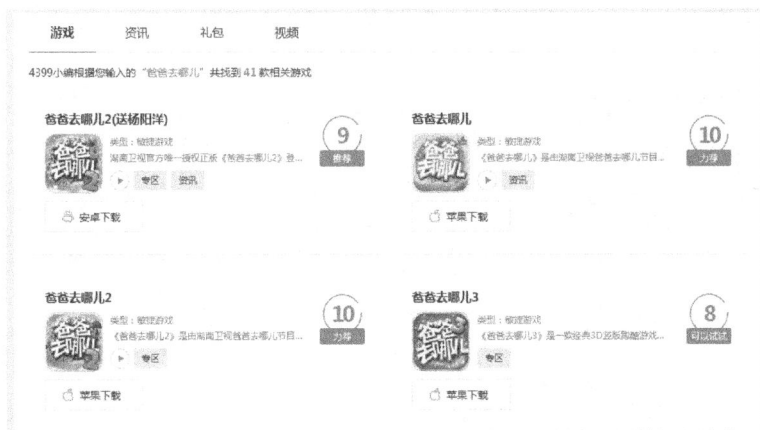

图 8-23　《爸爸去哪儿》系列手机游戏

同时，《爸爸去哪儿》还推出了大电影，而且票房直线上升，如图 8-24 所示。

图 8-24 《爸爸去哪儿》电影

近几年，很多热门的网络视频、电视剧、电影等内容都在积极开发周边产品，如《三国演义》《西游记》《海贼王》《变形金刚》等，以扩大 IP 的价值。同时，依靠这些影视内容积累的大量粉丝将 IP 内容衍生到游戏、实体产品等方向，进一步拓展内容变现渠道。

8.9 社群经济：抓住社群"凝聚力量"

社群的范围比较广泛，大到一些协会，如手机摄影协会、互联网协会等；小到一些微信群，都可以成为社群。社群经济属于一种间接的内容变现模式，主要基于社交平台来运营优质内容，其流程如图 8-25 所示。

图 8-25 社群经济的变现流程

当然，社群经济并不是建一个微信群就可以实现盈利的，还需要对社群进行规划和运营，如图 8-26 所示。

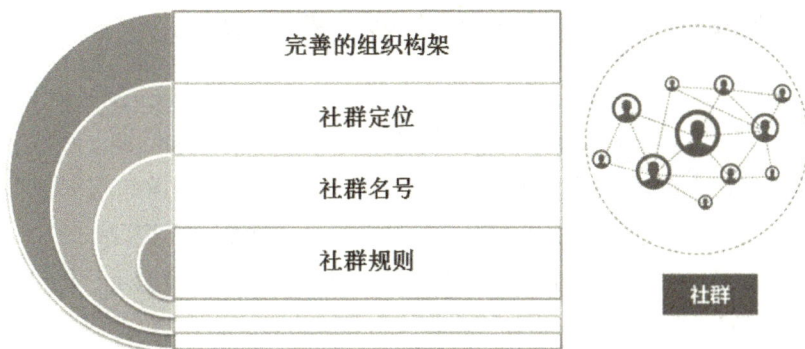

图 8-26　能够盈利的社群特征

将社群建立好并拥有一定的粉丝基础后，可以采用一种最直接的盈利模式，那就是会员收费。例如，很多大 IP 基于微信群建立了一个完整的社群体系，其他人要想加进来共享其中的资源，则需要按月、按季或者按年来缴费。

另外，当社群形成一定规模后，还可以推荐或销售一些垂直型的产品。图 8-27所示为小米之家微信公众平台，这里也是"米粉"的交流聚集场所。

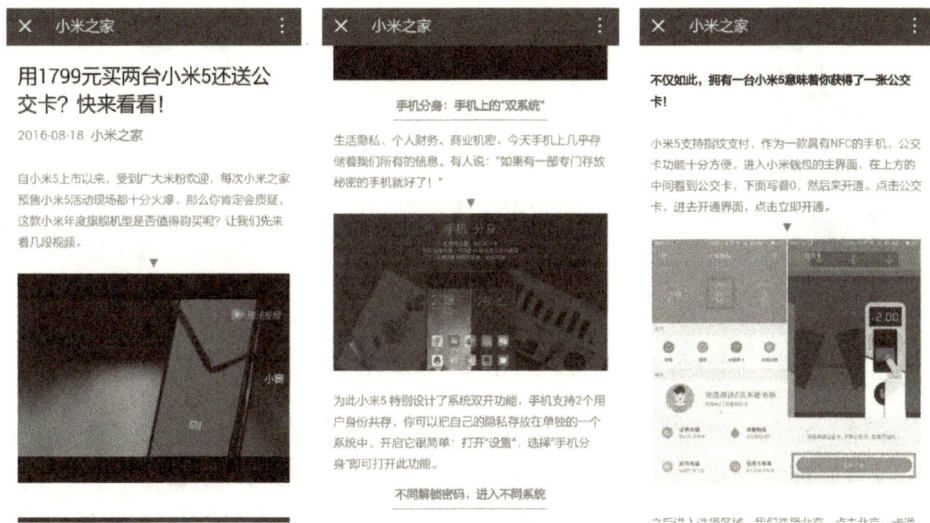

图 8-27　小米之家微信公众平台中的内容

社群经济这种内容变现模式的关键在于"凝聚力量"，即首先必须建立一个稳定的社群。因此，社群需要一个强大的组织者，同时还需要有内容来串联粉丝的共同价值观以及与粉丝进行互动，保持持续的影响力，进而围绕品牌或产品实现商业价值变现，才能成为真正的赢家。

8.10 买断版权：独家播放带来海量流量

内容的核心是 IP，而 IP 在狭义上是指内容的知识产权（Intellectual Propert），意指"权利人对其创造的智力劳动成果所享有的财产权利"。各种发明创造、艺术创作，乃至在商业中使用的名称、外观设计，都可被认为是权利人所拥有的知识产权。

如今，国内一些比较大型的视频网站都采用了买断版权的内容变现战略，将特殊版权与强力 IP 相结合，以增加付费用户的数量，如腾讯视频、QQ 音乐、爱奇艺等都喜欢用买断的方式来操作。

2016 年 2 月，腾讯视频独播上线《再见美人鱼》，首日的播放量便接近 5000 万，如图 8-28 所示。《再见美人鱼》采用"免费试看 + 付费观看全集 + 会员下载"等盈利模式，以此来实现内容变现。腾讯视频买断内容版权后，便利用已有的各种终端资源来全力宣发内容，从而实现流量最大化，这是其成功的要点所在。

图 8-28 腾讯视频中的收费电影《再见美人鱼》

据悉，腾讯还花费 30 亿元取得了 NBA 的国内网络传播权，也就是说，其他视频网站如果再播放 NBA 赛事，就是一种侵权行为。买断版权确实可以获得不少的内容和 IP 粉丝，如腾讯买断 NBA 后，那么喜欢看 NBA 的人就只能通过腾讯来观看了，这将大大地增加腾讯的流量。当然，这些流量带来的内容变现收入如何去弥补买断版权的成本，这还值得各大电商平台去探索。

第 9 章

运营趋势：内容电商如何做大做强

学前提示

现如今，对于企业来说，没有内容就很难传播，没有传播就没有流量、用户和收益。尤其是在移动互联网时代，内容已经成为决定企业成败的关键因素之一。因此，企业必须通过良好的运营策略产生高质量的内容，来获得大量用户，让内容电商的效果最大化。

要点展示

- ≫ 生态：让内容具备强大生命力
- ≫ 品牌：借助粉丝力量扩大影响力
- ≫ 创意：注重内容的质量与创新
- ≫ 坚持：好的内容需要长期运营
- ≫ 深化：给粉丝留下深刻的印象
- ≫ 资源：借力打力降低运营成本
- ≫ 多元：多平台运营的效果更佳
- ≫ 注意：躲开内容运营中的雷点

9.1 生态：让内容具备强大生命力

内容电商要想实现更好的运营，打造一个生态营销模式是不错的方法，可以让内容电商实现可持续发展，具体分析如图 9-1 所示。

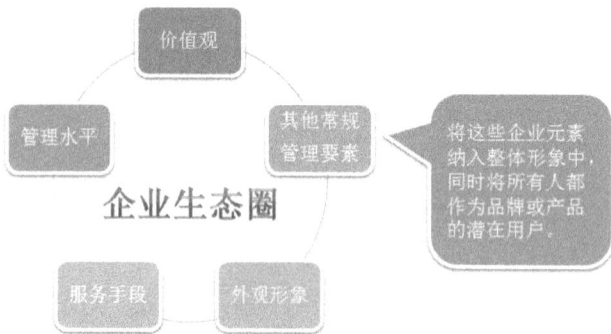

图 9-1 企业生态营销分析

如今，内容营销已经成为了热门的互联网营销方式，很多企业都在努力构建更加生态的营销体系，将品牌做大做强，让品牌可以持续发展下去，这也是内容电商的一个趋势。

例如，搜狐视频曾取得了《中国好声音》第二季的独家网络媒体版权，在首播两小时内就获得了 400 万的在线人数，而且创下了 13.9 亿的总播放量，如图 9-2 所示。

图 9-2 《中国好声音》第二季

这种成功使搜狐视频看到了搭载热播综艺内容的好处，于是再接再厉取得了《中国好歌曲》第二季的独家网络版权，如图 9-3 所示。同时，搜狐视频通过微博转发的内容传播模式，吸引网民的点击和播放，该节目的总播放量超过了 7.7 亿。

图 9-3 搜狐视频独家网络播放《中国好歌曲》第二季

搜狐视频之所以能取得成功，除了拥有优质的内容外，还通过"新媒体平台 + 微博"矩阵式运营的传播合力，加强了内容曝光度，而且还可以充分调动市场势能，带动品牌的生态一体化模式不断向前发展。

9.2 品牌：借助粉丝力量扩大影响力

当内容带上品牌标签后，就说明它已经拥有了较高知名度，如《鬼吹灯》《盗墓笔记》《花千骨》《琅琊榜》等作品就是典型代表。品牌或产品可以借助这些 IP 标签引起粉丝的连带效应，吸引人们关注，借助粉丝力量扩大影响力。

例如，碧欧泉在推广一款名为"暖和泉"的新品时，就携手陈学东和丁一宇打造了一部碧欧泉微电影《暖男日记》，如图 9-4 所示。

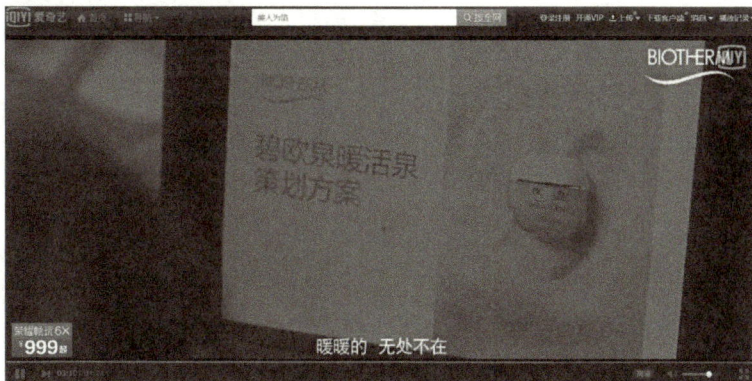

图 9-4 微电影《暖男日记》

碧欧泉同时通过官网、微博、微信以及各大视频网站发布该微电影，而且在推广内容上，还为粉丝举办了"观看微电影，为心中暖男投票"的活动，用户只要购买碧欧泉新产品，即可赢取暖男明星见面会的活动门票。

碧欧泉还在微博上打造了＃碧欧泉－暖男日记＃话题，一时间吸引了超过600多万人阅读，同时引起了几万人的讨论，如图9-5所示。

图9-5　＃碧欧泉－暖男日记＃话题

另外，微信平台上的《暖男日记》也引起了粉丝关注，碧欧泉还为《暖男日记》推出专题内容，并向粉丝推送这些精彩内容，如图9-6所示。

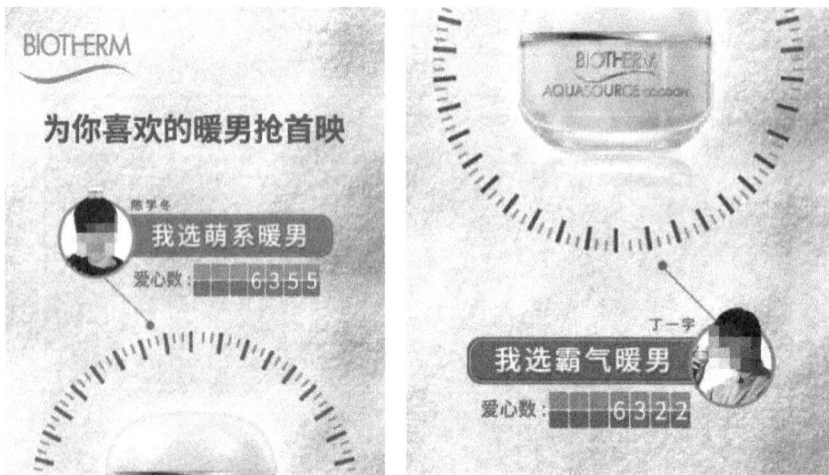

图9-6　《暖男日记》专题内容

碧欧泉在品牌推广过程中，借用内容营销得到了众多粉丝的支持和参与，同时电商平台上的销量也大大增加，商家体验到了内容驱动品牌带动红利的好处。

9.3 创意：注重内容的质量与创新

创意不但是内容电商发展的一个重要元素，同时也是必不可少的"营养剂"。互联网创业者或企业如果想通过内容电商来打造品牌知名度，就要懂得"创意是王道"的重要性，在注重内容的质量基础上更要发挥创意。

例如，继"冰桶挑战"后，微信圈中又刮起了一股"微笑挑战"之风，而且只用了 3 天时间就成为了微信话题中的大热门，如图 9-7 所示。

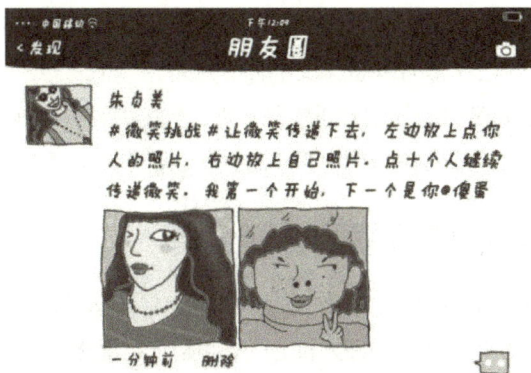

图 9-7　"微笑挑战"

一时间，微信中出现了各种姿势的笑态，如 45 度低头浅笑、微笑、大笑、怪笑和傻笑等，各种面带笑容的自拍照瞬间占满了手机屏幕，如图 9-8 所示。

图 9-8　"微笑挑战"在微信朋友圈迅速蔓延

"微笑挑战"主要通过点赞以及转发等方式，让大家将微笑传递下去，形成一种接力活动效应，得到了网民的热烈响应。随后，很多颇有人气的影视明星也加入了"微笑挑战"的阵营，让活动得到了持续升温。

"微笑挑战"之所以能够成功，主要在于其运用了暗合人性的创意手法，给了人们一个进行很好的自我展示的理由和平台。同时，从营销角度来分析，"微笑挑战"也形成了一种病毒营销的效果，对于内容电商的推广来说，这种创意极具借鉴价值。

同样，在内容电商的营销过程中，对于想要借助内容来塑造个人品牌的创业者或企业来说，创意也可以为你打响一定的知名度。当你打造出一个优质内容后，不能说明你就成功了，还要看你的内容是否得到人们的认可，是不是能够让人眼前一亮。

一个拥有优秀创意的内容能够帮助企业吸引更多的用户，创意可以表现在很多方面，新鲜有趣只是其中的一面，还可以是贴近生活、关注社会热点话题、引发思考、蕴含生活哲理、包含科技知识和关注人文情怀等方面。

对于内容电商运营来说，如果缺乏创意，那么整个内容只会成为广告的附庸品，沦为庸俗的产品，因此企业在进行内容策划时，一定要注重创意性。

9.4 坚持：好的内容需要长期运营

一个成功的内容电商并非只是创作出来的，更多的是运营出来的。坚持长期的运营是内容电商的基本，再好的内容假如长时间缺少运营，最终也会消失。

1. 《名侦探柯南》

根据日本漫画家青山刚昌创作的侦探漫画《名侦探柯南》于 1996 年 1 月 8 日开始播放，至今仍在更新播出，其动画系列如图 9-9 所示。

《名侦探柯南》动画上线至今，已经更新到近 900 集

图 9-9 《名侦探柯南》

《名侦探柯南》漫画还衍生出一系列作品，如电视动画片、剧场版动画，已经蔓延至整个 AGC（Animation、Comic、Game 的缩写，即动画、漫画、游戏）领域，

而且市场上还推出了大量与之相关的 DVD、服饰、模型等周边产品，其衍生品之多、产业链之完善实属罕见。如图9-10所示，为《名侦探柯南》剧场版《异次元的狙击手》推出酷炫周边产品"名侦探柯南保护手提袋"。

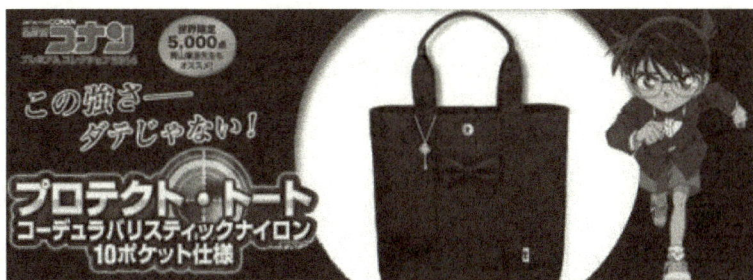

图 9-10　周边产品"名侦探柯南保护手提袋"

近 900 集的超大剧情含量，长达 30 多年的创作时间跨度，并伴随着相关科技的进步，都为《名侦探柯南》持久有效的内容创作发展带来了契机，成就了《名侦探柯南》许多为人称道的地方。

2. "经典绘本"微店

有的人靠微信朋友圈发家致富，有的人则依靠微信公众号销售产品，一位名为"哈爸"的中年男子余春林就是依靠微信公众号以及腾讯媒体开放平台创下了日销 3 万元的成绩，余春林是一个自媒体人，他运营着两个自媒体，分别是"经典绘本"和"哈爸哼妈"，图 9-11 所示为"经典绘本"微信公众号及"哈爸—妈妈 + 大 V 店"。

图 9-11　"经典绘本"微信公众号及"哈爸—妈妈 + 大 V 店"

229

想要销售产品，第一步就是通过内容运营来引流，余春林在"经典绘本"和"哈爸哼妈"这两个媒体上通过发布绘本、育儿的信息内容吸引了一大批粉丝和读者，这两个媒体取得的相关成绩如图 9-12 所示。

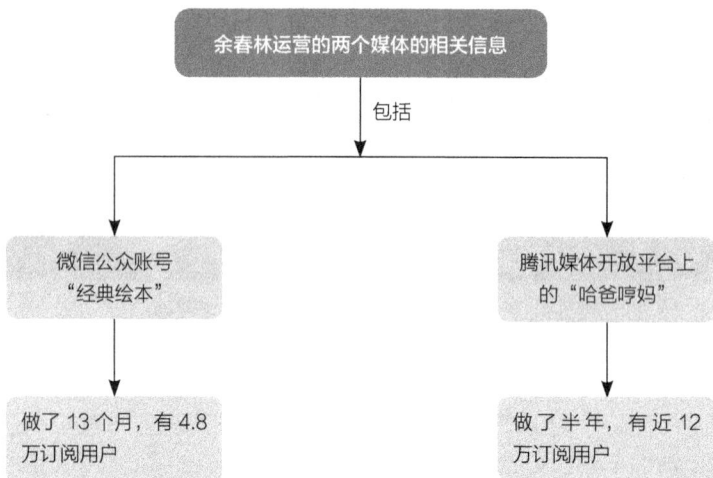

```
        ┌─────────────────────────────────┐
        │    余春林运营的两个媒体的相关信息    │
        └─────────────────────────────────┘
                       │ 包括
          ┌────────────┴────────────┐
          ▼                         ▼
  ┌───────────────┐         ┌───────────────┐
  │ 微信公众账号     │         │ 腾讯媒体开放平台上 │
  │ "经典绘本"      │         │ 的"哈爸哼妈"     │
  └───────────────┘         └───────────────┘
          │                         │
          ▼                         ▼
  ┌───────────────┐         ┌───────────────┐
  │ 做了 13 个月，有 4.8 │     │ 做了半年，有近 12 │
  │ 万订阅用户       │         │ 万订阅用户       │
  └───────────────┘         └───────────────┘
```

图 9-12　余春林运营的两个媒体的相关信息

有了粉丝后，余春林就开始销售自己的产品了，他通过微店开店的方式在熟人圈里进行了精准营销，同时通过一系列的促销打折活动，轻轻松松地就将自己的产品销售了出去，创造了日销 3 万元的销售奇迹。

余春林能够成功的原因在于他抓住了家长们的心理需求，创作了一系列的绘本分享和育儿教育的相关内容，采用图文并茂的形式将内容推送出去，通过坚持不懈的运营成功走进了家长们的心，在亲子教育这一块引起了共鸣。

总的来说，那些拥有巨大商业价值的内容电商，并非一开始就是完美的，而是需要长期运营，并对内容进行维护和更新，这样才能发挥内容的价值，提高其背后的品牌价值和知名度。

9.5　深化：给粉丝留下深刻的印象

对于内容电商来说，只有实现内容与产品的深度融合，在产品中注入大量的内涵、文化、精良的制作和细节，其品牌、产品才能给粉丝留下深刻的印象。

例如，市场上有那么多的手机品牌，为什么消费者不惜重金去购买 iPhone 呢？面对众多的运动品牌，为什么消费者总是对阿迪达斯、耐克等趋之若鹜呢？其原因就在于这些产品背后的内涵。

例如，被誉为"互联网餐饮鼻祖"的黄太吉煎饼在运营内容时，就非常注重从用户的需求出发，如图 9-13 所示，这一点有别于普通的煎饼摊。

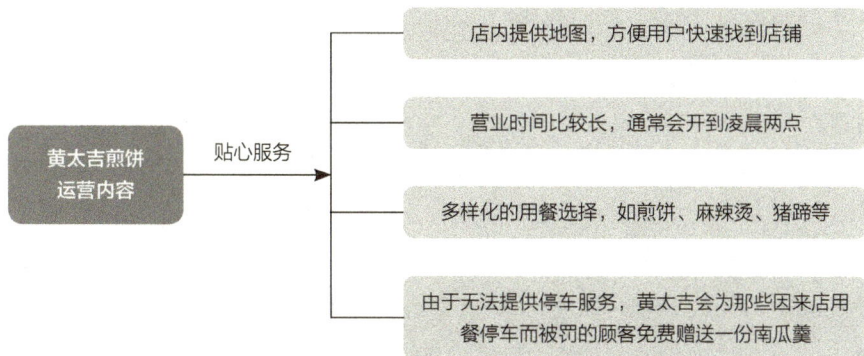

图 9-13 黄太吉在运营中位顾客提供了贴心的服务内容

黄太吉创始人赫畅是一个曾任职于百度、去哪儿、谷歌的互联网人，他选择利用互联网这一强大平台增强与用户之间的互动，深入了解用户的需求。黄太吉通过运用网站以及微博、陌陌、微信等各种热门的移动互联网 App，与用户保持随时随地的互动，关注用户的需求和体验，将服务做得深入人心。图 9-14 所示为黄太吉的微信公众平台。

图 9-14 黄太吉的微信公众平台

内容电商固然是好的品牌打造点，但要给粉丝带来惊喜、为产品增色以及提高品牌知名度，企业还必须冷静下来，认真思考如何丰富和深化内容来沉淀粉丝，创造出真正让他们叫好的产品，打造出更好的品牌。

9.6 资源：借力打力降低运营成本

一个人的精力始终是有限的，因此企业在内容电商的运营中切不可单打独斗，而要学会借力打力，充分利用和挖掘新媒体资源，在降低运营成本的同时实现推广和营销目的。

一些运营能力强的企业还可以用商业合作的形式来变现，通过巧妙的运营和炒作等手段，可以帮助企业或品牌实现宣传目标。其中，炒作是最常见的一种商业手法，在炒作的过程中，内容发布者运用首页推荐、热门专题等手法，然后再由网络版主将其内容加精并置顶，同时突出标题色彩，提升内容在网站上的排名，以获得更多的关注量。

此后，电视、广播、报纸杂志等传统媒体又会从网络中嗅到这些热门的内容，并将其转移到生活中，让那些远离网络的人也能将内容口口相传。

最后，策划者、被炒者以及内容发布者即可获得现实的经济效应——广告代言费和出场费。当然，这些收入各方都有一定的分成，具体的分成比例通常会签订相关的协议。

例如，图 9-15 所示的这篇文章，标题为"联通终于推出 4G'无限流量'套餐，这下移动电信要哭了！"。显而易见，作者采用了概念炒作的手法，推出"无限流量"概念，一下子就打开了销路。其实，从内容中可以看出，这个"无限流量"是有一定条件的，但足以吸引消费者关注。

图 9-15 概念炒作的案例

9.7 多元：多平台运营的效果更佳

很多人认为做新媒体的内容就是开通微博、微信，其实，新媒体平台远远不止这些，前面在第 2 章中已经介绍了大部分的内容平台，这里再次强调一下：多平台运营效果比单一平台更好。

企业做内容电商，需要有力的内容运营工具。如今是自媒体发达的时代，企业不必花费高昂的费用在电视、报刊等媒体上投放广告，只要结合微博、微信、论坛、官网、博客等平台进行多元化运营，不但可以让内容得到快速传播，还能使其背后的品牌和产品广为人知。

例如，小咖秀是一款自带幽默搞笑功能的视频拍摄 App，用户可以使用它快速拍摄搞怪视频，而且还能同步分享视频内容，如图 9-16 所示。

各种配音、MV
上万声音可以供你玩耍，表现不了你的逗逼创意？用原创啊

图 9-16 小咖秀的特色功能

用户可以在小咖秀 App 中展现自己的演技，运用对嘴、合演等技能展现个人的精彩，传递快乐的正能量，是一款可以高效引爆朋友圈的社交工具。

尽管小咖秀目前很火爆，但它在刚开始推出时却处处碰壁。为此，小咖秀尝试与一些明星 IP 合作，但明星们觉得在这样的 App 上做推广会有损自己的形象，大部分人选择了拒绝。

不过，功夫不负有心人，小咖秀最终找到了一位明星 IP 王珞丹。王珞丹通过在小咖秀上尝试搞笑娱乐的功能之后，居然吸引了大量粉丝关注，而且小咖秀也一跃成为明星与粉丝互动的新渠道。开通明星 IP 渠道后，小咖秀进一步与多位明星达成合作，同时还运用微博、微信等多个平台来宣传。

小咖秀在不到 2 个月的时间就成功吸引超过 800 万用户下载。根据最新的百度指数显示，小咖秀的整体搜索指数达到 58365，整体增长达到 427%，用户数量达到 1500 万。

从小咖秀的案例中可以得出，打造内容电商不仅需要好的点子，更要重视多元化平台的力量。如今，市场上除了微博、微信外，还充斥着大量的自拍 App 以及各种视频网站和直播平台，这些活跃平台对于企业运营内容电商有很大的帮助。

> **专家提醒**
>
> 在这个移动互联网时代，每个用户使用的移动平台媒介都不同，根据自身的习惯，有的人喜欢用微博分享信息、有的人喜欢用 QQ 聊天、有的人喜欢逛贴吧、有的人喜欢看视频……正是因为移动端的繁杂性和人们使用习惯及行为的不同，才导致单一的内容电商运营很难取得很好的效果，因此，企业必须和其他移动平台进行整合才能达到运营推广的目的。

9.8 注意：躲开内容运营中的雷点

做内容电商运营时，很容易进入各种误区，一旦掉入就有可能血本无归，下面介绍几个值得注意的事项和需要防备的雷点。

1. 反复检查，确保内容无误

在内容的设计环节要特别注意，推广出来的内容，必须是经过多次修改、优化后确定下来的，也就是前期准备要充足，那么前期准备要注意哪些事项呢？下面将一一列举。

- 需要推广的产品、品牌或者活动等目标是否成功地插入到内容中。
- 内容的标题是否吸引人。
- 检查内容中是否有错别字。
- 检查正文内容是否上下连贯。
- 检查内容是否存在标点错误。
- 检查内容的配图是否合适。
- 检查内容的开头和结尾是否合适。
- 检查关键词的植入是否过于密集。
- 检查内容中的超链接是否有误。

而且除了以上这些注意事项之外，还要注意内容的字数，如果不是研究性的内容，字数最好控制在 1000 字以内比较好，因为这样读者才会有耐心读下去，从而达到推广的效果。

2. 发布内容要注意什么

如何发布内容才能既让搜索引擎收录，又能提高用户的体验，要注意如图 9-17

所示的 3 点内容。

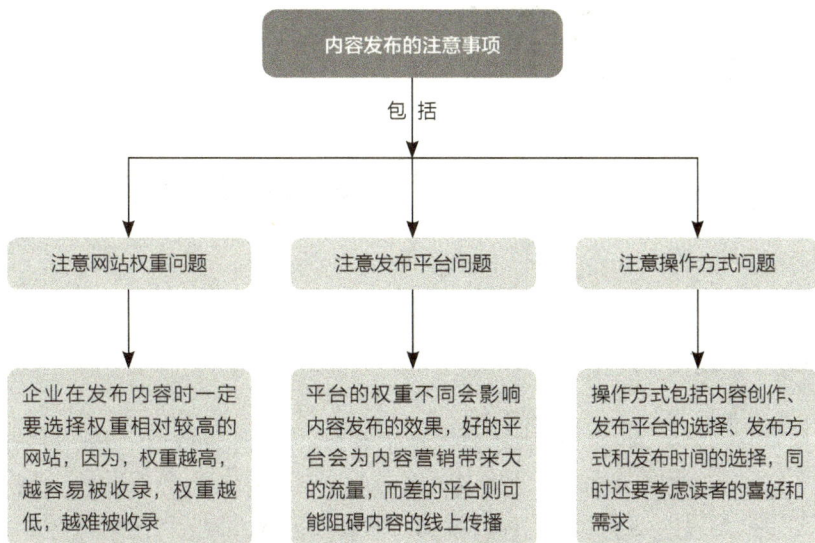

图 9-17　内容发布的注意事项

3. 版面拥挤的内容很少有人看

一篇好的内容如果不注意排版，版面设计十分马虎而且特别拥挤，这样的内容一定不会让读者有好的阅读体验，因此内容的排版要尽量用严谨的态度、有条不紊的思路和专业的排版技术来提高内容质量。

每个人的审美不一样，排版出来的格式、版面也就不一样，在此，笔者给出如图9-18 所示的几点建议。

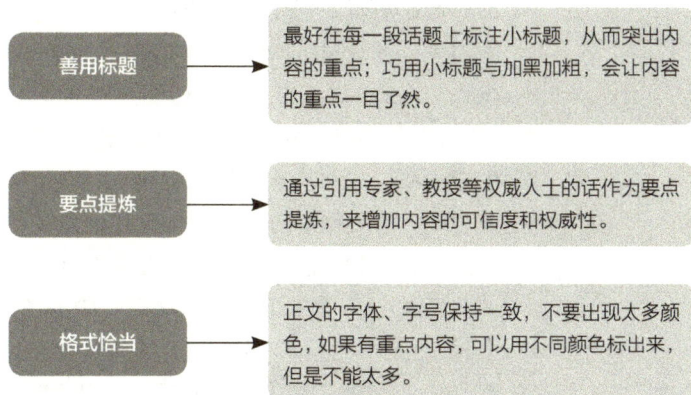

图 9-18　有关内容排版的几点建议

第 10 章

案例分析：探析打造爆款的独家秘笈

学前提示

如今，内容电商正在走向各行各业，也对各种传统行业造成了不小的冲击。本章我们将挑出几个经典并且成功的内容电商案例，来给读者讲解一下。通过这些案例讲解，可以让读者对号入座，找到适合自己的内容电商之路，探析打造爆款的独家秘笈。

要点展示

>> papi 酱：短短半年如何做到千万粉丝
>> 罗振宇：罗辑思维如何 24 小时售卖 800 万元
>> 张大奕：2 小时成交 2000 万元的秘诀是什么
>> "叫兽"易小星：网剧如何炼成大电影
>> 同道大叔：如何从 0 个粉丝做到 3000 万个粉丝
>> 王思聪：看"网红奇才"如何玩转资本
>> 暴走漫画：如何制作吸引人的高质量热点内容
>> 南派三叔：《盗墓笔记》不可收拾的 IP 热潮
>> 多乐士：《十色男女》用微电影将内容演出来
>> 唯品会："电商＋明星"如何玩转内容营销

10.1 papi 酱：短短半年如何做到千万粉丝

papi 酱可以说是"2016 年第一女网红"了，她自称"集美貌与才华于一身"，用数十条原创短视频，在短短几个月即得到了 1200 万元的融资。此后，经过 10 轮竞价后，papi 酱的自媒体广告拍卖出 2200 万元的天价。

1. 内容形式：视频直播

获得资本青睐的 papi 酱"不靠颜值靠才华"，她创造的幽默短视频大部分都是自己一个人出镜，自导自演，当然这对于她来说也是"专业对口"的工作，要知道 papi 酱的本科和硕士都是就读于中央戏剧学院导演系。

图 10-1 所示为 papi 酱的微博主页。

图 10-1　papi 酱的微博主页

2016 年 7 月 11 日，papi 酱在斗鱼、今日头条、优酷、百度等多个直播平台同时首次尝试网络直播，同时在线峰值达 2000 万，在一天多的时间内就收获了 7435.1 万观众，并获得了 1.13 亿个赞。

下面简单列一些 papi 酱所创作的视频的相关数据：

- 总播放量：超过 2.9 亿次。
- 平均每集的播放量：达到 753 万次。

例如，《有些人一谈恋爱就招人讨厌》是其中的典型代表，也是网络点击率最高的一部视频，如图 10-2 所示，全网播放量达到 2093 万次，很多电视剧和电影都难以望其项背。

图 10-2　papi 酱原创视频《有些人一谈恋爱就招人讨厌》

2. 内容变现：广告拍卖

papi 酱仅用短短半年时间，就累积了千万粉丝，而且得到了真格基金、罗辑思维、光源资本和星图资本的 1200 万元投资，其合作详情如图 10-3 所示。

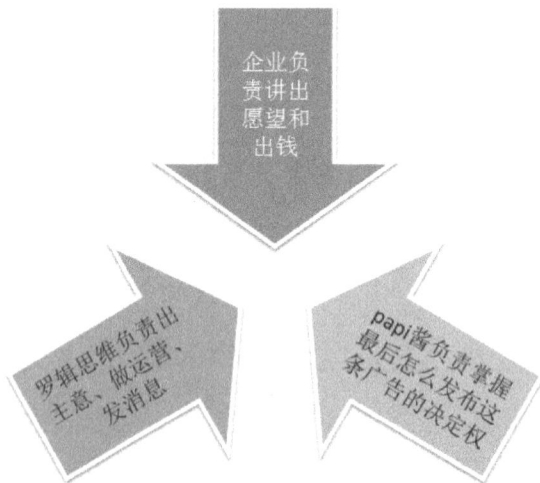

图 10-3　papi 酱与罗辑思维的合作详情

强大的粉丝忠诚度为 papi 酱带来了令人羡慕的广告收入。对于购买 papi 酱广告的商家来说，最主要的就是看中她本身的热点和影响力，她的广告覆盖群体已经超越了粉丝数量。

2016 年 4 月 21 日，丽人丽妆以 2200 万元拍下 papi 酱首支视频贴片广告。其实，首先不管 papi 酱值不值这个价，要知道，拍卖会本身就是一个免费的广告，其事件营销带来的热度甚至要超过 papi 酱本身的广告效应。

10.2　罗振宇：罗辑思维如何 24 小时售卖 800 万元

罗辑思维 IP 的创始人叫罗振宇，他具有多重身份，如脱口秀主持人、资深自媒体人、说书人、卖书商家等，在内容创业的风口中，他通过互联网内容树立个人品牌 IP，吸引一批粉丝最终得以变现。2015 年 10 月，罗辑思维完成 B 轮融资，估值 13.2 亿元人民币。

1. 内容形式：知识类脱口秀视频及音频

罗辑思维如今已经成长为一个互联网知识社群，"有种、有趣、有料"是其主要口号，主要内容形式为知识类脱口秀视频及音频。图 10-4 所示为罗辑思维的优酷自频道"店铺"页面。

罗振宇在优酷的视频播放数超过 4 亿次，粉丝人数达到 160 多万。

图 10-4　罗辑思维的优酷自频道页面

2. 内容变现 1：售卖会员

售卖会员是很多互联网内容创作者的主要盈利方式，但要在 6 个小时内卖出 5500 个会员，猛赚 160 万元，这样的案例恐怕就很少见了，但罗辑思维做到了。据悉，罗振宇第一次只用了 5 个小时就吸收会员费 160 万元，而第二次则仅仅用了 24 个小时便吸金 800 万元的会员费，其吸金能力可谓惊人。

3. 内容变现 2：媒体电商

罗辑思维通常是采取售卖独家版的书籍，同时还卖一些年货、茶叶、礼盒等商品，价格比较适中。2016 年 1 月 12 日，罗振宇在"2016 天猫全球商家大会"中以卖家的身份出现，并创下了 10 天 100 万元的超高销量。图 10-5 所示为罗辑思维天猫旗舰店，销售产品包括经管商业、人文社科、艺术文学、童话绘本、生活方式等类型的书籍。

图 10-5　罗辑思维天猫旗舰店

同时，罗辑思维还在微信公众平台采用电商模式进行变现，如图 10-6 所示。将视频的关注量换为粉丝，罗辑思维选择了微信这个社交平台，借此与粉丝之间形成一种交互关系，并通过微信电商来将视频内容积累的影响力变现。

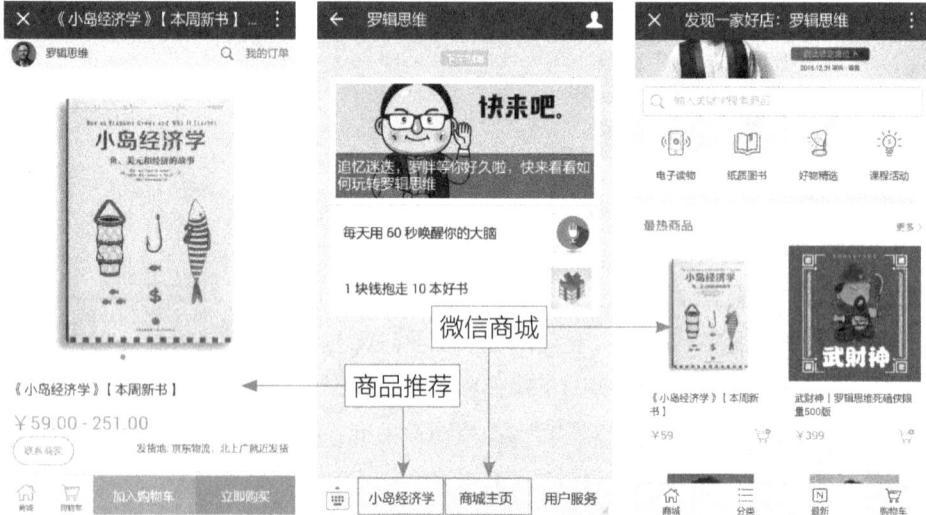

图 10-6　罗辑思维的微信公众平台

4. 内容变现 3：内容付费

细心的读者也许会发现，在罗辑思维的天猫旗舰店和微信上，都可以看到一个名为"得到"的 App，这是一个提供知识服务的平台，每天为用户提供 6 条免费语音，内容基本上是一些知名大腕的商业观点或科学理论，如图 10-7 所示。

图 10-7　"得到"App 是罗辑思维打造的新媒体平台，主要提供"干货图书 + 有料音频"

自 2015 年 11 月 18 日上线以来，"得到"APP 只用了 2 个月便获得了 42 万名用户，日活跃比例达 18%，付费比例超过 20%，而且在 Apple Store 的图书畅销榜一直排在前十位。

10.3　张大奕：2 小时成交 2000 万元的秘诀是什么

张大奕从一个模特成为五颗皇冠的淘宝卖家，离不开她个人的努力，更离不开粉丝的支持。张大奕拥有 445 万名微博粉丝，如图 10-8 所示，是个名副其实的大 IP。

图 10-8　张大奕的微博主页

1．内容形式：穿搭类图文技巧以及直播

张大奕本身就是模特出身，对于服装搭配等很有心得，而且她经常在微博等社交平台上发布一些私服搭配技巧，深受粉丝欢迎，如图 10-9 所示。

图文内容　视频直播

图 10-9　张大奕的内容形式

2．内容变现：媒体电商

张大奕的淘宝店铺主要采用文艺、清新的内容风格，如图 10-10 所示，深受粉丝欢迎，这些粉丝所产生的购买力就是张大奕的淘宝店铺最核心的竞争力。

图 10-10　张大奕的淘宝网店"吾欢喜的衣橱"

2016 年 6 月 20 日，这一天是淘宝开通直播的 100 天，很多明星也没有放过这

个机会，如刘洲成、李菲儿、陈晓东等品牌方"代言"的明星从上午 10 点持续到晚上 23 点都在直播。

而以张大奕等为主的网红店主则被安排在晚上 18 点到 22 点这个直播的黄金时段，他们主要是为自己的店铺新品代言，例如张大奕的"吾欢喜的衣橱"淘宝店铺当天就放出了 50 款新品。张大奕在直播中为粉丝带来全新的穿搭技巧，同时还直播了吃饭、聊天等生活场景，以及通过直播带粉丝参观打版房、仓库、面料室等服装生产环节，同时也不断送出优惠券并推荐新品链接。

在短短 4 个小时的直播过程中，张大奕的直播室持续升温，粉丝们不但十分卖力地为她点赞评论，并且在 20 点开始正式上新的"买买买"环节中也毫不吝啬，不断帮助张大奕刷新通过淘宝直播间引导的销售记录，如图 10-11 所示。

图 10-11　张大奕的淘宝直播销售数据

张大奕的淘宝店拥有 325 万名粉丝，曾创下新品上线 2 秒卖完的销售盛况，只用 3 天就完成了普通线下店铺一年才能做到的销量，平均月销售额超过百万元，这可以说是互联网电商的一个奇迹。

"真实素材"的原创内容加上与粉丝的深度互动是张大奕成功的主要秘诀，这样才能给粉丝带来真正的信任感，获得的粉丝黏性也远比"美貌"更靠得住，这是 IP 创业者们需要牢记的关键点。张大奕的淘宝店铺开张不到一年便升级到"四皇冠"，并且是全平台女装排行榜中唯一的个人店铺。

10.4　"叫兽"易小星：网剧如何炼成大电影

易小星在互联网中有个很贴切的外号，那就是"叫兽"，作为热门网剧《万万没想到》的幕后操盘手，他在新媒体平台上赢得了无数粉丝，图 10-12 所示为其微博主页。

图 10-12 "叫兽"易小星的微博主页

1. 内容形式：系列网剧、网络大电影

"叫兽易小星"最开始是在网络论坛上写一些连载小说，后来也做了一些没有什么商业性质的视频内容，如游戏解说视频和恶搞短片等。"叫兽易小星"害怕熟人认出自己，于是做了一个写上"兽"字的面具，这也成为了他幽默风趣的网络形象，如图 10-13 所示。

2014 年，"叫兽易小星"制作的网络剧《万万没想到》第一季在优酷上累计点击量达 5.8 亿次，同时《万万没想到》贺岁版也突破了 1.4 亿次的点击量，如图 10-14 所示。

图 10-13 "叫兽"易小星自制的面具

《万万没想到》采用夸张幽默的语言、包罗万象的剧情，穿插了时下的热门话题和一些非常经典的历史典故，描绘了"屌丝王大锤"的传奇故事，获得了观众的喜爱，目前已经更新到第三季。当然，并不是所有的内容变现都可以获得成功，再好的内容也要有好的团队运营，由内容的直接创造者或者缔造者参与其中。"叫兽易小星"也充分意识到这一点，他联合来自土豆的范钧、柏忠春创建万合天宜影视公司，并负责其中的内容运营，快速扩张规模，成长为新媒体影视文化产业的领军人物。

图 10-14　《万万没想到》网剧

"叫兽易小星"的职位比较特殊，名称叫"首席内容官"，可见内容对其重要性。从 2012 年开始，"叫兽易小星"推出了《大村姑》《万万没想到》《报告老板》《高科技少女喵》《学姐知道》《报告老板之豪言壮旅》《张小喵片场日记》《万万没想到：千钧一发》《名侦探狄仁杰》等作品，并且参演了《小门神 2016》《万万没想到：西游篇 2015》《一路惊喜 2015》《九层妖塔 2015》等电影，同时还推出了一些热门的音乐作品。

2．内容变现：植入广告、网络发行、票房收入

对于那些拥有一些表演、唱歌等才艺的人物 IP 来说，向影视剧、网剧等方面发展，也可以得到不菲的收入。

例如，《万万没想到》已经从单纯的网剧发展成大电影了——《万万没想到 西游篇》。《万万没想到 西游篇》其实在开播前就已经在赚钱了，它通过植入广告、网络发行等各种手段将 3000 多万元成本收回，上映后还创下了两天 1.1 亿元的票房记录。

当然，拍网剧的要求比较高，大部分网红都还停留在微电影的阶段。其实，也可以在宣传时将"微"字淡化甚至去掉，这样就变成拍电影了，网红基本上都是这样宣传的，同样也可以得到粉丝的膜拜。

10.5 同道大叔：如何从 0 个粉丝做到 3000 万个粉丝

毕业于清华大学美术学院的同道大叔 2013 年就开始通过微博给粉丝定制漫画，并依靠扎实的绘画基础和天马行空的创意赢得了超过千万的粉丝。

1. 内容形式：星座文化系列漫画、图书

2014 年 7 月，同道大叔正式发布了 # 大叔吐槽星座 # 系列漫画，漫画的主要内容为吐槽十二星座不同的恋爱缺点，并通过诙谐幽默的文图吸引了大量的"星座控"网友关注。

在获得一定的粉丝基础后，同道大叔推出了《大叔吐槽星座》的系列漫画书籍，其中该系列的第一本漫画书就是《千万不要认识摩羯》，如图 10-15 所示。

同道大叔《千万不要认识摩羯》这本书中依旧采用犀利的吐槽手法，描述了摩羯座在生活中与朋友、恋人、同事等相处的方式，展现出这个星座的性格特点和行为轨迹。

图 10-15 《千万不要认识摩羯》漫画书

2. 内容变现：IP 衍生周边产品

2016 年 2 月 25 日，同道大叔与万好万家电子竞技传媒有限公司宣布合作，并将推出一系列的星座文化相关衍生品，如图 10-16 所示。

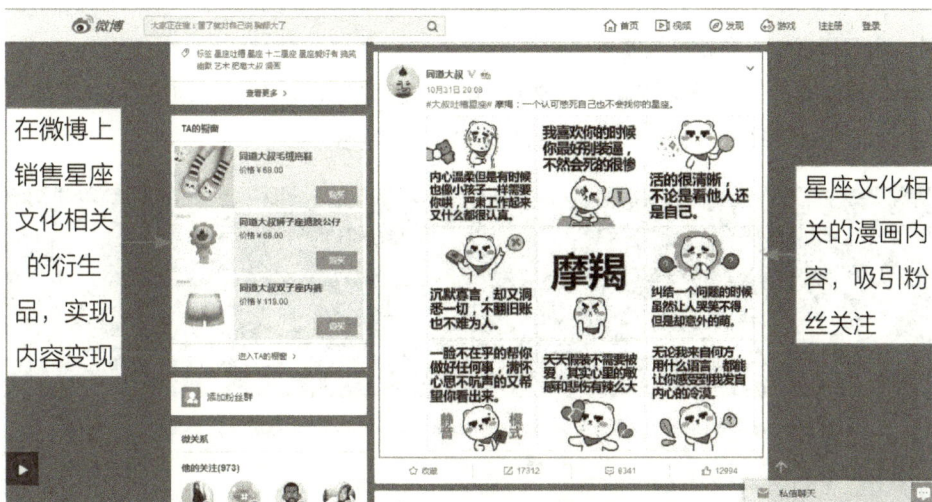

图 10-16　同道大叔打造星座文化内容产业

对于万好万家电竞传媒来说，可以通过与同道大叔这个超级 IP 的合作，依靠双方的优势互补，实现"漫画内容＋周边产业"的跨界合作。

同时，在彼此的合作中将星座元素作为内容引爆点，将推出视频、移动游戏、女子偶像团体等新品牌，带来全新的产品升级，如图 10-17 所示。

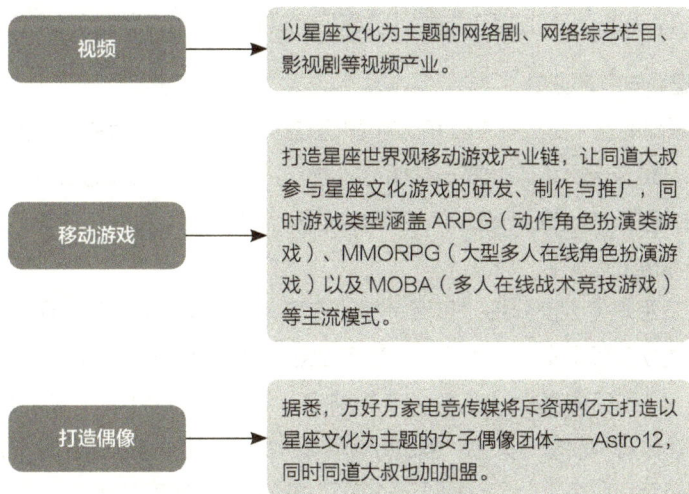

视频	以星座文化为主题的网络剧、网络综艺栏目、影视剧等视频产业。
移动游戏	打造星座世界观移动游戏产业链，让同道大叔参与星座文化游戏的研发、制作与推广，同时游戏类型涵盖 ARPG（动作角色扮演类游戏）、MMORPG（大型多人在线角色扮演游戏）以及 MOBA（多人在线战术竞技游戏）等主流模式。
打造偶像	据悉，万好万家电竞传媒将斥资两亿元打造以星座文化为主题的女子偶像团体——Astro12，同时同道大叔也加加盟。

图 10-17　推出一系列星座文化新品牌

10.6　王思聪：看"网红奇才"如何玩转资本

毕业于伦敦大学哲学系的王思聪不但是万达集团董事长王健林的独子，而且还是 IG 电子竞技俱乐部的创始人。

1.　内容形式：电子竞技直播

早在 2011 年，王思聪就表示要进入电子竞技领域，并收购了 CCM 战队将其更名为 IG 电子竞技俱乐部，其微博主页如图 10-18 所示。

图 10-18　IG 电子竞技俱乐部的微博主页

2015 年 9 月，王思聪出现在腾讯的《英雄联盟》四周年庆典上，同时表示将出任熊猫 TV 的 CEO。2015 年 10 月，由英雄互娱、昆仑万维、完美世界、巨人网络、熊猫 TV 等 17 家游戏企业共同成立中国移动电竞联盟，由王思聪担任主席。

2.　内容变现：电竞产业链

在《互联网周刊》发布的"2015 年中国网红排行榜"中，王思聪竟然力压 papi 酱、天才小熊猫、章泽天、穆雅斓等一众网红人物，排名第一。巨大的名气，有力地证明了王思聪拥有强大的社交媒体口碑、创作力以及影响力，而且他在营销、商战、跨界等各方面都称得上是高手。

其中，王思聪将大部分精力和资金都放在了游戏行业，逐步打造属于自己的电竞产业链，并成立普思资本来运作资金完善产业链，如图 10-19 所示。

同时，王思聪还从投资人的角色走到前台，创立"香蕉计划"和熊猫 TV，以此来融合游戏、体育、音乐、文化、演出经纪等多个产业，从而将之前投入的内容创作、渠道等资源聚合到直播平台上，构建一个电竞生态系统来实现变现。

例如，周杰伦和王思聪带领的《英雄联盟》表演赛吸引了 1600 万人观看，这样的成绩甚至好过了一部影视作品。

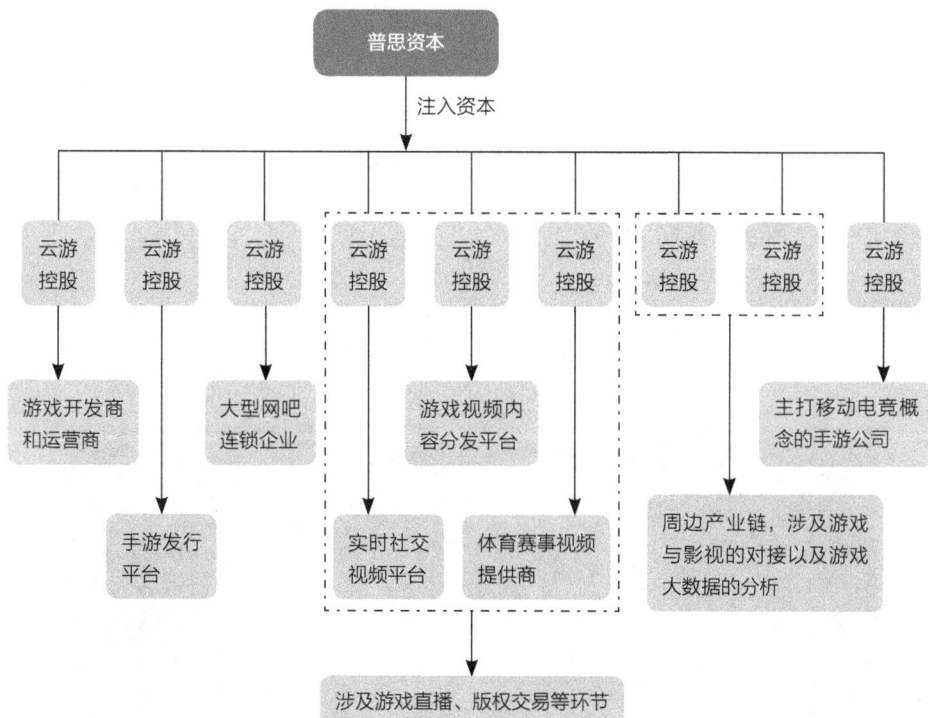

图 10-19　普思资本的 9 大投资项目都和游戏产业布局有着密切关系

10.7　暴走漫画：如何制作吸引人的高质量热点内容

2008 年，一个网名为"王尼玛"的人建立了"暴走漫画"网站，并创建了《暴走漫画》制作器，让网友可以随心所欲地创作"暴漫"。

1. 内容形式：搞笑漫画、脱口秀及视频

在看《暴走漫画》之前，很多人都想不到漫画还可以这样玩，它是由"王尼玛"发起创作的网络开放式漫画，只要你有创意、够搞笑，即可通过系统提供的漫画制作器生成你想要的作品，如图 10-20 所示。

"暴走漫画"还推出了"王尼玛"主持的视频脱口秀节目《暴走大事件》，囊括新闻、综艺、文学、心理、技术等多元化内容，平均一周更新一期，从 2013 年 3 月至今已经持续了 3 年多时间，如图 10-21 所示，引起网友们的热烈追捧，累计总点击量已达到 3.8 亿次。

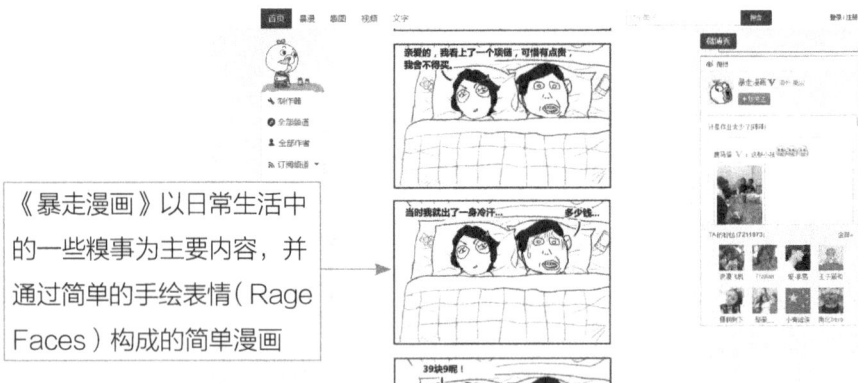

《暴走漫画》以日常生活中的一些糗事为主要内容，并通过简单的手绘表情（Rage Faces）构成的简单漫画

图 10-20　《暴走漫画》主页

图 10-21　视频脱口秀节目《暴走大事件》

2. 内容变现：广告、IP 衍生

"王尼玛"在公共场所中总会带着"暴漫"头套，亲自贴上了"暴走漫画"的 IP 标签。"王尼玛"作为网络公众人物发起了许多号召，传播社会正能量，受到了网友的好评，被戏称开始捡"节操"。

《暴走漫画》成功后，"王尼玛"又对这个 IP 进行了纵向的深入挖掘，推出了《暴走大事件》《每日一暴》《暴走看啥片儿》《暴走撸啊撸》"暴走漫画"App、《暴走大事件》图书等多个作品。

"暴走漫画"前期的主要盈利来自于投资，但现阶段已开始通过成熟的新媒体平台进行软广告推送，包括各种网站广告和视频广告等，将广告深入地融入漫画或者视频内容中。从《暴走漫画》的案例中，我们可以看到拥有优质内容的 IP 还拥有较强的延伸体，此时，IP 就成为了一个现象，一个 IP 产业链。

10.8　南派三叔：《盗墓笔记》不可收拾的 IP 热潮

南派三叔的原名叫徐磊，在出名前做过广告美工、软件编程、国际贸易等多个工作。从 2006 年开始，南派三叔便在贴吧开始了《盗墓笔记》的创作，首发于起点中文网。

1.　内容形式：网络小说

南派三叔小时候体质不是很好，因此他试着用写作的办法来创建一个自己想象中的世界，而且经常拿身边的家人、同学作为原型，添加到作品中。《盗墓笔记》系列一共有九本，包括《七星鲁王宫》《秦岭神树》《云顶天宫》《蛇沼鬼城》《谜海归巢》《阴山古楼》《邛笼石影》《大结局（上）》《大结局（下）》等，总销量超过 1200 万册。

同时，南派三叔还推出了《大漠苍狼——绝地勘探》《怒江之战》《藏海花》《沙海》系列以及《老九门》等热门小说。

2.　内容变现：IP 衍生

南派三叔的《盗墓笔记》小说不仅有很多粉丝关注，而且还形成了自己的品牌 IP，基于这个品牌 IP 的影响力又衍生出很多产品，如电影、网络季播剧、手游等，吸引粉丝购买下载。

例如，《盗墓笔记》电影是根据南派三叔小说改编，由上海电影集团、乐视影业、南派泛娱等共同推出的动作探险片，由擅长动作美学的李仁港执导，集合了鹿晗、井柏然、马思纯、王景春等众多大腕明星主演，如图 10-22 所示。

《盗墓笔记》上映首日便获得 2 亿元票房，可以说是笑傲群雄的成绩，足以令各方小赚一笔。以前那些看过原著的粉丝，纷纷再次走进电影院，掏钱观看电影，这就是 IP 变现的有力体现。

2015 年 6 月 12 日，由《盗墓笔记》翻拍的网络季播剧正式开播，由李易峰、唐嫣、杨洋、刘天佐、张智尧、魏巍等众多明星主演。目前，《盗墓笔记》的总播放量已接近 40 亿，创下网剧播放量新纪录，这就是一个 IP 的品牌联动性。

将 IP 产品化，透过周边衍生品来做 IP，会更成功。基于这一点，南派三叔的《盗墓笔记》还被改编成手机游戏，开启手游界的"盗墓时代"。

无论是小说、影视作品还是手机游戏，或者是其他一些实体产品，只要创业者或企业拥有优质的内容，而且懂得迎合用户的需求，让用户的精神世界得到满足，就能获得用户的喜爱、传播和分享，在多个平台形成传播。此时，你就可以像《盗墓笔记》一样，成为一个可以衍生各种产品、系列的 IP 营销线。

图 10-22 《盗墓笔记》电影

10.9 多乐士：《十色男女》用微电影将内容演出来

多乐士是一个著名的建筑装饰油漆品牌，产品畅销全球 100 多个国家，以"为人们的生活增添色彩"为品牌概念，焕新人们的生活。

1. 内容形式：微电影

2012 年，多乐士赞助拍摄《十色男女》系列微电影，由知名导演韩延执导、罗海琼主演，如图 10-23 所示。《十色男女》采用红色、紫色、蓝色、柠檬黄、绿色、橙色、白色等不同的颜色为线索，并取材于网友在微博上分享的真实生活故事，将这些颜色代表的内在情绪融入故事中作为每一集的基调，如红色代表温暖、绿色代表希望等，从而让观众们产生心灵上的共鸣。

图 10-23 《十色男女》系列微电影

另外，每个故事都反映了一个引发人们自省和深思的现实问题，如创业奋斗、结婚生子、空巢老人等。通过微电影讲述如何走过这些艰难的人生节点，展开新的生活，并将多乐士"色彩焕新生活"品牌理念深深地融入微电影中。

2. 内容变现：电商引流

多乐士通过《十色男女》这部微电影，将"色彩元素＋人生境遇"完美地组合在一起，用户在观看后可以获得更多对快乐人生的思考和感悟。图10-24所示为多乐士官方网站，处处了体现"多彩""幸福生活"等关键词。

图10-24　多乐士官方网站

多乐士不但通过微电影向用户展现了其产品的特色内容，而且还与消费者形成了个性化的互动。在微电影播出期间，用户可以参与"观看微电影，回答选项问题，赢得奖品"的活动，增强人们对多乐士的色彩文化和理念的了解，让企业形成良好的口碑，同时让观众对产品产生极大兴趣，为电商平台引流。

10.10　唯品会："电商＋明星"如何玩转内容营销

唯品会是一家专门做特卖的网站，在内容电商与IP营销上可以说是玩得顺风顺水，而且处处紧跟互联网形势。

1. 内容形式：图文、视（音）频直播

2016年3月25日，唯品会与周杰伦正式签约，邀请周杰伦这个华语乐坛的超级大IP担任"唯品会首席惊喜官"，这也是唯品会根据网购用户的需求和喜好，为周杰伦全新打造的一个职位。

除了现场的发布会之外，唯品会还与多家媒体进行图文、视（音）频的直播，场面非常火爆。同时，唯品会将微博作为签约直播的平台，在其中不断分享"周杰伦正在送惊喜"的内容和话题，如图 10-25 所示。

图 10-25　"周杰伦正在送惊喜"的微博话题

2. 内容变现：媒体电商

签约之后，唯品会将各大媒体平台上的广告都更新为周杰伦的广告，并使用周董亲自改编的个性十足的广告词"都是傲娇的品牌，只卖呆萌的价格，上唯品会，不纠结"，同时在官方微信中及时放送周杰伦送惊喜等优惠促销活动来为电商平台引流。

通过这种"电商 + 明星"的内容新玩法，唯品会适当地采用明星效应打造精彩内容，可以吸引更多用户关注自己的电商平台，同时实现与粉丝的多元化互动，形成良好的营销闭环。